U0870450

01

新知

文库

XINZHI

A Question of
Evidence

Published by John Wiley & Sons, Inc., Hoboken, New Jersey

Published simultaneously in Canada.

证据

历史上最具争议的法医学案例

[美] 科林·埃文斯 著　毕小青 译

生活·讀書·新知 三联书店

图书在版编目（CIP）数据

证据：历史上最具争议的法医学案例 / （美）埃文斯著；毕小青译．—2 版．—北京：生活 · 读书 · 新知三联书店，2016.8 （2019.7 重印）
（新知文库）
ISBN 978－7－108－05708－2

Ⅰ．①证… Ⅱ．①埃… ②毕… Ⅲ．①法医学－案例－世界
Ⅳ．① D919

中国版本图书馆 CIP 数据核字（2016）第 111528 号

特邀编辑 黄 华
责任编辑 徐国强
装帧设计 陆智昌 康 健
责任印制 徐 方
出版发行 生活·讀書·新知 三联书店
（北京市东城区美术馆东街 22 号 100010）
网 址 www.sdxjpc.com
图 字 01-2006-2876
经 销 新华书店
印 刷 北京隆昌伟业印刷有限公司
版 次 2007 年 8 月北京第 1 版
2016 年 8 月北京第 2 版
2019 年 7 月北京第 7 次印刷
开 本 635 毫米 × 965 毫米 1/16 印张 20.75
字 数 258 千字 图 20 幅
印 数 42,001－47,000 册
定 价 38.00 元
（印装查询：01064002715；邮购查询：01084010542）

新知文库

出版说明

在今天三联书店的前身——生活书店、读书出版社和新知书店的出版史上，介绍新知识和新观念的图书曾占有很大比重。熟悉三联的读者也都会记得，80 年代后期，我们曾以“新知文库”的名义，出版过一批译介西方现代人文社会科学知识的图书。今年是生活·读书·新知三联书店恢复独立建制 20 周年，我们再次推出“新知文库”，正是为了接续这一传统。

近半个世纪以来，无论在自然科学方面，还是在人文社会科学方面，知识都在以前所未有的速度更新。涉及自然环境、社会文化等领域的新发现、新探索和新成果层出不穷，并以同样前所未有的深度和广度影响人类的社会和生活。了解这种知识成果的内容，思考其与我们生活的关系，固然是明了社会变迁趋势的必需，但更为重要的，乃是通过知识演进的背景和过程，领悟和体会隐藏其中的理性精神和科学规律。

“新知文库”拟选编一些介绍人文社会科学和自然科学新知识及其如何被发现和传播的图书，陆续出版。希望读者能在愉悦的阅读中获取新知，开阔视野，启迪思维，激发好奇心和想象力。

生活·读书·新知三联书店

2006年3月

Contents

目 录

感谢

在本书的编写过程中，很多人都为我付出了宝贵的时间并提供了慷慨的帮助，其中特别应该提到的是：泰晤士警察局的托尼·卡西迪、苏珊·L·道、罗纳德·密尔维斯、肯尼思·鲁道夫、马特·斯卡兰、詹妮弗·希扎斯、山姆·绍、帕特·斯洛安、帕特·斯莫尔、戴维·泰勒、安·沃尔丁－菲利浦和皮尔斯·温萨。我尤其感谢伦敦国王学院的林奇·科尔斯女士在研究方面所提供的协助。

其次我要感谢给予了我无穷无尽帮助的大英图书馆和位于科林戴尔的报纸图书馆的工作人员，以及许多耐心回答我的各种问题，并引导我的写作朝着正确的方向发展的参考图书馆员。

戴维·安德森又一次将他的私人图书馆提供给我任意使用，而格雷格·曼宁则为我提供了有关卡尔维案的大量信息。

像以往一样，我要感谢我的经纪人埃德·克纳普曼以及新英格兰出版经纪公司的所有工作人员。

最后，我还要对威利出版社的相关人员表示谢意，其中包括出色地完成了本书编辑工作的金伯利·门罗—希尔和威廉·德雷纳以及最初建议我撰写此书并且向我提供了在本书创作过程中不可缺少的建议和评论的杰夫·戈里克。

导言

法医科学的发展历史是一个漫长、复杂而又令人神往的历程。总的来说，它是一个成功的故事，是人类在弥补法网中的漏洞、防止犯罪分子逃脱惩罚这一永无止境的斗争中所取得的一个又一个胜利——这些胜利中有的非常重大，而有些则小到几乎无法察觉。人类虽然早在18世纪就开始尝试利用科学方法侦破刑事案件，但是直到第二次世界大战之后才在这一领域内取得长足的进步。原子时代的到来导致了技术发展重心的转移——没有比原子武器所带来的敌对双方同归于尽的威胁更值得科学家关注的问题了。更重要的是，在西方世界犯罪已经取代战争而成为最大的社会问题。这是由许多原因所造成的：战争结束之后，社会上充斥了从战场上回来的退役军人，对于这些人来说暴力是他们生活的一部分；社会财富的增加意味着人们的家中有比以前更多值得盗窃的财物；而人口的流动性——其主要形式为廉价的交通工具——的增加为那些有创新精神的违法者提供了更好的“工作场所”。随着犯罪对人们生活的影响越来越大，那些曾经在大萧条时期因其被夸大的“事迹”而在报纸上大出风头的罪犯，如今已经不能再吸引人们的注意了。过去的人们所一直依靠的那些刑侦技术，如老式的调查方法、告密者、逻辑排除法等等已无法对付日益高涨的犯罪浪潮（虽然这些方法如今仍然是大多数刑事调查的基石），我们需要新的武器。

走进犯罪实验室去看看吧。你会突然发现，电子显微镜、光谱、气体彩色成像、DNA 鉴定以及上百种其他法医学分支科学已成为刑事侦查人员不可缺少的帮手。

只有白痴才会否认法医科学为案件侦破工作所带来的巨大的利益。我们真的应该感谢法医科学，因为如果没有它，如今关在监狱中的无数恶棍就会仍然逍遥法外。我以前写过一本名为《法医刑侦案例》的书，其目的就是揭示法医学的这一进步。从读者的反应来看，该书所采用的方法是正确的，受到了广泛的赞同。然而，在我所收到的大量的读者来信中，有一两封表达了对这种进步所带来的负面影响的担忧：我们是不是仅仅因为科学家们所穿的那身白大褂而太相信他们所说的话呢？他们是不是也偶尔会犯错误呢？没有人能够连续击一千次球而没有一次失误，对不对？这些来信引起了我的深思，而本书正是我的这种思考的结果。

本书包括了从中世纪到当代所发生的一系列重大疑难案件。这些案件是“法医学丛林”中的猛兽，是肯定会引发激烈争论的案例。其中大多数都是众所周知的，而另一些则不是那么著名，但是它们都充满了科学争议，不管这些争议源于拙劣的试验、错误的数据、明目张胆的证据造假、狂妄自大还是纯粹的愚蠢。上述最后一个原因的普遍程度令人吃惊。这使得有关“科学的任务就是将情感从等式中抹去”这一说法听上去非常愚蠢。你可以将人们培养成科学家，但是他们还是具有人的本能以及这种本能所带来的各种弱点。对于很多法医学专家来说，他们的弱点就是不惜一切代价地坚持自己的观点。一旦他们对有关案件的证据形成了自己的立场，他们就会寸步不让，而不管相反的证据是如何的令人信服。当有人嘲笑伟大的经济学家约翰·梅纳德·凯恩斯的观点前后不一致时，凯恩斯回答道：“当事实发生变化时，我的观点也随之发生变化。要是换了你，你又会怎么做呢，先生？”*但是法医学专家们并不信奉凯恩斯的这一原则。

在许多方面，法医学为其自身的成功所累。如今它实际上已经成为上层法律制度发展的瓶颈。在每一次重大的审判中，控辩双方都试图尽可能地找到有利于自己的科学证据，因为他们知道，科学证据最受陪审团的欢迎。他们知道，那些将要决定案件结果的人们肯定在报

---

* *Economist*, (December 18, 1999), p.47.

纸或杂志上读过有关刑侦方面的文章或者至少看过一个有关破案的电视节目，并且对科学在这一领域所取得的无可否认的杰出成就赞叹不已。一滴血、一小片肉眼几乎无法识别的斑痕、可以揭示死亡时间的某种昆虫的生命周期，等等，等等——所有这些都可以通过科学加以分析。犯罪实验室似乎无所不能。

以上这些科学进步尽管令人欣慰，但是与之俱来的是一种危险——陪审团不加质疑地接受专家证人所告诉他们的一切的危险。人们都认为，科学是用来侦破刑事案件而不是用来帮助罪犯的。但是我们也都知道，即使是最伟大的专家也远非一贯正确。例如在一个案件中，一个法医科学界的巨人——他在其所在的时代被认为是该领域内的最高权威——所做出的错误的证言不仅使一个凶残的杀人犯获得了自由，而且还直接导致了另外两名妇女遭到谋杀。

错误是一回事，而不诚实则是另一回事。一个经常出现的令人不安的问题就是专家证人往往受到他人操纵。19世纪末的法医学专家P·C·H·布劳加戴尔博士曾经写过这样的话："即使法律使你成为一个证人，你仍然应该保持一名科学家的良心。"* 这话说得很好。但是正如读者们将要发现的，本书中有充分的证据显示，在专家证人这一非常有利可图并且充满激烈竞争的行业内，专家的证言往往取决于谁给

---

* Milton Helpen and Bernard Knight, *Autopsy* (London: Harrap, 1979), p.65.

他们开支票，而不是不偏不倚的分析。

腐败并不是一件新鲜事物。在19世纪后半叶，当科学开始在法庭上占据一席之地的时候，陪审团成员都对那些手持显微镜和几张照片的“医生”充满了敬畏。那时就有大量的唯利是图的人随时准备利用人们对法医学的这种轻信大捞一把。如今法医学的一些新的进展，尤其是试图再现某些犯罪场景的计算机辅助设计技术以及被称做法律雷区的罪案心理分析，也同样存在各种问题。以上这两门学科，无论其外部包装多么华丽，其实质只不过是戴着科学面具的主观猜测，并且应该被如此对待。

选择本书所要讨论的案件并非易事。我有意避开了最近几年来DNA匹配技术所揭示的几十个由司法不公所导致的悲剧（仅在2000年这一年之中，美国就有6名死囚犯被DNA技术证明是被冤枉的并因此而获释），而是集中讨论那些至今仍然存在很大疑点的案件。这么做有两个原因。首先，人们对这些案件更感兴趣；其次，本书所要讨论的就是法医学领域有争议的问题。你将会在本书中发现深深的忧虑、激烈的争论、长期的敌对以及使科学所能够提供的利益丧失殆尽的、根深蒂固的情感——无论这种情感是好是坏。由于本书中的许多案件至今仍无定论，所以我估计有些读者肯定会形成与我本人完全不同的观点。而这正是有争议的问题的特性和吸引人的地方。这也正是我写这本书的目的。

第一章

都灵裹尸布（1355年）

是真正的圣物还是中世纪的赝品？

如今我们对各种严重的犯罪已经见怪不怪了。每天的电视晚间新闻里充斥着有关飞车枪击、持械抢劫以及其他城市暴力的画面。这很容易使我们觉得我们正生活在一个历史上最无法无天的时代。事实绝非如此：如今我们只不过比以往消息更灵通罢了。要说彻头彻尾的暴力和欺诈，没有任何时代能够比得上中世纪。除了血腥的战争和肆虐的瘟疫外，在那个时代谋杀是家常便饭，强奸根本不受惩罚，而乱伦则在偏远的农村盛行。那是一个人身和财产遭受极度暴力、盗贼横行的时代。从国王到农夫，没有人能够逃避犯罪的侵害——即使教会也不例外。

在中世纪，罗马天主教会是一个庞大的、四处蔓延的公司，是地球上最大的商业组织。就像大多数跨国组织一样，天主教会内部也充满了各派之间的长期敌对和自相残杀。他们之间的争端并不都是宗教性质的。那时虽然可以说条条财路最终都通向罗马，但是欧洲各地精明的牧师们也都在算计着如何得到他们的那份蛋糕。争夺法郎、弗罗林、达克特、金币和银币的竞争异常激烈，每个牧师都试图将更多的教徒吸引到自己的教堂里来。他们都寻求自己的竞争优势，而最大的优势无疑就是拥有一件圣物。一个教堂如果拥有某个与《圣经》相联系的物品，那无疑就拥有了一棵吸引大批朝圣者的摇钱树——如果要是能够拥有某个《圣经》人物的遗骸残片，那当然就更好了。仅仅是某个教堂拥有这些圣物的谣言就足以吸引大批虔诚的朝圣者蜂拥而至。而随着这些朝圣者而来的就是滚滚财源。其结果是，那些拥有最有名的圣物的教堂逐渐发展成了中世纪的主题公园，不仅为教会带来了源源不断的收入，而且还带动了其所在地区的经济发展。不用说，在如此巨大的金钱的诱惑之下，有人决定伪造圣物是迟早的事情。结果一个繁荣的造假市场就应运而生了。

从地中海地区到巴尔干半岛再到伊比利亚，各种“圣物”开始像雨后春笋一般到处冒了出来：耶稣被钉上十字架时所戴的“荆棘之冠”、各种圣矛、甚至还有耶稣在作割礼时留下的一两片包皮；据称是“真十字架”的银器多得可以用来建造一只诺亚方舟；而在意大利的洛雷托，人们更是突发奇想。他们吹牛说，一群长着翅膀的天使在1294年将据称为耶稣、玛丽和约瑟夫所居住过的整座房子从拿撒勒“空运”到了他们那里。在12世纪，位于德国科隆的“三王天主教堂”供奉着据称是属于寻访初生耶稣的那个博士的遗骨。另一个德国城市——特里尔——声称拥有一件“圣衣”，即耶稣在被钉死在十字架上时所穿的那件没有缝合口的宽外衣。不幸的是，在巴黎以北的一个名叫阿让特伊的城市的教堂也声称拥有那件著名的圣衣。

说到寻求圣物的执著程度，这方面的冠军恐怕当数英格兰林肯镇一个名叫圣休的牧师了。据说当他在法国普罗旺斯参观时，有人向他展示了一条据称是“抹大拉的圣玛丽”的胳膊。他先是试图用刀从这只胳膊上割下一块肉来带回到他的教堂里去。在这一尝试失败之后，他干脆用牙齿从这具僵尸胳膊上啃下了一些碎片，并把它们带回家中。但是这种令人毛骨悚然的寻求纪念品的行为并没有减损这一牧师在当地人心中的神圣形象：他在林肯天主教堂中庄严的陵墓后来也成了人们朝圣的对象——直到在宗教改革期间遭到抢劫和破坏。

在整个中世纪，各种骗术在欧洲盛行。无数圣物先是被盗窃，然后被作假者买走，最后在被复制无数次之后又悄悄地回到了市场。在那个时代威尼斯可以被当之无愧地称为“作假之都”。作为地中海最强大的海商城市，威尼斯控制了东西方贸易的主要通道。该城市中的工匠们以仿造从小亚细亚掠夺来的珍宝而著称。他们所制作的仿制品被贩运到整个欧洲。

有些圣物可能是真品。而大多数明显是假的，但是这并不影响它们的销路。人们往往倾向于相信他们想要相信的东西，而置事实和理智于不顾。因此造假者们永远也不用担心没有生意可做。这即使在今天也是如此。在1988年，一个名叫约翰·埃利斯的天主教堂历史学家曾怀着厌恶的心情回忆他参观意大利帕多瓦圣安东尼教堂的经历。在那里，一个导游指着一个小瓶子告诉他说，那里面装着“处女玛丽的乳汁”。埃利斯说：“有些圣物完全是为了迎合人们的好奇心或宗教狂热而炮制出来的。我不能说这个世界上没有圣物，但是由于伪制品太多了，你永远也不能确定哪一件是真的。”[1]

6个世纪以来，可以被称为“圣物之王”的无疑就是“都灵裹尸布”了。它长14英尺多，宽3英尺，是所有据称为耶稣裹尸布的“圣

1 *Albuquerque Journal* (October 22, 1988).

物”中最大的一块。它用上好的斜纹亚麻布做成，制作精良。无数的人都相信，耶稣被从十字架上放下来之后，就是用它来包裹入葬的。都灵裹尸布并不是唯一被声称为耶稣裹尸布的东西。研究人员在世界各地找到了大约40块所谓的耶稣裹尸布。但是这块裹尸布的特别之处就在于它的细节。在所有声称的裹尸布中，只有这一块在其深褐色的背景上显示着一个淡淡的、可以辨认的人像。

自从在16世纪被转移到都灵之后，这块裹尸布就成为世世代代虔诚的天主教徒顶礼膜拜的对象。成百万的信徒来到这块裹尸布面前参拜和祈祷。有些时候参观的人群是如此的拥挤，以至于有的朝圣者因窒息而死。但是1898年5月28日所发生的事件使得这块裹尸布从一个被人膜拜的偶像变为一个引起全世界广泛兴趣的物品。

那天，都灵市一个名叫斯贡达·皮亚的声名显赫的议员受命为这块悬挂在教堂中的裹尸布拍摄第一张官方照片。为了避免人群的骚扰，他选择在晚上进行这项工作。由于照相设备很粗笨，光线也非常不好，他费了很大的劲才成功地拍摄了两张带有模糊人像的裹尸布照片，一张是正面的，另一张是背面的。当皮亚回到他的暗室中去冲洗那两张底片的时候，他对照片的效果并不抱有太大的希望。但是，使他感到大为惊奇的是，当他仔细察看底片的时候，他发现底片中裹尸布上那个人像竟然要比人们在裹尸布上用肉眼看到的清晰得多。

这个人像的细节令人称奇：一个几乎有6英尺高，长发、裸体、长着胡须的男子闭眼躺在那里。他的双手交叉放在腰部，右脚微翘。在他的胸口靠近心脏的地方看上去有一个很大的、开放的伤口；他的双腕和双脚有类似伤口的地方；在他的背部有许多看上去像是由鞭打所造成的条纹状的损伤。即使你不是一个《圣经》学者，你也会意识到这些伤痕与《福音》中所记录的耶稣受难的故事完全吻合。

都灵裹尸布：这是耶稣基督的脸吗？

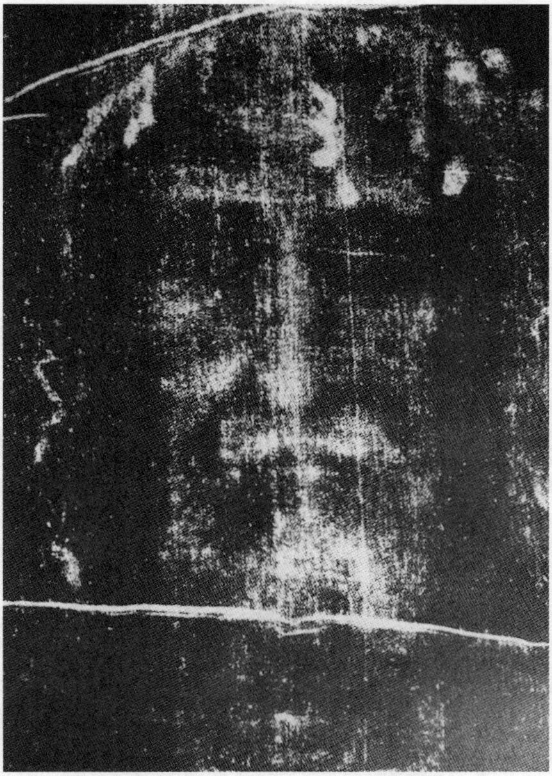

对于皮亚来说，那一刻耶稣在他面前显灵了。他在其有生之年一直坚信，那时他所看到的正是耶稣刚刚被钉死在十字架上时的脸孔。有关他的发现的消息立刻传遍了整个城市，然后又传遍了整个世界。结果是更多的人群蜂拥而至，争相目睹这一在他们看来是奇迹的裹尸布。而其他一些人，主要是宗教领袖和科学家，则怀疑这是一个恶作剧。他们对皮亚开展了一系列严格的讯问，但是这个顽强的议员始终坚持其照片的真实性。

那么，这到底真的是一个奇迹，还是像许多人坚持的那样，是历史上最大的、最持久的艺术诈骗案呢？

第一个采用科学方法研究这一疑案的是伊夫·德拉热，一个宣布自己为不可知论者的法国解剖学教授。他和他的助手保罗·威尼翁博士花了整整18个月的时间对底片和裹尸布本身进行了详细的检查，对其每一平方毫米的地方都进行了研究。1902年4月21日，德拉热在巴黎科学院的一次讲座中公布了他的研究结果。他说，他认为裹尸布上的人像和伤口从生理学的角度来看毫无破绽，因此他认为这不可能是某个艺术家所伪造的。另外，通过用显微镜对裹尸布的观察，他发现了他认为是血液的明显证据。他说，印在裹尸布上的人像是由人体的汗液和用来涂抹尸体的香料所造成的。在鸦雀无声的礼堂中，德拉热的演讲达到了一个戏剧性的高潮：他宣布，他毫不怀疑这块裹尸布中包裹的正是耶稣的遗体。听到这一结论后，听众中爆发出一阵热烈的欢呼。

人们一定会认为，教堂对这一毫无保留的确认的反应肯定是欣喜若狂。但事实却完全不是那样。对于都灵裹尸布，梵蒂冈的态度总是小心翼翼，宁愿与之保持一定的距离。也许他们害怕这是一块宗教香蕉皮，正等着不小心的人踩上去呢。

裹尸布的起源

要理解教会这种模棱两可的态度，我们还需追溯到14世纪中叶以及被证实最早提到裹尸布的时间。在1389年，当时法国特鲁瓦市的主教皮埃尔·达西斯给在阿维尼翁市的教皇克莱芒七世写了一封信，愤怒地提到了他在其所管辖的利瑞市的一个小教堂所发现的一起丑闻。使他感到非常气愤的是，该教堂的牧师“出于贪婪和私欲，采用欺骗手段为他们的教堂获得了一块画有图案的布。这块布被狡猾的工匠画上了一个双面人像，即一个正面像和一个背面像。他们虚假地声称这就是当年用来包裹救世主耶稣基督下葬的裹尸布”[2]。

通过对裹尸布的批评，达西斯得罪了很多人。当时的利瑞是各种圣物的出产地。有许多朝圣者到这里来购买各种徽章作为纪念品。当地很多人都因此发了大财。有人在私下声称，达西斯批评裹尸布是出于嫉妒，因为他没有从中捞到油水。这种说法根本站不住脚，因为作为这一教区的主教，达西斯有着几乎不受任何限制的权力。如果他想要的话，他毫无疑问可以得到利瑞裹尸布收入的全部或者至少是很大一部分。但是他似乎不想与这块裹尸布有任何瓜葛。

他在一份备忘录中进一步表达了他的担忧。他写道，这块裹尸布最早是在1355年左右他的前任亨利·德普瓦捷在职期间被展示出来的。当时这事引起了主教的关注。他展开了调查并且“揭露了这个骗局以及人像是如何被巧妙地画到布上去的。当时伪造这一裹尸布的画匠证实了这一点。也就是说，这是一件手工作品，而不是什么奇迹”[3]。

由于德沙尔尼家族——裹尸布的原始所有人，恰巧也是利瑞教堂的创始人——在相关文件中也没有称这块布为基督的裹尸布，而是仅仅称其为“很像”或“代表”该裹尸布的东西[4]，按理说这一故事应该就此结束了。但是在1453年，这块裹尸布按照一份遗嘱被赠与了萨伏伊的一个意大利皇室家族。正是这一跨国旅行使得这块裹尸布的命运和作为圣物的地位发生了变化。

11年之后，未来的教皇西克斯特斯四世非常自信地声称这块裹尸布上“染有基督的鲜血”。[5]不久之后他甚至专门为这块裹尸布设立了一个斋日。1532年12月这一裹尸布险些在火灾中被烧毁。在起火的时候，它被放置在一个锁在铁栅栏后面的银制圣物盒中。当地的一个

---

2 *The D'Arcis Memorandum*, p.11, 1389.

3 同上。

4 Ian Wilson, *The Evidence of the Shroud* (London: O'Mara, 1986), p.12.

5 同上。

铁匠迅速撬开了铁栅栏并从火中取出了那个盒子，这才使得这块裹尸布幸免于难。但是它因水火而受到了一些损坏。1534年一群修女对它作了修复并且通过给它增加一块衬布的方法对它进行强化处理。1578年这块裹尸布被转移到都灵天主教堂中专门为它所修建的小教堂中，从而结束了它的旅行生涯。如今它仍然被存放在那里。

这块裹尸布的所有权直到1983年才被转到梵蒂冈。从那以后，只有在少数场合它才被从木盒中取出来展示于众。但是它仍然对人们具有魔力。上一次展示是在1998年。在仅仅8个星期的时间内，大约有300万人列队从它前面经过。其中很少有人怀疑它的真实性，他们宁可让别人去讨论这一问题。

有关这块裹尸布的讨论往往火药味十足。通常镇静而又理性的科学家们只要讨论到都灵裹尸布的真伪问题就往往变得激动不已，无论他们是站在哪一边。这就使得我们很难从他们激烈的辩论中找出可靠的证据。

在伊夫·德拉热的努力之后，第一件新的证据出现于20世纪70年代。一个名叫马克思·弗赖—叙尔泽的瑞士犯罪学家发表了一个轰动性的声明：他从裹尸布的表面刮取到了来自至少58种不同的中东植物的花粉颗粒。由于花粉颗粒耐久性极强——它们可以生存数千年的时间——这使它们成为极为有用的法医考古学工具。弗赖—叙尔泽的声明似乎对那些嘲笑裹尸布真实性，并声称它从来没有到过法意边界以东的地方的怀疑论者给予了致命的一击。

但对于弗赖—叙尔泽来说很不幸的是，1983年5月，由他“确认为真实的”臭名昭著的《希特勒日记》被证明是一个彻头彻尾的恶作剧。* 从此他作为一个分析家的可信度就像一个漏气的降落伞一样一落

* 有关他的这一惨败经历的详细介绍，见 Colin Evans，*The Casebook of Forensic Detection* (New York：John Wiley & Sons，1996)。

千丈。弗赖—叙尔泽死于这一年的3月，这虽然使他得以逃避《希特勒日记》丑闻所带来的尴尬，但却并未能够阻止人们听到有关这个华而不实的苏黎世犯罪学兼植物学家的传言，即他经常到土耳其和巴勒斯坦去旅行，并将其亲自从那里弄到的花粉掺和到裹尸布的样品中去了。

即使在《希特勒日记》丑闻东窗事发之前，怀疑裹尸布真实性的人们就已经开始反击了。其中首当其冲的是来自芝加哥的生性直率的显微分析学家沃尔特·C·麦克龙博士。他曾在1979年试图对裹尸布上的人像进行化学分析。他用胶带从裹尸布上取得了24份样品并对它们进行了全面的法医学分析，然后以其惯常的直率方式宣布了他的分析结果："裹尸布上没有血迹。"[6]但是他却在上面发现了涂料。通过使用偏光显微镜，他发现了他认为是明显的朱砂、赭石和丹配拉画颜料等中世纪所常用颜料的痕迹。在掌握了这一知识之后，麦克龙的一个艺术家朋友沃尔特·桑福德用同样的原料制作出了一个与裹尸布类似的人像画。这至少部分地证明了麦克龙的观点，即这一裹尸布是"一幅美丽的中世纪油画"[7]。由于在1355年之前没有人提到过这块裹尸布，麦克龙得出结论说，它可能是在1355年之前不久画成的，然后"被存放了一年左右的时间，以使颜料干透"[8]，然后就被卖给了利瑞的教堂。

可以预见的是，在麦克龙断然否定都灵裹尸布的真实性之后，各种指责和非难就像暴风骤雨一样向他劈头盖脸地袭来。这些指责包括分析方法草率、哗众取宠以及反基督教阴谋等等。其中有些指责生动有趣，另一些则带有诽谤性质。而麦克龙在这一激烈的争论中毫不示弱，与他的对手们展开了针锋相对的舌战，让他们也吃尽了苦头。但是这场口水战最有意义的结果还是它促使其他科学家也加入到这一问

6 *Biblical Archaeology Review*, 24, no. 26 (1998).

7 同上。

8 同上。

题的研究之中。在1981年，著名的化学家艾伦·阿德勒博士提出了一系列与麦克龙的结果一样令人信服的分析结果。这些结果似乎的确表明裹尸布上有血迹。即便如此，没有任何证据表明这些血迹是两千年前留下的，但是却有许多证据显示它们不是。

当裹尸布在1532年遭受火灾时，它只是因为被装在一个银制的圣物盒中才躲过了被烧毁的命运。即便如此，它还是受到了一些损害。根据当时一些人的讲述，那时的大火非常猛烈，以至于将装着裹尸布的金属盒子的一部分熔化掉了，并且一滴熔化的银珠落在了这块布上（如今我们仍然可以看到它留下的痕迹）。由于银的熔点是摄氏961度——差不多是用来火化尸体的温度——这种极度的高温会导致这块布上的血蛋白成分发生很大的变化，使它们失去分析价值。即便像那些相信裹尸布为真品的人——他们称自己为“裹尸族”——声称的那样，由于当时那块布是折叠起来的，所以可能会起到一些隔绝作用，使其免受最高温度的影响，这种高温烤炙也一定会将布上的血迹破坏殆尽了。

因此，如果裹尸布上真的有血迹的话，那么它们也应该是在火灾之后弄上去的，很可能来自过去几百年中无数患有各种疾病的朝圣者。他们希望通过触摸裹尸布获得康复。

既然科学家不能就裹尸布上的化学成分达成一致意见，那么法医病理学专家又能够从裹尸布上的人像本身得出什么结论呢？根据英国都灵裹尸布学会的请求，在暴力死亡方面有着相当丰富经验的詹姆士·卡梅伦教授在这一迷案上充分展示了其才华。

考虑到他赖以研究的材料之稀少——仅仅是几张照片而已，他所得出的一些结论内容之广泛，简直令人大跌眼镜。他写道：“那个人像的面部特征表明他是被钉死在十字架上的。”[9]但是他却没有解释被钉

9 Tom Tullett，*Clues to Murder* (London：Bradley Head，1986)，p.220.

死在十字架上的人与死于其他原因的人在面部特征方面有什么区别。然后在说到裹尸布上的背面人像时，他又声称，有证据表明“在他的肩胛骨上有很深的擦伤的痕迹，从而揭示了十字架横梁与竖梁之间的角度”[10]。他还注意到“在身体上有被鞭笞的痕迹，这种痕迹与当时罗马人所使用的一种短柄鞭子相吻合。这种鞭子的鞭梢系有用骨头或铅制成的小球，打起人来特别的疼”[11]。

卡梅伦接着写道：“我认为这块裹尸布上的人像表明，他的主人——无论他是谁——死于十字架上，并且在被钉上十字架时身体还充满活力。”[12]考虑到他以上这些评论的范围之广泛，他所作出的最终结论不免使人感到有些失望，他只不过很低调地说道：“我认为我们只能证明……都灵裹尸布可能是——但并不能证明它的确就是——用来包裹耶稣基督入葬的那块布。”[13]

有关这块裹尸布的法医学争论变得越来越激烈。双方都不断地提出各种各样的“证据”，但是这些“证据”很快就被对方所否定。最后，在1988年人们终于迎来了一个突破。梵蒂冈采取了一个令人惊讶的举动。它允许科学家从裹尸布上取下一些很小的碎片，通过放射性碳技术测定其年代。这样人们终于可以一劳永逸地解开裹尸布的秘密了——至少当时人们是这么认为的。

放射性碳年代测定技术的工作原理

放射性碳年代测定技术是考古学领域使用的最广泛的推测年代的技术。其方法是测定一个物体中碳14的剩余量。这一工作原理是由芝

10 Tom Tullett, *Clues to Murder*, p.222.
11 同上。
12 同上。
13 同上。

加哥大学的威拉德·F·利比在20世纪50年代通过利用已知年代的物品作实验总结出来的。这一创新的研究使利比获得了1960年诺贝尔化学奖。

有些化学元素有几种不同的原子，同一元素的不同原子被称为同位素。碳元素有3种主要的同位素：碳12、碳13和碳14。在这3种同位素中，碳12最常见。它占地球上碳总量的99%；其次是碳13，占1%；碳14最少，只占百万分之一。碳14之所以如此有用，是因为在这3种碳同位素中，只有它具有放射性。这种放射性的逐渐衰退的特点被用来测定年代。

放射性原子按照一种简单的数学过程衰退为稳定的原子。在某一物体内某一放射性元素所有原子的一半衰变为稳定原子的时间被称为半衰期。例如，如果在2000年有1000个半衰期为10年的原子，那么在2010年这种原子将只剩下500个。在2020年只剩下250个，在2030年只剩下125个，其余的以此类推。

因此，通过计算任何一个含碳物体内碳14原子的数量，我们可以得知它年龄有多大或者死于什么时候。为此我们需要弄清两个问题：碳14的半衰期以及一个生物体在死去的时候体内的碳14的含量。第一个问题很容易回答：碳14的半衰期为5730年。而一个生物体在死去的时候体内的碳14的含量就只能靠估计了。但是人们认为碳14在任何生物体内的含量是固定的。也就是说，当某一化石活着的时候，其体内的碳14含量与今天活着的生物是一样的。

通过碳样品可以测定大约5万年之内的物体的年代。超过这一时间期限的物体的年代需要用半衰期比碳长得多的钾或铀同位素测定。这两种同位素被用来测定远古的地质事件的年代，其测量单位是百万年甚至10亿年。

以上就是放射性碳年代测定技术。1988年4月21日，在都灵大主教巴莱斯特雷罗警惕的目光以及一台摄像机的监视下，意大利显微分析家乔瓦尼·里基从裹尸布上远离其中心的人像以及被烧焦或修补处的地方剪下了一片1/2英寸宽、3英寸长的布条。他将这一布条分割成3块邮票大小的样品并将它们分别交给了位于瑞士苏黎世、英国牛津和美国图森的3个实验室的代表。然后每个实验室对其样品作至少3次放射性碳年代测定。

由于样品很小，他们所使用的是一种叫加速器物质光谱仪（简称AMS）的测量方法。虽然与当时最常用的放射性碳年代测定方法相比，AMS技术还不够成熟，但是这3个实验室已经用这种方法作了几千次年代测定，其准确性无论在当时还是后来都与使用普通方法的最好的实验室相当。

这3个实验室分别在有关方面的监控下独立完成了实验，它们得出了相同的结果：裹尸布上的布条是1260年至1390年生产的。这一时间框架与裹尸布在利瑞首次出现的时间完全吻合。

牛津实验室的科学家们在大英博物馆的一个记者招待会上公布了他们的结果。他们宣称：放射性碳年代测定结果“提供了都灵裹尸布为中世纪产物的结论性证据”[14]。根据核物理学家哈里·戈夫的意见，“该裹尸布在耶稣基督的时代被织成的可能性为一千万亿分之一”[15]。该实验室的另一名成员爱德华·霍尔则嘲笑那些仍然相信裹尸布为真品的人肯定是“地球扁平论者”[16]。

“裹尸族”们一下子都傻了眼：他们几个世纪以来从未动摇过的信念瞬间便化为了尘土。

但是这些狂热分子是不会轻言放弃的。他们很快就缓过神来，并

---

14 *Time* (April 20, 1998).

15 同上。

16 同上。

且开始想方设法破坏实验结果的可信度。他们歇斯底里地指控这3个实验室共同策划了一个无神论阴谋，并且相互勾结，在实验结果上作假。实验室的专家理所当然地对这种指控嗤之以鼻。当一些人开始散布有关实验室偷换样品的离奇谣言时，牛津考古实验室的罗伯特·赫奇斯带着难以置信的表情摇了摇头说："我观看了取样的整个过程。我认为这种指控是毫无道理的。"[17]

还有一些人声称实验用的样品实际上是从1534年修女们缝到裹尸布上的衬布上剪下的，这导致了实验结果出现偏差。但是他们不能解释为什么当时那些修女要用一块200年前的老布来给裹尸布做衬里。到了这一阶段有些"裹尸族"们开始明显表露出了惊慌的情绪。

其他更为理智的"裹尸族"们则将矛头指向放射性碳年代测定技术的可靠性。他们举出了一些使用这种方法得出不准确的测定结果的例子。但是对于像裹尸布这样离我们的年代如此之近的物品来说，这种方法从来也没有出现过这么大的误差。如果用放射性碳年代测定方法测定的年代误差高达1300年，那么肯定是样品出了大问题。但是不久"裹尸族"就大大地松了一口气，因为他们认为问题的答案已经找到了。

1996年得克萨斯大学的一个研究小组宣布：他们所研究的一个据称是裹尸布上的纤维的样品受到了原生质的污染。这种污染是指活着的有机体——通常是细菌或霉菌——在已有的样品中增加了"新鲜的"碳元素。如果这种污染没有被完全清除，它可能使碳14年代测定的结果产生误差，使之比实际年代晚得多。他们声称这正是在对裹尸布的研究中所发生的情况：1988年的实验者们所取的样品中不仅包括裹尸布的纤维素，而且还包括了污染物。

赫奇斯对这种说法的反驳也是毫不留情。他指出："要使一个测定

17 Robert Hedges, "A Note Concerning the Application of Radiocarbon Dating to the Turin Shroud", *Approfordimento Sindone*, 2 (1998): 1.

结果偏离实际年代1 300年之多，那需要大量的污染物（大约需要在样品中增加50%的“现代”碳物质）。不要说这么大量的污染物，就是很少几个百分点的污染物的可能性都是可以完全被排除的。”[18]

得克萨斯大学的研究结果随后遭到了来自一个不寻常的、具有权威性的人士的质疑。负责看管裹尸布的红衣主教乔瓦尼·萨尔达里尼公开对得克萨斯样品的来源表示了怀疑。在1996年，意大利的一个电视节目引用他的话说：“由于不能肯定其材料来自裹尸布，因此梵蒂冈和裹尸布的看护者宣布他们不能承认得克萨斯大学实验室所宣称的实验结果。”[19]

但是得克萨斯研究小组的负责人、微生物学家莱昂西奥·加尔萨—巴尔德斯博士是个以执著著称的人。在1998年他又杀了回来。这次他声称裹尸布上的那些红色区域根本不是麦克龙以及其他人所说的颜料，而是古代的血迹。另外，他还宣称“AB血型在犹太人中非常普遍”。他的这一声称令人感到莫名其妙。不仅AB血型在犹太人中并不普遍，[20]而且根据著名的血清学家彼得·达达莫博士的观点，AB血型是一种“新”的血型，很可能是公元4—7世纪由A型血的高加索人和B型血的蒙古人杂交而形成的。但是加尔萨—巴尔德斯并没有被这些所吓倒。他仍然坚持不懈地试图证明裹尸布的真实性，这令全世界的“裹尸族”们备受鼓舞。不久他又声称他在裹尸布上发现了一些在耶路撒冷非常普遍的橡树碎片，从而加强了人们有关它们可能来自十字架的猜想。

一年之后，在裹尸布上所发现的花粉的问题又一次被提了出来。这一次提出这个问题的是两个以色列专家——耶路撒冷希伯来大学的

---

18 Robert Hedges, “A Note Concerning the Application of Radiocarbon Dating to the Turin Shroud”, *Approfordimento Sindone*, 2 (1998).

19 *The Mission* (Spring, 1996).

20 *Sunday Telegraph* (London) (November 15, 1998).

植物学教授阿维诺阿姆·达宁博士和以色列文物局的花粉年代测定专家尤里·巴鲁赫博士。达宁说，最常见的花粉来自一种名叫蓟(*Gundelia tournefortii*)的植物。“这是一种在《圣经》中被描述为风滚草的带刺的植物。有些基督徒说，‘荆棘之冠’就是用它做成的。它只生长在近东。因此这块裹尸布只可能来自近东。”[21] 裹尸布上的其他花粉来自产于耶路撒冷和约旦峡谷的霸王属植物。

如果这个结果出自一个新的实验的话，那么它可能还会有一些分量。但是这一实验所用的花粉是20世纪70年代从裹尸布上取得的，因此它便蒙上了弗赖—叙尔泽的阴影，其真实性也大打折扣。

自从其问世以来，这块裹尸布就一直是一棵摇钱树。从源源不断地出现的有关这一主题的书籍和文章来看，如今其商业价值仍然不减当年。现在大多数评论者都将注意力转向裹尸布“失去的岁月”，即从耶稣被钉死在十字架上到裹尸布在法国一个偏僻的小镇神秘出现之间这1 300年的时间。其中有些人声称他们已经弄清了裹尸布先从耶路撒冷的一个墓穴被盗运到美索不达米亚的伊德沙，然后在1204年君士坦丁堡陷落时消失，最后又出现在法国的利瑞的整个历程。不幸的是，他们所提供的证据通常都是那些讲述天外来客在地球上的建筑物、沉没在海底的史前文明以及外星人在安第斯山上的降落跑道等离奇故事的人所提供的那种证据。

如果裹尸布是假的，那么它又是如何被伪造的呢？

目前还没有人对这一问题给出一个满意的回答。很难想象仅仅用一块布紧压一具死尸就可以产生如此完美的一个人像；一旦二维的织物被从三维的人体上揭下来，比例和扭曲等问题就会立即显现出来。正如纽约市前首席验尸官迈克尔·巴登博士指出的，这一人像“太完

21 *Daily Telegraph* (London) (June 18, 1999).

美了，以至于不可能是真的。……人体不可能产生这样的图案”[22]。

那么它只可能是一种油画了？或者是一种黄铜拓印？或者会不会像某些人希望我们所相信的那样，是有人为了伪造圣物而将一个人活活钉死在十字架上，使他的气息蒸发到这块布上形成这一人像？[23]

也许它只不过是一个极其偶然的巧合：一个狡诈的造假诡计和几种变质的颜料结合在一起而在照片底片上所产生的、让原造假者始料未及的神奇效果？不要忘记使都灵裹尸布获得了如今这种“超级圣物”之殊荣的是近代的照相技术。如果没有照相机，这块布条只不过是一件很少有人问津的古董而已。坦率地说，我们真的不能理解为什么上帝要借助照相技术来向世人展示这一奇迹。

都灵裹尸布受到古往今来无数人的敬畏。但其实真正应该受到人们敬畏的是裹尸布的制造者。六百多年前这个无名的艺术家走进他的画室并创造了一件如此精妙的伪制品，以至于它愚弄了一代又一代的世人。傲慢的现代人相信科学无所不能，并指望它解决一切问题。一旦——就像在本案中所发生的那样——科学未能解决某一问题，它的敌人们就立刻洋洋得意地对它百般嘲讽，并且抛出各种有关超自然力量介入的说法。这是非常愚蠢的。历史上充斥着各种用现代分析手段所无法破解的谜，如墨西哥“众神之城”金字塔、英国的巨石阵和复活节岛上的石雕。但是只有那些最异想天开的人才会将这些归因于神秘的超自然力量。

这块裹尸布在一个法国小教堂中悄然出现仅仅几年之后，就被梵蒂冈宣布为伪制品。五百多年后由放射性碳年代测定科学家组成的3个独立研究小组得出了相同的结论。

都灵裹尸布源自一个杰出的创意和高超的手艺。它是1355年设下

---

22 Wilson, *The Evidence of the Shroud*, p.29.

23 同上。

的一个骗局。但是这个骗局今天仍在继续着，并且尚无终结的迹象。从这个意义上说，它可以称得上是一个完美的犯罪。

第二章

拿破仑·波拿巴
(1821年)

Napoleon Bonaparte

毒药，到处都是毒药

一个伟人是不能随随便便地死的。如果身为法国最高元帅并堪称近代历史上最杰出的军事领袖的拿破仑·波拿巴在战场上被一颗滑膛枪子弹击中胸部或者被一把马刀捅破肚子而死的话，那么众神就得到了安慰，学者们也可以安心地研究他在历史上的作用了。不幸的是，这个长着啤酒肚的小个子法国人却偏偏不肯按照规矩去死：他竟然在还算是年富力强的时候死在了床上。正如任何一个死得不合时宜的著名人物的情况一样，拿破仑死后不久，有关他死亡的各种谣言就不胫而走。其中大多都将矛头指向了英国人：谋杀是背信弃义的英国佬所惯用的伎俩。如果拿破仑在地下有知的话，那他一定正躲在坟墓里偷着乐呢：在其整个军事生涯中，他一直就是英国人的一个眼中钉、肉中刺。现在他死了以后也不打算让他们得到安生。

在圣赫勒拿岛上五年半的令人窒息的流亡生涯将曾在战场上叱咤风云的51岁的拿破仑变成了一个浮肿、憔悴的躯壳。即便如此，当他最终于1821年5月5日死去的时候，当时的情况还是有点蹊跷，以至于有必要对他作一次尸检。由于尸检报告非常模糊和令人不解，这使得许多法国人确信，他们国家最伟大的英雄的确是被其英国关押者秘密谋杀的。

这是一个非常有迷惑力的可能性。

试想一下将阿尔卡特拉斯*搬到南大西洋中部，你就可以想象当拿破仑于1815年10月15日踏上圣赫勒拿岛的情景了。与阿尔卡特拉斯不同的是，在这个专门用做监狱的小岛上有3 000名士兵把守，却只有一名囚犯。就英国人而言，这是典型的“一朝被蛇咬，十年怕井绳”的做法。仅仅9个月之前，拿破仑就从其被关押的意大利海岸附近的厄尔巴岛潜逃回了法国，并且建立了光荣的“百日王朝”，直到最终在滑铁卢被彻底击败。他的这一放肆的行为遭到了严厉的惩罚：他被放逐到了人类文明的最边缘地带。

圣赫勒拿岛是地球上最偏远的地方之一。它是从南大西洋多山的洋底冒出水面的一个由火山岩构成的小小的岛屿，东边离非洲海岸1 200英里，西边距巴西海岸600英里。这个小岛气候炎热，卫生状况差，各种疾病肆虐，但最主要的还是岛上的生活非常枯燥。对于曾经将整个欧洲的命运玩弄于股掌之间、一刻也闲不住的天才拿破仑来说，这种有劲无处使的沉闷生活简直就是奇耻大辱。

位于海岛中部的一座小山上的朗伍德宫（Longwood House）便是这位昔日的皇帝和由其追随者和前官员组成的一班人马的住宅和监狱。这座住宅的条件与岛上的气候相一致：非常潮湿，不宜居住，而

* 美国圣弗兰西斯科湾的小岛；1934年—1963年为一座联邦监狱所在地。——译者注

这正是管辖该岛的英国总督哈德森·洛勋爵所期望的。洛可不是一个可以和他愉快相处的人。他所发誓要执行的任务就是尽可能使拿破仑过着充满不快和耻辱的流放生活。如果拿破仑想在这里享受安逸的退休生活，那他就打错了算盘。在他的住宅外面，英国哨兵日夜不停地大声地走来走去，常常使他狂怒不已。不仅如此，英国人还故意让他能够不时地透过岛上的迷雾看到英军舰队在海岸边频繁巡逻。这使他痛苦地意识到，任何援救他的企图都是注定要失败的。

慢慢地，这种无情的心理战最终起到了作用：拿破仑的健康每况愈下。从1816年起，他就因为一系列病痛而接受巴里·奥马拉博士的治疗。这些病痛包括失眠、头疼和痛风等等，它们使拿破仑本已低落的情绪进一步恶化，并且使他变得更为忧郁和烦躁。他的状态一直在无精打采和亢奋激动之间摇摆不定。到了1817年9月，他的各种症状越来越明显，而且他开始抱怨右腹部疼痛。所有见证人都提到他的脚腕有明显的肿胀，两腿无力。奥马拉诊断拿破仑患有肝炎并让他服用甘汞——当时常用的一种由氯化汞构成的毒性很强的泻药。

随着奥马拉与其病人的关系日益亲密——拿破仑与其英国医疗队的所有成员都保持着极好的关系，气急败坏的洛开始指责这名医生故意散布蛊惑人心的谣言，以便在欧洲激起人们对拿破仑的同情心，并且寻求以健康理由使他重返欧洲。洛是一个私心很重的人。在官方报告中提到肝炎会影响到他作为圣赫勒拿岛总督的形象。实际上当时该岛已变成了一座人间地狱（在英国守军中，每年死亡率已高达7%）。政治考虑因素最终战胜了医学。1818年7月，由于洛的积极活动，奥马拉被召回了伦敦。

拿破仑的身体状况没有好转。1819年1月16日晚，他的疾病又一次发作。这次他病得十分严重，许多人都担心最坏的情况就要发生了。被派来治疗这个皇帝的另一名医生约翰·斯托克博士确认了奥马拉有

被流放到圣赫勒拿岛上的拿破仑日夜受到英国人的监视

关肝炎的诊断，但是当时在场的其他医生不同意这一诊断。这又使得有偏执狂的洛怀疑拿破仑很可能在装病。

斯托克的诊断得到了另一名医生佛朗西斯科·安托马尔基的支持。安托马尔基于1819年来到朗伍德。他是拿破仑的同乡，也来自科西嘉。他肯定拿破仑得了肝病，并建议整天无精打采的拿破仑加强体育锻炼。这在一开始收到了显著的效果。但是好景不长，到了1820年中，病情又开始恶化。疼痛逐渐由其右腹部向上扩展至肩部，并且还伴随着发烧、腿部发寒、牙龈炎以及交替性的腹泻和便秘等症状。

病情以惊人的速度恶化。1821年3月，拿破仑已病入膏肓，卧床不起。他的医生们都感到回天无力了。

19世纪初的医术非常低劣。那时，一个病人如果没有死于病痛的话，那么他有很大可能会死于医生的“治疗”。医生最常使用的治疗方法就是“泻术”，因为他们相信只有将体内所有的毒素排出体外，病人才有可能康复。这在理论上听起来很不错，但是它的实际应用却往往使病人处于危险的虚弱状态。安托马尔基——拿破仑十分厌恶这个人，认为他医术平庸，常常对他嗤之以鼻，冷嘲热讽——为拿破仑开了一种名叫吐酒石（含有锑的催吐剂）的药物。这使得病人的身体变得更为虚弱。后来他们又找来了一位名叫阿奇博尔德·阿诺特的海军医生。一开始阿诺特并不认为病情有那么严重，但是最终他也同意拿破仑的生命已经岌岌可危了。在咨询了两名英国同事之后，他不顾安托马尔基的强烈反对，于1821年5月3日下午5点30分为拿破仑开出了大剂量的甘汞。这种药通常的使用剂量为2到3谷*，而他却一下子就开出了10谷。拿破仑对这种治疗的反应就是开始吐血，然后就陷入了昏迷并再也没有苏醒过来。48小时之后他就死了。

拥挤的验尸房

第二天他的遗体被摆放在朗伍德宫的一张台球桌上等待验尸。在7名英国医生锐利目光的注视下，安托马尔基切开了尸体。然后，虽然对于验尸的结果似乎谁也不能完全同意其他人的意见——仅安托马尔基本人就作出了两份明显相互矛盾的报告——最终他们还是很不情愿地达成了一致。正如他们所怀疑的，拿破仑的肝脏肿大，胃部有一

* 英美最小的重量单位，1谷等于0.0648克。——译者注

块很大的溃疡，这似乎导致了他临终前的严重出血。在幽门——也就是胃与十二指肠连接之处——他们发现了一个肿块。在经过激烈的讨论之后，他们将其确定为恶性肿瘤。由于拿破仑的父亲和一个姐妹死于类似的疾病，这些医生便迫不及待地抓住这个机会声称，他们的病人死于遗传疾病。

因此，官方的结论就是：拿破仑死于癌症。

很少有法国人相信这个结论，当拿破仑的遗嘱被公布后就更是如此了。在遗嘱中，这位被流放的皇帝写道：“我即将过早地离开人世。我是被英国的寡头统治者及其雇用的刺客所谋杀的（着重号为本书作者所加）。”[1]

对于大多数头脑冷静的人来说，拿破仑以上这段话是象征性的，指的是他所憎恨的哈德森·洛对他展开的心理战。但一些喧闹的少数人却对这段话有着另一种解释：皇帝之死是由毒药所促成的。

“下毒理论”从来就没有受到训练有素的历史学家们的重视。它只不过是那些偶尔冒出来打扰严肃的学术研究的短暂而轻浮的闹剧之一。但是在20世纪50年代中期，一个名叫斯滕·佛斯胡夫维德的瑞典牙医给自己戴上了一顶“瑞典的福尔摩斯”的帽子，并着手侦破“拿破仑：谋杀受害者？”的迷案。佛斯胡夫维德毫不羞于承认他是一个拿破仑的忠实崇拜者。他在哥德堡的家中堆满了这位皇帝的画像、半身雕塑和全身雕塑。他采用了大多数阴谋论者最喜欢采用的方法：大胆假设，小心求证。也就是说，先假设一个结论，然后再寻找各种支离破碎的“证据”来支持他们的假设。

他全身心地投入了对于当年相关人员对拿破仑疾病的叙述的研究之中，并最终在这位皇帝的一位名叫路易·马尔尚的贴身仆人的日记

1 *Crime and Punishment*, Vol. 14 (London: BPC Publishing, 1974), p.102.

中找到了他想要找的东西。在以非常主观的态度阅读了这一文件之后，佛斯胡夫维德确信，拿破仑在死亡之前表现出了明显的慢性砷中毒的迹象。

在历史上砷一直就是“毒药之王”。这种几乎完全无臭无味又极易携带的毒药在许多家族的财产继承过程中扮演重要的作用，所以它也被称为“继承药粉”。由于砷中毒的症状与腹泻、食物中毒、霍乱以及无数常见疾病的症状相类似，所以它成为欧洲职业投毒杀手的首选毒药。这些职业投毒杀手是一帮相互有着松散联系的在下毒方面具有特殊才能的变态狂。在17世纪，贵族和富人们为了解决他们互相之间的争端，经常雇用这些杀手来施展其娴熟的投毒技巧。

佛斯胡夫维德确信拿破仑正是死于这样的一个投毒杀手之手。当拿破仑在1840年被出土并被重新埋葬在法国的时候，大家不是都说他的遗体保存状态之好令人惊奇吗？这便是他体内有砷的很明显的标志。但是佛斯胡夫维德还需要证据。他直接研究拿破仑遗体的要求遭到了拒绝——拿破仑躺在巴黎残疾军人纪念堂中一座每年有几百万人参观的圣陵之中，没有哪届法国政府胆敢允许这种亵渎国家英雄遗体的事情发生——他只好到别的地方去另找证据了。后来他遇到了一个千载难逢的机会：他获得了拿破仑的一根头发。它正是拿破仑的那位忠心耿耿的仆人马尔尚在他的主人死亡的那天从他的头上揪下来的。

由于砷通过出汗和其他皮脂腺分泌进入头发并与角质分子紧密结合在一起，因此它可以在头发中留下一个可以辨认的中毒记录。如果拿破仑真的服用了砷，那么这根头发很有可能提供证据来证实这一点。佛斯胡夫维德将这根头发送到格拉斯哥大学法医学实验室的汉弥尔顿·史密斯教授那里接受中子激活分析（简称NAA）。

在当时，也就是1960年，NAA在微量分析领域还是一种尖端科技。它的工作原理是将样品放进一个小容器中，然后将其插入一个核反应器中用中子对它进行轰击，以使之产生放射性，通过测量放射性原子解体的速度确定样品中微量元素的含量。砷的含量可以用百万分之几（ppm）来表示。

在格拉斯哥，史密斯在称了那根头发的重量之后将其密封在一个聚乙烯容器中。然后他让那根头发和一些标准的砷溶液同时接受24小时辐射。其结果令人目瞪口呆：那根头发的砷含量为10ppm，几乎是那时公认的正常含量（0.8ppm）的13倍。

佛斯胡夫维德为这一发现激动不已，但他仍然保持了冷静的态度。仅仅在头发中发现砷还不能证明有人故意下毒。由于砷也可能通过头发与诸如棺材所埋入的土壤等物质的外部接触而与头发结合，因此佛斯胡夫维德想知道有没有方法证明砷是通过口服进入体内的。

史密斯提供了答案：分段分析。他告诉佛斯胡夫维德："如果砷是从自然环境中吸收的，那么这种分析就应该显示，在头发的各段砷的含量是相同的。如果砷是间断性地被摄入体内的，那么头发应该在其每一段中显示摄入量的高峰和低谷。"[2]另外，由于头发大约以每天0.014英寸的速度生长，史密斯认为他可以计算出高峰之间的时间间隔。

他对拿破仑的另一根3英寸长的头发——这根头发是拿破仑的另一个贴身仆人让－亚伯拉罕·诺韦拉所获得的——进行了三百多次测试。大致地说，这根头发记录了拿破仑6个月的生活。分段分析显示，拿破仑头发中的砷不是来自自然环境，因为其在各段的含量不同，并且其ppm的数值差别之大简直令人难以置信：从最低谷的2.8ppm到最高峰的51.2ppm！

至此，佛斯胡夫维德相信他已经找到了自己长期以来梦寐以求的

---

2 Thomas I. Noguchi and Joseph DiMona, Coroner at Large (New York: Pocket Books, 1986), pp.203—204.

东西——拿破仑遭到长期故意投毒的不可辩驳的证据。

1961年佛斯胡夫维德发表了他的调查结果，并一下子就引起了巨大的轰动，尤其是在法国。这可不是一群头脑发热的乌合之众在起哄；这可是一个得到似乎是确凿的科学证据支持的有关拿破仑的确遭到谋杀的合理的推断。另外，这一研究小组还得到了拿破仑的另一根取自1815年的头发并通过检测也发现了异常的砷含量，他们得出了一个必然的结论：在拿破仑落入英国人之手的很久以前就有人开始对他下毒了。

1974年，佛斯胡夫维德与一个和他志趣相投、通过健身业发家的加拿大百万富翁本·魏德联手，共同传播他们的“修正主义”福音。魏德将其营销才能带入到这一项目当中，并将关注的焦点更集中于拿破仑死时的临床病理上。即使没有NAA测试结果这样的证据，他也已经排除了拿破仑死于癌症的可能性，因为根据尸检记录，拿破仑死时身体肥胖，而癌症晚期的病人一般都是非常消瘦的。他们合著的名为《圣赫勒拿岛上的谋杀》*一书断言，根据目击者的陈述，拿破仑的身上曾经显示出34种已知砷中毒症状中的30种。

另外他们甚至宣称已找到了下毒者：从1806年就开始为拿破仑服务的官员夏尔－特里斯坦·德蒙托隆伯爵。根据他们的推理，作为拿破仑在朗伍德宫的膳食总管，蒙托隆得以用他自己从南非弄来的一种自酿的酒对拿破仑下毒。

通过将分段分析结果与拿破仑的日常生活记录进行时间上的比对，他们得出结论：只有蒙托隆在拿破仑头发中的每个砷含量高峰期都有机会接触到他。随着他们的理论日益成熟，蒙托隆的面目也就被越抹越黑：他被描述为一个被波旁王朝派遣到拿破仑身边以确保他永

---

* Vancouver，BC，Canada：Mitchell Press，1978.

远不能再踏上法国土地的保皇党，一个债务缠身的好色的花花公子。作为其挥霍无度的一个例子，他们指出，虽然他是拿破仑遗嘱中的主要受益人，从拿破仑那里继承了二百多万法郎——这在当时是一笔巨大的数额，但是他仍然于1829年以破产告终，不得不逃到比利时以躲避他的债主们。这一例子作为理财不善的证据的确很有说服力；但是作为谋杀的证据，它根本就没有什么价值。

尽管如此，该书还是接着声称，蒙托隆其实早在1816年就开始对拿破仑下毒了。他反复使用一定剂量的砷来逐渐破坏拿破仑身体的抵抗力，直到他变得如此之衰弱，以至于当他被用另一种毒药毒死时，没有人能够察觉得到。魏德称之为“19世纪经典的（下毒）手段”[3]。很显然，这种下毒方法首先需要有一个很长的“掩饰阶段”[4]来解除人们的怀疑。接下来就是“致死阶段”[5]。在这一阶段投毒人使用一种完全不同的毒药来给予受害人“致命的一击”。

根据魏德的说法，在这一案例中，那致命的毒药就是氢氰酸。凶手的计划是这样实施的：在使拿破仑受到多年砷的毒害之后，他于1821年3月对拿破仑使用了大剂量的吐酒石，以破坏他的胃黏膜。然后，在4月22日，他给拿破仑服用了一种叫做杏仁糖浆的饮料来缓解其极度的口渴。在这种饮料中混有碾碎的桃仁，桃仁中含有少量的氰化物。这些氰化物与5月3日拿破仑服用的超大剂量的甘汞（氯化汞）发生反应，形成了一种致命的混合物，最终结果了拿破仑的性命。

这就是他们的理论。对其发明者而言，这种理论被证明是大有“钱图”的。有关拿破仑被“谋杀”的耸人听闻的故事一路走红，销量达数百万册。这一理论是如此盛行，以至于对于许多人来说，它变成了

---

3 Weider lecture (February 18, 1998).
4 同上。
5 同上。

一种事实，是拿破仑被蓄意毒杀的确凿证据。

然后，正如经常发生的那样，人们就开始对这一理论提出了质疑。

毒药，到处都是毒药

砷是地球上很常见的一种元素。就其在地壳中的含量而言，它在所有元素中名列第20位。所有人身体和头发中都含有砷。至于头发中砷含量的“正常值”到底应该是多少，这是一个在科学家中很有争议的问题。而佛斯胡夫维德和魏德所引用的0.8ppm则似乎低得有些不切实际了。在这方面，环境起到很大的作用。例如在污染十分严重的墨西哥城，4ppm的含量并不罕见；在大西洋彼岸的大城市格拉斯哥，平均值则为3ppm；但是在一个身体完全健康的学生头发中曾测出12ppm的砷含量。这种令人不解的巨大的差异使得一个专门从事NAA测试的美国实验室认为，任何低于10ppm的数值都可以被认为是“正常”的。[6]

另外，如果仅仅孤立地对某一个人进行头发砷含量测试的话，那么用这种测试结果预测血清砷含量是很不可靠的。只有将这一结果与同时代的一个人群的各种参数相比较，才有可能得出在科学上站得住脚的结论。在没有得到1821年圣赫勒拿岛上其他居民的头发样本的情况下，我们无法知道那时平均砷含量到底应该是多少。然而，即使环境因素也许可以解释第一次对拿破仑头发分析所得出的10ppm的砷含量，它们很明显不可能解释对第二份样品的分析所得出的近乎天文数字的砷含量。这就使我们提出了第二个问题：NAA测试在1960年到底有多精确？

---

6 David Hooper，*Vaishnava News* (September 16，1999).

NAA测试看似简单，但是在本案中它极难操作。这是由于样品的量极少并且有在操作中受到污染的各种可能性。在1960年，这一技术还没有今天那么完善，这使得分离溴、砷和锑等元素的过程非常难以掌握。

另外还有“作案时间”，也就是将蒙托隆确定为“投毒者”的整个事件发生的时间表的问题。法国萨克雷核研究中心的分析表明，当时史密斯用这么短的头发做样品，其测试结果的精确度为正负20%，这使得任何确定对拿破仑投毒的时间的试图变得毫无意义。导致这种偏差的原因是，砷进入头发后不是总停留在一个部位，而是会通过毛细作用向头发的其他部位扩散。

最近多伦多大学使用其“慢性子”核反应器对拿破仑的另一根头发进行了砷、溴和锑等元素含量的测试。测试结果表明，该头发的砷含量仅为1.5ppm，远远低于可以揭示慢性砷中毒的含量，但是其锑含量却高达6ppm。这很可能在1960年的测试中导致了错误的高砷含量检测结果。这一点非常重要，因为锑在19世纪的医药中使用非常普遍。

在这里我要为魏德说句公道话。在1995年美国联邦调查局也对拿破仑的一些头发进行了测试——一度担任拿破仑助手的弗拉奥伯爵曾经在1862年尖刻地说道：“在过去的20年中我所见到的据称为拿破仑的头发是如此之多，以至于如果用它们织成地毯的话，可以将凡尔赛宫所有的地板都铺上了！”[7]——结果显示了33.3ppm和16.8ppm的砷含量。

如果这些头发真的是拿破仑的——而这一点我们根本无法确定，那么很明显有大量的砷进入了拿破仑的体内。但是这是否就能够证明

7 Bob Elmer, *Journal of the Association of Friends of the Waterloo Committee*. www.afwc.ic24.net.

有人蓄意投毒呢？

1996年耶鲁大学医学院的菲利浦·科尔索博士和渥太华大学的托马斯·欣德马什博士发表的一篇论文为NAA技术领域带来了一些客观性，而这也正是这个过热的领域所迫切需要的："正如每个法医学家所知道的，我们不能仅仅从头发中砷含量的升高就得出慢性砷中毒的结论……在得出这一结论之前，还需要具备各种砷中毒特有的临床症状。"[8]

在此之前，魏德和佛斯胡夫维德曾声称目击者在这位垂死的皇帝身上看到了至少30种已知的慢性砷中毒症状。它们包括无力、发寒、腹痛、失眠、交叉性的腹泻和便秘、呕吐、极度干渴和皮肤瘙痒，等等，等等。但是，正如我们所看到的，砷这种毒药之所以如此受投毒者的欢迎，正是因为它可以模仿其他许多完全无害的症状。在这种情况下，这些普遍的症状毫无意义。我们所需要的是砷中毒特有的一些症状。

而科尔索和欣德马什认为，这些特有症状恰恰是本案中所明显看不到的。其中一个症状就是皮肤上像雨滴一样的色斑，尤其是在腋窝、腰、太阳穴、眼、颈和乳头附近，有时也可能扩散到胸部和肩部。另一个症状是角化过度症，即手掌和脚掌皮肤的明显增厚。这些症状在拿破仑的身上都未出现。事实上，根据尸检报告，拿破仑的皮肤"白而细嫩，其双手和双臂也是如此"[9]。这与通常在慢性砷中毒病人身上看到的情况相去甚远。

与砷中毒相联系的另一个特有的现象就是米斯线，即在手和脚的指甲上出现的白色和暗色的横线（通常有1—3条）。它们是由砷进入

8 Philip Corso and Thomas Hindmarsh, *Journal of the History of Medicine* (London: Oxford University Press, 1996), pp.89—96.

9 同上。

角质层所造成的，在砷中毒大约11天后首次出现，可以持续三个多月。现在显著的米斯线已被确定为砷中毒的重要标志。一位科学家曾说，“它们对诊断砷引起的多神经病变是最有用的”[10]，因为80%的砷中毒病人都出现这样的症状。

在参加拿破仑尸检的医生中没有一个注意到任何米斯线的证据。

另外还有拿破仑身体肥胖这一令人不解的问题。当魏德声称这是拿破仑并非死于癌症的有力证据时，很少有人会提出反对意见。然而魏德和佛斯胡夫维德却得出了进一步的结论。在他们的书中，这种肥胖竟然摇身一变，成为无可辩驳的慢性砷中毒的症状。这明显违背了公认的医学常识。正如欣德马什所说，“体重减轻”[11]是砷中毒最常见的症状之一。

因此，慢性砷中毒的4个典型症状，在拿破仑尸检时一个也没有被发现。

我们且将以上这些临床证据放在一边不提，以魏德和佛斯胡夫维德所暗示的方式来谋杀拿破仑符合逻辑吗？他们的理论中最大的缺陷就是时间跨度。根据这种阴谋论，对拿破仑的这种有计划的投毒甚至在滑铁卢战役之前就开始了——很显然，只有这样才能解释这位伟人当时在战场上无动于衷的奇怪神态——这意味着这个投毒者的谋杀行为持续了至少6年之久。如果是真的，这倒可以称得上是历史上最缓慢的一次刺杀行动了。这么做的理由又是什么呢？

魏德声称，投毒者所使用是“19世纪经典的（下毒）手段”。而事实上，在拿破仑死的时候，“职业投毒杀手”在欧洲已经绝迹近200年了。另外，也没有可信的证据表明他们曾经采用这种“两步走”的

---

10 J. Oh Shin, *Electrophysiological Profile in Arsenic Neuropathy*. 54 (1991): 1103—1105.

11 *Ottawa Citizen* (September 1, 1998).

方式实施过谋杀：首先用数年的时间通过投放砷毒使受害者身体虚弱，并产生一系列使人们习以为常的症状，但到了最后却用另一种毒药以致死的剂量结果其性命——这听上去简直是发疯。这种明显属于业余水平的谋杀方法几乎肯定会将投毒者送上断头台。

氰化物致死的方式与砷完全不同。它阻止氧气被输送到身体各个器官，从而导致窒息。最重要的是，它的作用像闪电一样迅速。氰化物中毒首先出现的症状就是心跳加速、头痛和昏睡，紧接着就是昏迷、痉挛和死亡。这时受害者面部通常呈鲜红色。这是由于上面所提到的血红蛋白的变化所造成的。验尸官迈克尔·巴登博士说："(氰化物)使血液和皮肤变成鲜红色。"[12]很难想象这种明显的症状不会被参加拿破仑尸检的医生们所记录。但是，他们中没有人观察到这些症状。

在尸检时也没有发现任何中毒的迹象。这倒并不奇怪。砷中毒在解剖台上是看不出来的。而氰化物有时会留下非常轻微的杏仁气味。但是，有趣的是，并不是所有人都能够闻到这种气味。另外，毒物探测学在那时还处于摇篮阶段。仅仅在30年前，一个名叫约翰·梅茨格尔的化学家才发现了一种确定食物中是否含有砷的方法。他所使用的是一种后来被称为"照砷镜"的东西。1806年这种技术得到了重大改良。柏林医学院的瓦伦丁·罗斯博士设计了一种测试方法，使人们第一次能够探测到人体内的砷。

罗斯的这种测试方法虽然很简陋，并且无法探测到微量的砷，但是它在拿破仑死的时候被认为是最先进的技术。它之所以没有在拿破仑尸检时被使用，那是因为当时没有任何证据可以使参加尸检的医生怀疑拿破仑是被毒死的。

魏德继续出钱对更多的据称从拿破仑身上取得的毛发进行昂贵的

---

12 Michael Baden, and Judith Adler Hennessee, *Unnatural Death* (London: Sphere, 1991), p.40.

测试。2001 年 6 月，一个由斯特拉斯堡法医研究所副所长帕斯卡 · 金茨带领的法国科学家小组报告了他们的测试结果：他们在魏德所提供的样品中发现了“大量的砷”。但是，金茨在报告中加入了一条值得尊敬的提醒：“我们不知道这些砷究竟来自何方，也不能百分之百地确定用来作实验的那缕头发就是拿破仑的。”[13]

这当然又带给了我们另一个棘手的问题：拿破仑头发中的那些砷究竟是从哪里来的？

对此人们提出了各种各样的假设，但是似乎没有一个是令人信服的。欣德马什说：“我的唯一解释就是，砷曾被用做防腐剂来保存那些被当做纪念品出售的头发。”[14] 19 世纪初一个很可怕的现象就是，砷几乎无处不在。它可以在医药、补品、妇女皮肤的增白剂、苍蝇纸、假发的扑粉甚至墙纸中找到。人们甚至将小剂量的砷用做精神麻醉药品或催情药。砷的这种广泛可获得性意味着它可能通过各种无害的方法进入拿破仑的头发之中。

因此，如果没有一星半点证据能够证明拿破仑是被蓄意毒杀的，并且我们接受魏德和佛斯胡夫维德有关拿破仑并非死于癌症的断言的话，那么究竟是什么杀死了这位皇帝呢？欣德马什将矛头明确指向 1821 年 5 月 3 日拿破仑所服用的超大剂量的甘汞：“我认为这很可能加剧了癌症所导致的出血。胃癌一般是不会出血的，除非它受到了某种刺激。从尸检来看，很显然拿破仑生前有便血和吐血的症状。”[15]

在对这一问题的所有答案中，只有这一个最符合实际情况。所以那些生性多疑的法国人其实是对的：也许拿破仑的确是英国人杀死的——他们不是用毒药，而是用糟糕的医术杀死了他。

---

13 *London Daily Telegraph* (June 2，2001).

14 *Ottawa Citizen* (September 1，1998).

15 同上。

第三章

艾尔弗雷德·帕克 (1874年)

Alfred Packer

科罗拉多的食人恶魔

掘尸在美国已成为一个蒸蒸日上的行业。历史上的那些名人，不管是流芳百世的英雄，还是遗臭万年的歹徒，目前一个个都躺在坟墓中提心吊胆，惴惴不安。除非他们是在最为平淡无奇的情况下死去的，否则十有八九，用不了多长时间他们的坟前就会聚集起一大群扛着铁锹、锄头、聚光灯、摄像机以及一个资金充足的掘尸项目所应具备的各种工具的“法医学复活主义者”。法医学这个往往是大有钱图的名利场可能以各种面目出现，但是其所声称的目的都相同——揭开事实的最终真相。

事情要是真的那么简单就好了。正如下面这个案子将要揭示的，真相在当事人死后就像在他们活着的时候一样令人难以捉摸。

在19世纪的大部分时间，艾尔弗雷德·帕克一直是个响当当的人物。有人诅咒他是吃人恶魔，而有人则将他当做逗趣的话题。由于他的非凡事迹，这个自己招供吃了人的家伙如今已成为科罗拉多州旅游线路上的一个景点：科罗拉多大学专门用他的名字命名了一个“艾尔弗雷德·帕克日”；他的头像被印在了各种T恤衫上；菲尔·奥克斯根据他的经历编写了一首民歌；他还是一个偶像音乐剧的主角以及无数让人听了浑身起鸡皮疙瘩的双关语的原材料。在帕克曾经饥不择食地大嚼人肉的西科罗拉多州，各种店铺都不失时机地利用他的臭名赚取大把钞票。例如一个名叫“食人生番小吃店”的餐馆就自豪地宣称，“我们很荣幸将您请上餐桌”；另一个小餐馆则在菜谱中提供“‘帕克肉盘’——专为那些胃口大得能吃下一个人的顾客准备”；而在湖城，“艾尔弗尔德·帕克学会”* 的标语——“本会自从1874年以来一直精心‘料理’着这位人类同胞”——则总是能够引起人们的哄堂大笑。

首先要澄清一件事情：帕克并不是像人们所声称的“美国历史上唯一一个被判定犯有吃人罪的人”[1]，因为在美国大多数州中，吃人从来就没有被规定为犯罪（奇怪的是，只有爱达荷一个州在其法律中规定吃人是犯罪行为）。事实上，这个生于宾夕法尼亚州、由鞋匠转行而成的山地向导最终只是被判定犯有非预谋杀人罪。问题是：艾尔弗雷德·帕克是否应该被判有罪？

事情还要从1873年的那个秋天说起。那时31岁的帕克由于癫痫病发作而被艾奥瓦州第八骑兵团赶出军营。于是他就开始了流浪的生活，一路上靠做苦力或行骗勉强糊口，最终到达了犹他州的普罗沃。在四处寻找工作的过程中，他打听到有一个由二十多人组成的淘金队即将前往位于落基山中的金矿区并正在寻找一位有经验的向导。尽管

---

* 虽然帕克的法定名字为艾尔弗雷德（Alfred），但是他文在身上的名字却是艾尔弗尔德（Alferd），并且他签字的时候也都是用的后者。但是在最重要的一个文件也就是他的假释证明上用的是前者。

1 *Times* (London) *Magazine* (June 16，2001).

“科罗拉多食人恶魔”艾尔弗雷德·帕克在1883年被判处40年监禁时的样子（照片由科罗拉多州档案馆提供）

对这一地区并不熟悉，但是长着一副尖细嗓子的帕克还是前去应聘了。结果他竟然得到了这份工作——这对于相关的淘金队员来说无疑是一场灾难。

那年冬天天气异常寒冷，北风呼啸，暴雪肆虐，巨大的雪堆似乎与铁青色的天空融为了一体。淘金队在茫茫雪山中迷了路。要不是他们后来在安肯帕格里峡谷欧雷酋长的南尤特营地找到了一个避难所，整个淘金队很可能就全军覆没了。

人们一定以为，在鬼门关口走过一回之后，淘金队成员们应该吸取教训，知道自我保护了。但是贪婪最终还是战胜了理智。尽管欧雷酋长警告他们说，更恶劣的天气还在前面，1874年2月9日，帕克和淘金队的5名成员还是决定出发前往科罗拉多州的甘尼森。正如酋长所预测的那样，一场巨大的暴风雪席卷而来，将整个山区覆盖在几英尺深的雪中。湖面被冻得坚硬无比，所有道路都消失得无影无踪。一连好几个星期，这支淘金小分队一直杳无音讯，直到4月16日，看上去疲惫不堪的帕克孤身一人摇摇晃晃地走进了科罗拉多州萨沃奇附近洛斯皮诺斯镇的印第安人局。

他说他在暴风雪中与其他队员失散了。这种说法听起来的确是可信的，但是他的样子看上去总是让人觉得有些不对劲。虽然不可否认，他已精疲力竭，但是考虑到他在山里饿了两个月的时间，他的营养状况看上去却出奇地好。从山上回来之后，他开始将大把的钱用于赌博和饮酒，这些钱是从哪里来的？另外有人从淘金队的一个失踪人员在法戈维尔斯开设的银行账户中提取了一笔钱，这又是怎么回事？帕克常常喝得酩酊大醉。当他喝醉的时候，他在酒吧中的狐朋狗友注意到，他所讲述的有关在山中遇险的故事中有一些自相矛盾的地方——仅仅是这里或那里一两处说漏了嘴的地方，但是它们很快就被传到了洛斯皮诺斯执法官查尔斯·亚当斯将军的耳中。亚当斯愤怒地找到了帕克与他对质，并要他带领一支搜救队前往山中寻找失踪人员。

搜救队于5月1日出发。帕克似乎很不情愿当向导。让人感到奇怪的是，他突然变得糊涂、健忘起来。在仍然覆盖着积雪的群山峡谷中绕来绕去地转了3天之后，他再也装不下去了。在一阵良心发现之后，他向亚当斯坦白了事情的经过。

他承认，当时由6个人组成的小分队被大雪困在了圣胡山山中，大家都饿得几乎发了疯。他们只好吃一些草根和蜗牛维持生命，甚至还咀嚼他们所穿的软皮鞋充饥。帕克意识到如果他们继续待在那里，整个小分队就会全部覆灭，所以他自愿出去寻找出山的安全路线。一连几天的时间他都在令人睁不开眼的大雪中探索。在严寒中他被一刻不停的暴风雪吹打着，最终放弃了计划。主要是靠着运气，而不是其对山地的熟悉，他摸回了他们的营地。

在那里他看到了一幅可怕的景象：小分队中年纪最大的成员伊斯雷尔·斯旺已经因冻饿而死，而其他几个人正在用刀切他的肉吃。帕克毫不犹豫地掏出小刀，加入了这桌人肉宴席。随着气候的进一步恶化，小分队的其他成员一个接着一个地死去——首先是詹姆士·汉弗莱，然后是弗兰克·米勒，再后是乔治·努恩。他们全部都被吃掉了。

最后只剩下了帕克和香农·威尔逊·贝尔——一个像魔鬼一样长着红发的淘金者。他们之间的关系越来越紧张，直到有一天——帕克声称——贝尔精神崩溃，发疯似地向他杀了过来。为了自卫，帕克抓起一支枪打死了他的这位精神错乱的伙伴，然后就着手宰割尸体，准备食物了。

帕克最后还承认，他将他的旅行伙伴的钱财全部据为已有。

亚当斯沉思默想了半天。这个敬畏上帝的执法官身上的每一个直觉都告诉他，帕克是有罪的。但是到底是什么罪呢？这位将军完全不知道应该怎么办了。于是他向华盛顿请求指示，同时将帕克逮捕入狱。一连几个星期过去了，但是华盛顿那边还是杳无音讯。帕克变得越来越焦躁，最终他决定自己采取行动。8月8日，他从萨沃奇乡看守所中神秘逃跑——有谣言说他贿赂了看守人员——然后消失得无影无踪。

他逃得的确很及时，因为两周之后人们在圣克里斯托巴尔湖岸边的一个悬崖上发现了5具男性尸体，其中一具为无头尸。虽然这些尸体上都被割掉了大片的肉，但还是有足够的证据表明他们是被用棍棒打击而死的。政府立刻发出了通缉令，并指控帕克涉嫌犯有多起谋杀罪。

直到9年之后帕克才落入了法网。他的被抓纯属偶然——犯罪侦破中就是充满了各种巧合。原来那个倒霉的淘金队中有一位名叫弗伦奇·卡巴宗的成员。有一天他正在怀俄明州费特堡的一个酒吧中饮酒，突然他听到了一个熟悉的尖细的笑声，他朝着笑声的方向偷偷地看了一眼，结果一下子就认出了帕克那张特有的发育不全的脸。3天之后，也就是1883年3月14日，一个名叫约翰·施瓦策的人在距费特堡约30英里的威根亨特小溪被逮捕，并被指控为被通缉的逃犯艾尔弗雷德·帕克。

《萨沃奇时报》得意洋洋地报道了这一逮捕的消息。该报道的标题是这样写的："在逃避法律制裁长达9年之后，这个谋杀了他的同伴并且靠吃他们的肉养肥了自己的披着人皮的食尸鬼最终落入法网。"[2]

在被逮捕几天之后，帕克又向查尔斯·亚当斯作出了另一份供述。正是这份语无伦次的供述在后来当他被引渡到科罗拉多州并于1883年在湖城欣斯戴尔县法院因谋杀伊斯雷尔·斯旺而受审时成为他辩护的基础。

帕克坚持说，当他回到营地时发现"那个红头发的人（贝尔）看上去已经发疯了。他正坐在火边烧烤一块从那个德国屠夫（米勒）腿上割下来的肉"[3]。在他旁边躺着另外3个已经死亡的淘金者。"他们的头上都有被斧头砍过的伤痕，有的被砍了两下，有的3下……当他（贝尔）看见我之后，就站了起来并拿起斧子向我走来。我开枪从侧面打中了他的腹部。他面朝下倒在地上，手中的斧子落在了前方。我拾起斧子砍在了他的头顶。"[4]

供认吃人行为

帕克声称，随后他就蹲在地上，搭建了一个简陋的窝棚，靠吃他的同伴的尸体充饥，在那里挨过了整个冬天。当积雪最终融化之后，

2 *Saguache Chronicle* (March 23, 1883).
3 Packer's second confession, Colorado State Archive (March 16, 1883).
4 同上。

他就长途跋涉，来到了洛斯皮诺斯。在这一供述中他没有否认吃人行为。但是他坚持贝尔是他所杀的唯一一个人，并且当时是为了自卫。陪审团和梅尔维尔 · B · 格里法官都不相信他的故事，他们判定帕克犯有谋杀罪。

据传格里法官是这样对帕克作出判决的："在欣斯戴尔县一共只有7名民主党人。而你，你这个贪吃的狗杂种，你竟然一次就吃掉了他们中的5 个！作为对这种蓄意减少本州民主党人口的行为的警告……我判处你绞刑。"[5]

虽然实际上格里法官的判决词并没有那么浓的政治色彩，但是也非常情绪化，并在最后达到了一个戏剧性的高潮，他判处帕克"用绳索套住脖子，直到你被绞死！绞死！！绞死！！！"[6]

一夜之间，帕克成为了科罗拉多州最受憎恨的人。政府非常担心在帕克提起上诉期间骚乱的人群会不顾法律程序，冲进监狱用私刑处死他。为了防止外界干涉，当局将帕克转移到甘尼森。他的处决也被暂缓执行。

我们很难解释当时帕克为什么会受到人们如此强烈的憎恨，因为在那些横跨美洲大陆并在深山中遭遇极为严酷的寒冬的淘金者中，人吃人的现象并不罕见。1846年—1847年的唐纳—里德惨剧只不过是其中最为人们所知的一个。在这一事件中，当事人不仅吃掉了他们死去的同伴，而且还枪杀了两位不肯吃人肉的印第安向导，并将他们也吃掉了——这种行为与帕克受到指控的任何行为都一样可憎。但是他们却没有被逮捕，没有受到审判，也几乎没有受到任何谴责。

当帕克等待上绞架时，他肯定可以用以上这些事例安慰一下自己。

---

5 *Denver Post* (July 16, 1889).
6 Colorado State Archive.

艾尔弗雷德·帕克在1901年被释放前的样子（照片由科罗拉多州档案馆提供）

正在这时，事情有了一个轰动性的发展。一个精明的律师对此案作了一翻研究后发现，当帕克的罪行发生的时候，科罗拉多还只是一个领土——它直到1876年8月1日才成为一个州，而该州的立法机构当时忘记了重新颁布该领土有关谋杀的法律。这意味着在某一时间内实施的谋杀并不违法。这听起来难以置信，但是科罗拉多州最高法院别无选择：1885年10月30日，它依法撤销了对帕克谋杀罪的有罪判决。

在对法律作了进一步研究后，科罗拉多的司法机关松了一口气。他们了解到，在有争议的时间段内有关非预谋杀人罪的法律被重新实施了，这使得州政府得以指控帕克犯有5项非预谋杀人罪。他的审判于1886年8月5日结束。帕克被判处40年监禁，其服刑地点为位于坎农城的州监狱。

帕克是一个模范犯人。在服刑期间他意想不到地成为了一个名人，有一大串的律师为他申请复审和赦免。虽然这些提议中许多都具有不可否认的法律根据，但是直到世纪之交事情才有了真正的转机。当时《丹佛邮报》的一位擅长写伤感文章的女记者波利·普赖发起了一个“释放帕克”的运动，并利用这位第1389号囚犯充分施展了其哭天抹泪的才华。普赖的煽情的本领简直是无与伦比，她死死缠住查尔斯·托马斯州长不放。最后这种无休止的纠缠终于产生了作用。1901年1月1日，即将离任的州长，作为其离任前的最后一个官方行为，为这个科罗拉多州最臭名昭著的囚犯签发了假释令。

在其被释放后，艾尔弗雷德·帕克一直安静地生活在丹佛郊区，偶尔为《丹佛邮报》做做清洁工，直到1907年4月23日去世。他死后，每年都有成千上万的游客去参观他在利特尔敦的简陋的坟墓。他们都急不可待地到那里去看一看“科罗拉多州吃人恶魔”的长眠之地。

但是，艾尔弗雷德·帕克真的是一个深山中的黑心恶魔，还是像普赖所坚持的那样，是一个感情用事、置事实于不顾的司法制度的悲剧性受害者呢?

这种争论在20世纪差不多持续了一个世纪。1989年，一大群法医学家聚集到了湖城，决心将事情查个水落石出，从而一劳永逸地给这个争议画上句号。

许多人都对开棺验尸的做法感到非常不安。即使在有明确的法律需要的情况下，将尸体从地下挖掘出来也会激起人们内心深处的不安。在有关这一问题的辩论中，道德的困境是一个中心问题：一方面是公众知情的权利，而另一方面是死者得到尊重和安息的权利。在最近几年，所谓的“历史性的开棺验尸”的数量大幅度上升。从这一点上说，法医学可以说是成了其自己的成功的受害者。由于现代分析技术可以揭示那么多的东西，不加区别地使用它们的诱惑简直是难以抵挡。

这些掘尸项目都遵循一个固定的模式：首先某个出于个人虚荣或

发财致富的目的对某位名人产生了某种怪念头，然后他就向政府申请了开棺验尸的许可，接着你看到的就是一群掘尸人在坟地里像火车头一样拼命地挖刨的景象了。美国最著名的人类学家之一克莱德·斯诺曾经对这种潮流深感忧虑。他说，只有在有声望的历史学家们认为能够解答关键的历史性问题的情况下才可以对历史人物开棺验尸。“仅仅因为某个人对所发生的某些事件产生了怀疑，就急急忙忙地跑过去将死人挖出来的做法是不可取的。”[7]

斯诺的这种批评对詹姆斯·斯塔尔斯这些人来说只不过是耳旁风。斯塔尔斯是华盛顿特区的乔治·华盛顿大学的法学和法医学教授。他也是法医学复活主义的主要倡导者。在过去这些年中，爱出风头的斯塔尔斯将其注意力转向了一系列引人注目的案件，包括杰西·詹姆斯、梅里韦瑟·刘易斯、卡尔·韦斯（刺杀休伊·朗的凶手）和利齐·博登。但是他的过分热情也会给他带来麻烦（在这方面的一个典型的例子就是，他曾经对77岁的J·埃德加·胡佛死于心脏病的说法大加指责）。斯塔尔斯的大多数努力都未能得到确定的结果，这使人们相信他的主要本事是上头条新闻，而不是作出什么历史性的发现。俗话说，万事开头难。对于斯塔尔斯来说，正是“科罗拉多吃人恶魔”使他第一次成为媒体关注的焦点。从此以后他就频繁地在新闻媒体上亮相了。

斯塔尔斯相信，要想知道1874年那个可怕的冬天究竟发生了什么，就必须对那几个据称为谋杀受害者的人进行开棺验尸。他对记者说：“从他们的骨头上我们可以找到子弹孔以及刀子刮肉所留下的痕迹。我们可以弄清那些受害者是否被吃掉，是否被斧子砍过，以及是否真的差点被饿死。”[8]

---

7 *Minnesota Daily Online* (October 26, 1994).
8 *Real Life Crime*, vol. 14 (London: Eaglemoss, 1993), p.304.

1989年夏天，斯塔尔斯召集了一个由考古学家、病理学家、人类学家和技术人员组成的13人小组并且给它取了一个响亮的名字——“帕克项目组”，然后就浩浩荡荡地朝着西科罗拉多州进发了。他们的第一个问题就是找到受害者的遗体。斯塔尔斯宣称他“90%肯定”[9]，这些遗体就埋在1928年在死人谷竖起的一个坟墓标记之下。死人谷位于距湖城2英里的食人生番高原和圆顶山之间。

为了找到这些遗体，他们使用了地下探测雷达。这种非常复杂的探测装置的工作原理是通过一个传输器或天线向地面传输超声波信号。当信号进入地下之后，它们与埋在各个底层的不同导电性的物体接触。其中一些超声波被从物体或界面反射回去，而其他的则进入下一个界面。

一旦被反射的超声波回到天线上，就会被一个数字控制元件所接收。这一元件将声波往返的时间以纤秒为单位记录下来，并将信号放大。被输出的信号电压高峰通过数字控制单元在雷达屏幕上被显示为不同颜色的光带。

结果他们正好就在斯塔尔斯所说的地方发现了5具支离破碎的尸体。在被挖掘出来之后，这5具尸体被送往位于图森的亚利桑那州博物馆接受详细的分析。

对遗骨的检查揭示了明显的谋杀迹象。至少有4个受害者是遭钝器打击致死，其中3个是被斧子样的东西砍死的，而另一个则是被枪托或类似的东西砸死的（上文中已经提到，有一具尸体没有头部）。在手臂的骨头上有自卫伤的痕迹，很可能是在受害人试图抵挡打击时造成的。骨头上明显的刮痕表明这些尸体曾被用剥皮刀仔细地宰割过。

更重要的是，帕克曾经说过他出于自卫用枪打过贝尔，但是没有

9 *Real Life Crime*, vol. 14, p.304.

一个受害者身上有枪伤的痕迹。虽然一具骨架的骨盆处的确有一个洞，但是斯塔尔斯认为这很可能是1874年积雪融化时饥饿的郊狼啃咬尸体所造成的。这与当时人们有关这些遗体残缺不全并且被野兽拖得七零八落的说法相符。

根据这一草率的分析，1989年10月斯塔尔斯非常自信地宣布了他的结论。他以其特有的夸张语气宣布："帕克不仅罪责难逃，而且罪大恶极。"[10]对于帕克有关自卫的说法，斯塔尔斯嘲讽地说："当时发动攻击的是帕克，而不是贝尔，这是再明显不过的事情了。"[11]

斯塔尔斯的这种夸夸其谈让很多人都感到不解，因为在他的数据中存在着很明显的漏洞。他自己也承认他根本不知道哪具尸骨是属于哪个人的。由于流传下来的有关受害者的身体特征的描述很少，他的小组完全是在黑暗中摸索。即使科学家们能够确定尸骨上的伤痕是由右手或左手切割造成的，这也于事无补，因为他们并不知道这个倒霉的淘金队中谁是右撇子，谁是左撇子。最重要的是，斯塔尔斯不能说出哪具骨架属于香农·贝尔。

这些尸骨上都显示类似的由剥皮刀所造成的缺口这一事实也不能证明这都是一个杀手所为。从包括美国西南部、法国、英国等全世界各地采集到的已知的吃人者所留下的人骨，都显示出大致类似的切痕。宰割尸体的方法就只有那么几种，如果有哪个科学家能够站在法庭上声称他可以确定是谁使用了那把剥皮刀，那他的胆子可真不小。帕克或贝尔，或者他们两个人都可能用这把刀宰割过尸体。

斯塔尔斯对这些反对意见只是嗤之以鼻。在所有的尸骨被装入一个棺材被重新埋入死人谷的哪个坟墓标记之下后，他作出了他的最终判决："这一最后的证据毫无疑问地证明帕克是有罪的。虽然帕克完

10 *Real Life Crime*, vol. 14, p.305.
11 同上。

全可以通过打野兔充饥，但是他一日三餐吃的都是人肉。帕克是个卑鄙、残忍、野蛮的恶魔。”[12]

案件已经查清了吗？争论可以结束了吗？

当然不是。

法医学口水战爆发

即使参加“帕克项目”的一些科学家也认为斯塔尔斯的这些夸张的结论有点太牵强附会了。亚利桑那州博物馆的物理人类学家沃尔特·H·伯克比在项目中分析了那些遗骨。虽然他同意斯塔尔斯有关当时发生的情况的说法与证据相符，但是他提醒大家注意：“这种假设可能是对的，但是我们并不能用科学的方法证明它。”[13]他补充说，虽然证据表明受害者们的确是被谋杀并被吃了，但是现有的证据不能够确定谁是凶手，而只能证明尸体上的伤痕与帕克的证言不一致。伯克比说：“我们根本无法得到确凿的证据来证明这是谁干的。我们永远也无法做到。”[14]

而其他一些人则走得更远。他们确信帕克受到了法庭和历史的诬陷。退休法官埃尔万·F·库什纳研究该案件并且写了一本书，*他感到帕克是无辜的，并试图为他获得一个死后的赦免令。虽然前州长迪克·拉姆同意库什纳的研究在很大程度上为帕克恢复了名誉，但是还不足以让他发布赦免令。

更为有说服力的证据来自法医学实验室。

西科罗拉多州博物馆馆长戴维·贝利很多年来一直认为帕克是清

12 *Real Life Crime*, vol. 14, p.305.

13 同上，p.307。

14 同上。

* *Alferd G. Packer, Cannibal! Victim?* (Frederick, Colo.: Platte'n Press, 1980).

白的。在长期研究审判记录尤其是阅读帕克的信件之后，他确信发生了重大的司法不公的现象。他完全不能将那个喜欢给小孩子们雕刻玩具小房子、发糖果，在自己整洁的花园中悠闲散步的慈祥老伯伯与一个残忍的杀人犯的形象联系起来（贝利似乎忽略了一个事实：30年漫长的岁月以及衣食无忧的生活可能已经使帕克的性情变得温和多了）。

在其被从监狱中释放之后，帕克接受了《丹佛邮报》的采访。贝利坚信帕克在采访中讲述的并且一直到死都坚持的故事是真的：

"他（贝尔）拿着斧子向我跑过来。他拿的是营地中唯一的一把斧子。我可以看出他已经发疯了。他发出一种刺耳的声音。我赶紧往回跑。我有一把左轮手枪。我跑到雪堆边，拔出了枪。他继续向我跑过来。当我跑到雪地深处时猛地转过身来并开了枪。"[15]贝利需要的是支持帕克所讲的故事的证据。为此他将目光转向了原始的消息来源，仔细研究每一个仍然被保存下来的证据。这些证据大多数被保存在欣斯戴尔县博物馆。贝利认为，为帕克清洗冤名的关键在于据称是帕克用来打贝尔的那把锈迹斑斑、创痕累累的1862年产的科尔特手枪。这把枪是几十年前一个护林员在谋杀发生的地区发现的。这把可以装5颗子弹的手枪中仍然还有3发子弹（帕克一直声称他向贝尔的腹部开了两枪）。

贝利确信斯塔尔斯错了。他相信那具骨架的盆骨上的洞不是由动物撕咬，而是由子弹造成的："我正在各个层次上寻找帕克受到攻击的证据。这种证据将最后为这个案子画上一个句号。"[16]

经过一段时间，贝利召集了他自己的专家小组，其中包括化学家、土壤和火药专家以及一个考古学家。他们的共同目的就是证明帕克讲的都是真话。

---

15 *Denver Post* (April 26，1907).

16 同上（February 5，2001）。

2001年2月从石头下面找到了衣服碎片和纽扣以及从坟墓里取出的泥土样品，送到位于科罗拉多州大枢纽的梅萨州立学院进行分析。他们对这些东西进行了仔细的梳理，以寻找铅的碎片或未爆炸的黑火药。贝利解释说他们是在寻找“近距离射击的残留物”[17]。

里克·杜杰教授将他们从欣斯戴尔借来的样品放置在40片纽扣大小的碳片上然后使用一台电子扫描显微镜对它们逐个研究。杜杰对他所面临的巨大的任务没有多少幻想。用非专业的语言来说，扫描这些样品相当于在半平方英里的范围内搜查每一小块泥土。他说：“这就像127年前某个人在美国的某个地方打出了一个棒球。现在有人要求你去找到这个球。”[18]

奇迹发生了。他做到了这一点。通过两天紧张的分析，杜杰和他的同事雷克斯·科尔用1 000倍放大镜找到了一小块看上去是铅的碎片。通过用以测量元素的光谱仪分析，他们证明这块碎片的确是纯铅。

贝利表达了整个小组人员的欣喜的心情：“科学家们……对能够这么快找到它感到十分惊讶。”[19]

下一步就是进行一项关键性的测试：这一块铅的碎片是否与那把被认为是帕克使用的科尔特左轮手枪中未发射的子弹匹配？

两个样品在光谱仪中显示的峰值完全匹配。

小组成员还是非常谨慎。他们想知道子弹夹中所用的铅是否属于一个特殊类别。因此他们取得了从内战时期一直到现代的许多不同时代的子弹，并对它进行了一系列的测试。所有其他样品都具有某些不规则的特性，如含锡和硫，在尸体下面发现的铅和在枪里发现的铅则具有完全相同的特性。贝利感到欣喜若狂：“找到这一块铅是一个很

---

17 National Public Radio, *Weekend Edition* (February 17, 2001).
18 *Denver Post* (February 13, 2001).
19 National Public Radio, *Weekend Edition* (February 17, 2001).

好的开端。他与帕克的手枪枪膛中的子弹相匹配。”[20]

这些测试所不能做到的是毫不含糊地证明这块铅的确来自一颗子弹。本书编写的时候，这一方面的研究还在继续。

我们是否能够无可辩驳地确认艾尔弗雷德·帕克就是杀人凶手？这个问题恐怕永远也不会有明确的答案。但是帕克有一个独一无二的地方。据我们所知，到目前为止，他是唯一一个其半身塑像被摆放在州议会大厅中的吃人者。

---

20 *Denver Post* (February 13，2001).

第四章

Donald Merrett

唐纳德·梅里特
（1926年）

法医学使他重获自由并再次杀人

20世纪初，法医学终于进入了成熟阶段。它不再是只有学者们才涉足的领域，或只在尘封的医学杂志上讨论的话题，而是进入了社会的主流。之所以如此，有很多原因。科学是令人兴奋的新鲜的事物，而公众的受教育程度也越来越高。当人们津津有味地阅读着报纸上有关刑事审判中的报道——当时这种报道的详细程度简直令今天的人们目瞪口呆——时，他们一定会为在许多审判中都起着重要作用的实验室技术的发展惊叹不已。毫不奇怪的是，这些科学进步的缔造者们往往被人们当做传奇式的人物加以崇拜。而当时——至少在英国——没有哪个法医学家能够比一个名叫伯纳德·斯皮尔斯伯里的高傲而又严厉的医生更受公众崇拜的了。

斯皮尔斯伯里是法医学界第一个，也是最大的一个超级英雄。事隔多年之后，如今我们很难想象他当时有多么的著名：这位戴着金边眼镜、表情庄重、目光坚定的病理学家，其受欢迎的程度不亚于政治家、电影明星和体育明星。每当街边的报童们扯着嗓子大喊："卖报，卖报！骇人听闻的谋杀案——斯皮尔斯伯里被请来参加调查了！"的时候，他们毫不怀疑，今天的报纸很快就会被抢购一空。

斯皮尔斯伯里年纪轻轻便功成名就了。在1905年获得行医资格之后，他直接进入了法医病理学领域，并在仅仅5年的时间内，就达到了其事业的顶峰，成为英国内政部的高级病理学家。他之所以能够取得如此成就，不仅仅因为他是一位深思熟虑、一丝不苟、才华出众的诊断学家，而且还因为——至少对于当局来说——他在证人席上的杰出表现：沉着、权威、无情，并且最重要的是，对自己的一贯正确性有着绝对的信心。斯皮尔斯伯里是一个令所有辩护律师和被告人都闻风丧胆的对手。陪审团把他所说的每一个字都当成真理。他以救世主一样确定的口吻所提供的证言，曾将几十名杀人犯送上了绞架。我们很难想象，每当斯皮尔斯伯里注视着审判室对面被告席中的某个可怜虫，并且想着几个星期之后再见到他时，这个杀人犯已经被绞死，等着他验尸的时候，* 心里究竟会是什么感受。

伦敦新闻界崇拜斯皮尔斯伯里，因为他源源不断地为他们提供有趣的新闻素材。也正是由于媒体夸张的宣传，1922年斯皮尔斯伯里被授予了骑士称号。不久之后，"传伯纳德·斯皮尔斯伯里爵士到庭！"这句回荡在法庭橡木走廊中的喊声就具有了一种传奇色彩。只要一听到它，聚集在新闻发布厅中的记者们就会赶忙削尖铅笔，拭目以待；而站在被告席上的嫌疑人则吓得魂飞魄散、面如死灰。他像一位巨人一样在法律的竞技场上昂首阔步，所向无敌。这种气势真可以说是前

* 斯皮尔斯伯里定期在伦敦的旺兹沃思、本顿维尔和豪罗维3个监狱中为被处决的犯人验尸。

无古人，后无来者。

身为内务部的病理学家意味着斯皮尔斯伯里一般只能作为控方的证人出庭。但是1926年末，来自苏格兰的一封信使他打破了他这一几乎保持了一生的做法。在爱丁堡发生了一个非常棘手的案件，辩护方希望斯皮尔斯伯里能够给他们提供帮助。在研究了该案的一些书面材料之后，他同意了。由于苏格兰保持了一套完全独立于英格兰的法律和司法制度，所以斯皮尔斯伯里可以在那里作为独立证人出庭而不会造成利益冲突。而案件材料表明，这个案子的确不同寻常。

1926年3月17日上午9点30分左右，女管家亨里埃塔（丽塔）·萨瑟兰正在爱丁堡白金汉走廊31号住户的厨房中清理早餐桌上的碟子，她突然被一声枪响吓了一跳。接下来发生的事情有些模糊不清。在她向警察作出的第一份口述中，亨里埃塔说她跑进了起居室，正好发现她的雇主，本来正坐在书桌边写信的伯沙·梅里特夫人，倒在了地上。一把手枪躺在她身后的一个办公桌上。但是根据她后来在法庭上宣誓后作出的另一份证言，她听到了枪声，然后是一声尖叫和一个重物落地的声音，接着18岁的唐纳德·梅里特跑进厨房喊道："丽塔，我母亲开枪自杀了……我用光了她的钱，她非常担忧。"[1]

在这一份陈述中亨里埃塔说，她跟着唐纳德走进了起居室，发现梅里特夫人——一个丰满、富有的中年妇女——躺在椭圆形桌子和办公桌之间的地板上，头上的一个伤口正向外流血，但是显然她还活着。

令人奇怪的是，当时他们竟然都没有打电话叫医生，而是由唐纳德给警察打了电话。几分钟之后警官托马斯·米德尔米斯和戴维·艾泽特来到了现场，然后本来已经非常混乱的场面就演化成了一场闹剧。似乎这两个警察都没有处理暴力犯罪的经验，并且毫无保护犯罪

1 Jurgen Thorwald, *Dead Man Tell Tales* (London: Pan Books, 1968), p.114.

现场的意识。当后来被要求描述当时他们所看到的那个严重受伤的妇女的位置的时候，这两个人的说法各不相同。他们有关枪的位置的说法也是相互矛盾的。根据一种说法，那把粗短的.25口径西班牙造自动手枪当时正躺在书桌上；而根据另一种说法，它又在地毯上。米德尔米斯记得他从什么地方把它拾了起来，但记不清究竟是从哪里拾起来的。不用说，从一开始，任何可能存在的指纹证据都被破坏殆尽。

在一片混乱之中，一辆救护车终于到达了。在已经昏迷并且还在流血的梅里特夫人被放上担架并急忙送往医院后，米德尔米斯开始非常圆滑地几乎是以讨好的口吻讯问起这两位证人来了。在爱丁堡这个时髦的街区，暴力犯罪就像1月份的热浪一样稀少，而那个忐忑不安的警察也不想得罪任何有钱人。

他没有从唐纳德·梅里特的口中得到任何有用的信息。唐纳德身材高大，体格健壮，有着一种很讨女人喜欢的忧郁的举止。虽然年纪轻轻，但是他却显得非常老成。他在接受米德尔米斯讯问时表现出一副极不耐烦的神情。他解释说，当时他正在起居室中读着一本书，突然他的母亲掏出一把枪，打死了她自己。

当负责调查的侦探来到现场并听到这一说法时，他们都皱起了眉头。自杀未遂在当时是应该受到惩罚的犯罪行为。他们都非常想知道是什么使得梅里特夫人产生了轻生的念头。

"是财产方面的问题。"[2]唐纳德以轻松的口吻说道，并拿出两封其母亲从克莱德斯戴尔银行收到的通知其账户中资金短缺的信。

听到这里，那几个侦探合上了笔记本：案件调查结束了。他们就像他们的下属一样无能，根本没有对犯罪现场进行任何调查，而是不假思索地接受唐纳德所讲的故事。至于梅里特夫人，她则被送进了臭

2 Jurgen Thorwald, *Dead Man Tell Tales*, p.115.

名昭著的爱丁堡皇家医院第三监护区。那里的病房窗户上都装有铁栏杆，门也上着锁。它们是专门用来关押等待刑事起诉的自杀未遂者的。

那天晚上，唐纳德给医院打电话询问其母亲是否仍然活着。在得到肯定的回答之后，这个喜欢寻欢作乐的年轻学生就带着他的女朋友去看电影了。看完电影之后，他们又住进了一家旅馆。

对梅里特夫人的初步检查揭示她的头颅底部有一颗子弹。做手术似乎已经不可能了，但是第二天她不仅苏醒了过来，而且头脑还相当清醒，只不过对自己为什么被送到医院感到有些困惑。由于该医院规定禁止医护人员与轻生者讨论有关他们自杀的情况，他们只是告诉她"你摔了一跤"[3]。

这使得这位病人又一次疑惑地皱起了眉头。她不记得曾经摔过跤，只是记得"好像一把手枪在她头部被打响了"[4]。

当有人问她："是不是有一把枪？"她似乎大吃了一惊："没有啊！真的有手枪吗？"[5]她模糊地记得唐纳德站在她的旁边，并且她说道："走开，唐纳德，不要烦我。"[6]然后她就听到了一声巨响。

后来伯沙·梅里特在和其姐妹伊莱扎·佩恩谈话的时候也表达了这种疑惑："不会是唐纳德干的吧？他真是个淘气的孩子。"[7]

尽管梅里特夫人当时正在死亡线上挣扎，但是她心里想的只有她的儿子。她请求她的姐妹照顾他。伊莱扎答应，她和她的丈夫会照顾他的。4月1日早晨，伯沙·梅里特死亡。虽然她没有以自杀罪受到指控，但是由于那个时代的清规戒律，她没能得到一个完整的教堂葬礼。她的财产被转到信托人手中，等待唐纳德年满21岁后继承。唐纳

3 Jurgen Thorwald, *Dead Man Tell Tales*, p.115.
4 *RLC*, vol.22 (1999), p.486.
5 同上。
6 同上。
7 Jack House, *Murder Not Proven* (Glasgow: Richard Drew Publishing, 1984), p.147.

德感到轻松愉快，因为他知道，再过几年他就可以继承一笔大约为5万英镑（20万美元）的财产。这在当时是非常巨大的一笔数目。同时，为了减轻丧母的痛苦，唐纳德决定去参加一个漫长的游艇旅行。

在爱丁堡，佩恩夫妇感到非常忧虑。他们自己对梅里特夫人的死开展了一些调查。在梅里特家的起居室中靠近墙壁的地方，他们找到了当时警察没有注意到的子弹壳。在楼上唐纳德的卧室中，有一个装着38发相同子弹的盒子。唐纳德度假旅行回来之后承认，他就在悲剧发生的几天之前才购买了这些子弹和那把西班牙手枪。他说是为了打兔子用的——但在爱丁堡的大街上人们似乎很少能够看到兔子。后来这把枪被他母亲没收了。

后来当伊莱扎打听到，唐纳德在其母亲死之前不久一直过着一种双重生活的时候，她的不安转为重大的怀疑：唐纳德当时并没有在当地的大学上学，而是骑着一辆价格昂贵的摩托车在爱丁堡大街上横冲直撞；他经常光顾舞厅，还与一连串的女孩上过床。他当时每月的生活费仅10先令（2美元）。谁也不知道他是从哪里弄来的钱支付这一切的。

不久唐纳德的财富来源就浮出了水面。梅里特夫人财产的信托人在试图理清她混乱的财产状态的时候，发现了唐纳德伪造支票，从其母亲的银行账户中骗取总额达457英镑（约1 800美元）现金的确凿证据。整个夏天伊莱扎·佩恩都感到惴惴不安。很明显，唐纳德对他的母亲实施了诈骗。他是否还谋杀了她呢？

疑点开始出现

另外一个人也在为这一迷案忙碌。他就是哈维·利特尔约翰，爱丁堡大学法医学教授，苏格兰最好的病理学家之一。正是他对伯沙·

梅里特作了尸检。当时利特尔约翰注意到："在受害者的右耳后部有一个由小口径子弹所造成的穿透伤。"[8]子弹打穿耳垂，进入头部，沿着颅骨的底部穿行而未伤及大脑。死亡是由伤口感染所引发的脑脊膜炎造成的。利特尔约翰总结说："没有证据显示射击时这把枪与伤口的距离，它可能是几英寸，也可能很远。就伤口的位置而言，符合自杀的情况。"[9]

现在利特尔约翰没有那么肯定了。有关这个败家子儿子的谣言以及他诈骗的消息也传到了他的耳中。他开始担心，在给梅里特夫人作尸检时，年老（他当时65岁）和疾病可能影响了他的判断力。在这里我要为利特尔约翰说句话。当时急于尽可能快地结案的警察曾经试图使利特尔约翰相信梅里特夫人是自杀。在事后来看这件事情，人们尽可以指责利特尔约翰当时缺乏考虑，但是就像许多验尸官一样，他当时的工作量很大。在没有明显相反证据的情况下，他觉得无法否认警察非常希望他作出的自杀的结论。

但是他是否犯了错误呢？在不能原谅任何错误的学术界，名誉就是一切。在这种情况下，要承认自己的结论存在疑问都需要有巨大的勇气，更不要说错误了。但是利特尔约翰毅然将个人考虑放在一边，决定对证据进行重新评估，看看是否存在谋杀的可能性。为此他永远应该受到人们的尊敬。

他首先与当时在医院照料梅里特夫人的两位医生进行了谈话。从梅里特被收治直到她死亡他们几乎一直都在她的身边。他们一直怀疑警察有关这一事件的说法。他们由于在皇家医院的自杀监护部工作，所以对枪伤非常熟悉。通常在自杀枪伤处应该闻到烧焦的气味或者看到火药熏黑的地方，而这些他们在梅里特的伤口处都没有发现。

---

8 Thorwald，p.119.

9 同上，p.120。

利特尔约翰感到十分震惊。在他的整个职业生涯中他都提倡怀疑论。他不断警告他的学生先入为主的危险；而现在他自己就一头栽进了这么一个陷阱之中。他当时忘记询问看护医生是否看到任何近距离开枪的外部证据。对于利特尔约翰而言，这种根本性的疏忽是不可原谅的。这使他陷入了深深的压抑状态。与此同时他还在身体上受到慢性哮喘和支气管炎的折磨，他感到自己毫无价值。另外，想到由于自己的无能可能还使一个冷血杀手逍遥法外，他更加感到痛苦。

正当痛苦绝望之际，他突然看到了一线光明。

在世界上很少有人能够比43岁的悉尼·史密斯更加了解枪伤的了。他曾经是利特尔约翰的学生。1914年这位杰出的病理学家离开爱丁堡前往埃及担任首席政府法医专家。在那里，多变的政治气候导致了数百起谋杀事件，这为他的名为《法医学和毒物学》*的教科书提供了丰富的原材料。该书提出了一个革命性的观点，即弹道学应该成为法医学的一门分支科学，从而引起了一阵轰动。史密斯弹道学原理的核心就是复制原则：在进行实验时，必须复制与原始枪击尽可能接近的各种参数。

这导致了一些突破性的发现。例如，他发现，为了在转轮枪实验中得到最准确的结果，必须从转轮中发射谋杀或自杀子弹的那个弹仓中发射子弹。另一个重要发现就是，弹药在伤口周围形成的黑圈随着弹药存储时间的长短不同而不同。

凑巧的是，那年夏天史密斯正在爱丁堡访问，他决定去拜访一下他的老朋友和导师。让他感到难过的是，此时的利特尔约翰已经变成了原本那个自信和充满活力的利特尔约翰的一个影子了，他正因梅里特案而受着自责和自我怀疑的煎熬。就像在忏悔室里一样，他向史密

---

* London：Churchill，1925.

斯倾诉了一切。在仔细听完全部细节之后，史密斯同意，谋杀是最可能的死因。他提出了一个建议："为什么不用杀死了她的武器作一些试验，看看在靠近皮肤的地方开枪是否会造成火药痕迹呢？"[10]

在史密斯的鼓励下，利特尔约翰走出了低沉状态，并且用那把西班牙自动手枪开始了一系列射击试验。他所用的子弹也是从唐纳德·梅里特房间里发现的"埃利无烟子弹"。通过向潮湿的白色卡片射击，他发现近距离——也就是3英寸以内——射击会在卡片上留下大量的黑色痕迹和斑纹；在6英寸的距离射击会留下微量黑色痕迹；在9英寸的地方射击不会留下任何痕迹。这一结果意义重大。无论如何，一个自杀者把枪举在离自己头部至少9英寸的地方扣动扳机的可能性是极小的。虽然这些子弹被标为"无烟子弹"，但是事实上它们可以留下裸眼看得见的痕迹。这些结果使利特尔约翰得出一个结论：肯定是医院工作人员在用热水为梅里特夫人擦拭伤口时将黑色的斑痕洗掉了。

然而，当利特尔约翰仔细清洗测试卡片时，他发现有些黑色斑痕以及一些嵌入卡片内的火药是洗不掉的。这已是一个无可辩驳的事实：近距离开枪肯定会留下一些只有通过反复清洗才能够除去的痕迹，而这些痕迹是不会被一个有经验的医生所忽略的。

利特尔约翰与苏格兰中洛锡安郡地方检察官威廉·霍恩取得了联系。他承认他的第一个尸检报告不够认真，并宣称可以排除自杀的可能性。霍恩虽然对这一进展感到高兴，但是他同时又感到有些左右为难。对于任何有点头脑的辩护律师来说，这种尸检结果的根本改变都是天上掉下的馅饼，他们会将此作为控方理亏的无可辩驳的证明提供给陪审团。霍恩意识到陪审团对于改变证词的证人是没有同情心的，不管他的论据是多么充分，或者他的意图是多么的良好。因此他需要

10 Sir Sydney Smith, *Mostly Murder* (London: Grafton, 1984), p.177.

更多的证据。为此，他与格拉斯哥大学法医学系著名的主任约翰·格莱斯特教授取得了联系，并要求他检查利特尔约翰的试验结果。在经过长时间讨论之后，格莱斯特同意了这一要求。

格莱斯特与利特尔约翰一起重复了利特尔约翰以前用卡片所作的试验，并且还使用从当地诊所得到的一条被截肢的人腿作了人体皮肤射击试验。试验结果在所有细节上都与利特尔约翰以前作过的试验完全一致。即使在水中浸泡了两个月之后，那块皮肤样品上还留有黑斑。而梅里特夫人的右耳——它与一块头皮和颈部皮肤一起被从梅里特夫人的尸体上切下来用做证据——则没有显示任何黑斑。利特尔约翰与霍恩取得了联系并说，他和格莱斯特一致认为：梅里特夫人死于意外事故和自杀的可能性几乎为零。所有的证据都表明，开枪的另有其人。

这对于霍恩来说已经足够了。警察正在对唐纳德·梅里特进行的调查揭示，他是一个惯骗，已经对他的母亲实施了好几个月的诈骗。如果他的不诚实行为被其母亲发现，他很可能会被身无分文地赶出家门。这是否足以构成谋杀的动机了呢？霍恩认为是的。他在11月提起刑事诉讼，指控唐纳德·梅里特谋杀了伯沙·梅里特并且伪造支票。这个败家子在英格兰南部被逮捕并被押送回苏格兰等待审判。

控方确信他们掌握了可以将唐纳德·梅里特送上绞架的充分证据。利特尔约翰的试验无懈可击。但就在这时，他们听到了一个令人震惊的消息：梅里特的辩护小组请到的专家不是别人，正是伯纳德·斯皮尔斯伯里勋爵。

利特尔约翰几乎晕了过去。对于一个正遭受着身体病痛和职业危机双重折磨的人来说，这无疑是当头一棒。英格兰最令人敬畏的法医学专家发起了挑战，准备与他的苏格兰对手一决雌雄。这将肯定是法医学领域内的一场火并恶战。

仅仅是斯皮尔斯伯里这个伟大的“绞架证人”同意为被告作证这

伯纳德·斯皮尔斯伯里爵士在这只耳朵上所犯的错误使凶手逃脱了惩罚

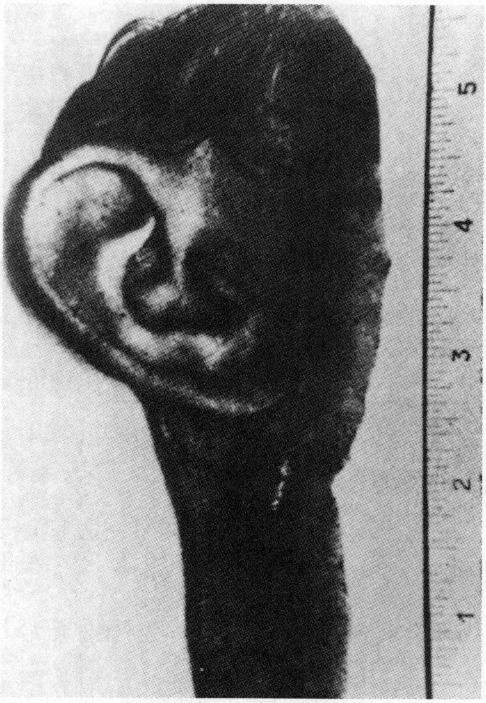

样一个事实，就使梅里特占据了巨大的优势。对该案案情或弹道学一无所知的公众在读完报纸之后，都会耸耸肩说："得了，既然斯皮尔斯伯里勋爵都说那个小伙子是无辜的，那他肯定是无辜的了。"

与此同时，利特尔约翰反复检查了他的试验结果，他没有发现任何漏洞。无论斯皮尔斯伯里将要施展什么招数，他都已经作好了准备。

女人们争先恐后观看审判

审判于 1927 年 2 月 1 日开始。从旁听席上妇女的数量上看，唐纳德·梅里特的魅力依旧不减当年。她们被这个肌肉发达、神态自若、腰板挺直、看不出任何稚气的青少年弄得神魂颠倒。审判的头两天双方都没有取得多大进展，只是在一些初步问题上小过了几招。梅里特似乎时不时地有些走神。但是到了第三天，当哈维·利特尔约翰出庭作证时，他一下子就变得全神贯注起来。

当利特尔约翰走上证人席时，前几个月的紧张和痛苦明明白白地表现在他的脸上。他看上去简直像个幽灵。但是利特尔约翰毕竟是个在法庭上身经百战的老专家。他很快就掌握了一种不紧不慢的节奏，用一种清楚、有力的语气陈诉了各项证据以及导致其所得出的结论的各种试验。他说，一切问题的关键就在于那个枪伤附近没有火药所留下的黑色痕迹。

对于利特尔约翰的证词，在法庭上没有人比梅里特的辩护律师克雷吉·艾奇逊听得更仔细的了。艾奇逊是苏格兰最优秀的律师之一。当他站起来询问证人时，很明显他已经作好了充分的准备。

他问道，利特尔约翰是否为悉尼·史密斯的《法医学和毒物学》写过前言？是的，是写过。那么，艾奇逊问道，我们可以假定利特尔约翰认为史密斯在这本书中所写的东西是准确和可靠的了？证人的回答也是肯定的。那么，艾奇逊说道，我要给大家读一段史密斯这位国际著名的枪伤专家在他的书中所写的一段话："虽然自动手枪所造成的伤口与转轮手枪所造成的相同，但是，我们必须注意到，自动手枪的子弹总是使用无烟火药，因此在近距离射击时，不在伤口留下任何黑色痕迹和灼伤的情况相对普遍。"[11]

利特尔约翰是个精明的人。他才不会钻入艾奇逊精心准备的这个圈套呢。他彬彬有礼地建议，辩护律师是否愿意接着朗读这个段落剩下的那一部分文字？在这一部分，史密斯写道，在这方面没有一个一

---

11 Sir Sydney Smith，*Mostly Murder*，p.178.

成不变的规律。在每一个案件中，都必须使用特定的枪和特定的子弹进行试验。而利特尔约翰自己的试验就表明，梅里特子弹中的据称为无烟的火药的确留下了明显的痕迹。

艾奇逊的脸一下就红了。他很快又开始引述了其他几本书中的内容。但是利特尔约翰打断了他，很有礼貌地指出，这几本书现在已经过时了。

艾奇逊感到他正在失去对这场讯问的控制权。他决定发动全面的反攻。他反驳道，即使无烟火药可以留下痕迹，有很多资料证明，这种痕迹是可以被清洗掉的。作为支持这种论点的证据，他手中晃动着一本利特尔约翰自己在两年前写的名为《法医科学》* 的书。他得意地说，我想这位证人肯定会坚持他自己所写的东西吧？

利特尔约翰回答说，当然。然后艾奇逊就把书翻到了第120页。该页中的两张照片分别显示了自杀所造成的枪伤在清洗前后的样子。在照片的旁边，利特尔约翰写道："用一块海绵就可以很容易地将火药黑痕和血迹擦掉。"[12] 利特尔约翰是否还坚持这一说法呢？

证人说道，是的——然后立刻再次建议艾奇逊将这一段落读完，尤其是结论部分：虽然火药所造成的黑痕可以被洗掉，但是嵌入伤口的火药颗粒却不能。他进一步建议艾奇逊用放大镜仔细查看第120页中的第二张照片。在那张照片上，火药颗粒清晰可见。艾奇逊感到无比难堪。

利特尔约翰的表现极为出色。他决心纠正以往所犯的错误，公开承认自己并非一贯正确。这在法律界还是从来没有过的事情。他的证据非常有力，令人信服。随后格莱斯特在他的证言中有力地重复了利特尔约翰的所有结论。控方似乎已经稳操胜券了。但就在这时，艾奇

---

* London：Churchill，1925.
12 Thorwald，p.125.

逊亮出了他的王牌。

“传伯纳德·斯皮尔斯伯里爵士到庭。”——他对法庭书记官说道。

斯皮尔斯伯里身材魁梧，衣着一丝不苟。正如往常一样，在他的衣扣孔中插着一朵康乃馨。当他在证人席上入座时，那个席位似乎突然一下变得非常渺小，无法容纳这位巨人了。就连艾奇逊也被这个大人物震慑住了，他竟然失口称这位证人为“圣伯纳德”。这引起了法庭上的一阵笑声。

从他开口说第一个字起，斯皮尔斯伯里就取得了支配地位。还没有等律师发问，他就滔滔不绝地说了起来：他在听说爱丁堡的弹道试验之后，决定自己也作一些相似的试验。他是与他的一位老同事、国际知名的伦敦制枪匠罗伯特·邱吉尔一起进行这一试验的。“我们在试验中使用了尽可能与案件中的那把枪相似的枪。我们有那把枪的规格说明。我们找到了一把具有相同的枪管长度和相同的口径的手枪。我们也选用了尽可能与案件中所使用的相同的子弹。”[13]

斯皮尔斯伯里与其说是在作证，倒不如说是在作演讲。整个法庭上鸦雀无声，人们听得如痴如醉。他的讲演听上去的确非常精彩，但是听着听着，人们突然意识到这位证人所说的每句话都在否定他自己所作试验的价值。正如史密斯和其他人所发现的，使用不同的枪或不同的子弹都会产生不同的结果。所以当斯皮尔斯伯里揭示他的试验结果与利特尔约翰的完全不同时，没有人会感到奇怪。在讨论细节问题之前，他作出了一些一般性的评论。他说，枪口位置在耳朵后面完全符合自杀的情况，“尤其是妇女”[14]。他认为妇女在扣动扳机的瞬间会不自觉地朝着火药爆炸的相反方向躲避。

他接着说道：“我曾经考虑过是否能够就梅里特夫人是死于他杀、

---

13 Thorwald，p.128.

14 *RLC*，p.491.

自杀还是意外这个问题得出确定性的结论。”[15]

说到这里，斯皮尔斯伯里采用了他在法庭上最喜欢用的把戏——引用他“自己的经验”。用过去的例子来支持他现在的证言是他在其职业生涯中反复使用的策略，因为他完全清楚没有哪个律师胆敢怀疑他的人品，要求他拿出书面证据来。斯皮尔斯伯里非常注重保护自己的名誉，在保守自己的秘密方面几乎达到了偏执狂的程度。他从不发表其试验结果，从不编写教科书，从不与学生分享其来之不易的经验，也从不公开任何可以验证的数据。他漫长的职业生涯的细节——他作过超过25 000个尸检——被记录在只有他自己才能看到的索引卡片上。这些卡片被锁在伦敦高尔街他的办公室中。

在这里，斯皮尔斯伯里引用了他自己有关一起自杀案件的记录。在该案中，自杀者也是朝着自己右耳后方开的枪。这使他得出结论：“就我自己的经验而言，梅里特夫人案中枪伤的位置并无不符合自杀的情况。”[16]

然后他将注意力集中到了自动手枪上。他指出，虽然那把枪制作成本低廉，但是其工作状态良好。它重量很轻，只需6磅重的力就可以扣动扳机。它的枪管很短，枪口离扣在扳机上的手指仅一又四分之一英寸。这使人们很容易将其对准自己头部的侧面。由于其重量很轻，即使人们将它举在离自己头部两英寸的地方，手和胳膊也不会有拉紧感。

现在斯皮尔斯伯里开始解释伤口为什么没有黑色的痕迹。他说，不能就手枪与头部的距离推断出任何确定的结论，因为任何火药的痕迹都会在流血和擦洗伤口的过程中消失。他向大家简要介绍了他和邱

---

15 Douglas, G. Browne and E. V. Tullet, *Bernard Spilsbury* (London: George G. Harrap, 1941), p.363.

16 同上。

吉尔所作的试验并展示了一些卡片。卡片上部分黑斑已被用一块湿布擦掉。在2英寸的地方开枪只会留下很少的黑色斑痕。在人的皮肤上，这种斑痕就更不明显了，因为皮肤的表面特性——潮湿或油腻——使得这些斑痕更加容易被擦掉。在皮肤被擦拭之后，只有用放大镜才能够看到火药的痕迹。

另一个关键性的问题就是斯皮尔斯伯里试验所用的子弹中火药的量和类型。在每个.25口径的子弹壳中只装有2谷片状的无烟火药——这的确是一个非常少的量。并且片状火药不像颗粒状火药，不是很容易穿透皮肤，而是只会附着在皮肤上。这意味着火药所造成的黑色痕迹是表面的，很容易用一块湿布擦去。斯皮尔斯伯里非常肯定地说，他在伦敦的试验中没有任何证据显示，我们可以推断出这把枪在射击时离梅里特夫人头部的距离。

斯皮尔斯伯里出现失误

到目前为止，斯皮尔斯伯里还像往常一样表现得无可挑剔。但是接着他就开始挖自己的墙角了。他告诉法庭，他远不仅仅依赖于其在伦敦的试验，他还在爱丁堡用梅里特的枪作了射击试验。但是不幸的是，他所用的子弹是他在伦敦购买的，而不是原枪所用的子弹。另外，他只用了纸片，而没有用皮肤作射击试验。而且他也没有试图去擦掉纸片上的火药痕迹。当斯皮尔斯伯里宣布他在爱丁堡作的试验中所产生的黑色斑痕远比其在伦敦的试验中的多时，所有细心的听众都大吃一惊。换句话说，即使相同的子弹，在不同的枪中发射也会产生完全不同的结果。这是对史密斯教授那个当时仍然具有争议性的理论的明确承认。根据这一理论，为使弹道学测试尽可能准确，必须同时使用原始的枪支和原始的子弹。

艾奇逊赶忙上前救场："在将火药所造成的黑色痕迹从卡片上擦去的容易程度方面，伦敦试验与爱丁堡试验之间有什么区别吗？"[17]

"我应该说没有。"[18] 斯皮尔斯伯里以高傲的口吻回答道。他补充说，爱丁堡的试验没有在任何方面改变他的结论。

但是首席检察官威廉·沃森注意到了斯皮尔斯伯里试验中的漏洞，并且在交叉询问一开始就抓住了这点不放：斯皮尔斯伯里是否同意比较试验时应该使用原来的手枪以及原来的子弹呢？斯皮尔斯伯里回答说："当然。"[19] 沃森立即指出，在伦敦所作的试验并没有满足这一要求。考虑到这一事实，他问道：斯皮尔斯伯里是否同意，利特尔约翰的试验比他自己的更为有效呢？斯皮尔斯伯里以冰冷的口吻和他惯有的镇静拒绝了这一说法。

在其作证的最后阶段，斯皮尔斯伯里表现出了一丝少有的谨慎态度。他重申了他的观点：虽然自杀是对当时所发生的事件的一种可能的解释，但是也不能完全排除意外事故的可能性。"从我自己有关意外枪支走火的经验来看，有很多奇怪的持枪姿势都可能导致走火。从本案中的姿势来看，完全不能排除走火的可能性。这种可能性甚至要比能够在伤口留下印记的姿势的可能性更大。"[20] 值得注意的是，谋杀的可能性被撇在了一边并且不再有人提及。

唐纳德·梅里特决定不作为证人作证。这可能使旁听席上的观众感到气恼，但是很可能救了他自己的一条命。如果他受到严厉的交叉讯问的话，那么很可能即使斯皮尔斯伯里的证言也救不了他。但是梅里特决定将其命运交给艾奇逊，而这个律师也没有令他失望。艾奇逊没有对利特尔约翰和格莱斯特这些苏格兰当地的法医学人才作出任何

---

17 Thorwald, p.129.
18 同上。
19 同上。
20 Browne and Tullet, p.364.

非议，而是强调，在英国乃至整个欧洲的法医学领域，斯皮尔斯伯里就是知识、正直以及——最重要的是——一贯正确的同义词。这位可以说是发明了“专家证人”这一概念的人已经为被告人说话了。艾奇逊有力地争辩说，这对于陪审团来说就足够了。

法官在其总结发言中进一步强化了这一论调。在提到一系列相互矛盾的证言时，阿尔尼斯大法官向陪审团表明了他自己的偏向。他强调斯皮尔斯伯里的结论，并说“我想你们肯定会予以最大程度的重视”[21]。然后有6名妇女和9名男子的陪审团退席。一个小时后他们回到法庭。对于谋杀罪的指控，他们作出了一个苏格兰特有的不伦不类的裁决：“没有被证实。”它可以被大致理解为：“我们认为被告是有罪的，但是没有足够的证据来证明它。”对于伪造支票罪的指控，他们一致作出裁决：有罪。由于这一罪行，梅里特被判处1年监禁。

当利特尔约翰将这一判决告诉悉尼·史密斯教授时，后者摇了摇头，意味深长地说道：“这不会是我们最后一次听到有关这位年轻的梅里特的消息。”[22]

令人感到悲哀的是，利特尔约翰没有机会来亲自验证史密斯的这个预言了。梅里特案对他的健康造成了极大的伤害并且——根据史密斯的说法——是“导致其过早死亡的一个原因”[23]。仅仅6个月之后，利特尔约翰于1927年8月去世。*

在这一审判中，虽然悉尼·史密斯没有直接作证，但是他第一次接触到了斯皮尔斯伯里。他并不喜欢这个人。由于斯皮尔斯伯里多年来饱受人们的称赞，而几乎从来没有人对他提出任何批评意见，人们对这位传奇式的病理学家的个人崇拜日益增长。这使得他的虚荣心极

---

21 Browne and Tullet，p.365.
22 Smith，p.180.
23 同上，p.182。
* 利特尔约翰去世后，悉尼·史密斯填补了他在爱丁堡大学法医学研究中心的空缺。

度膨胀，并对司法利益造成了严重的后果。

这种现象在1944年达到了登峰造极的程度。那时疲惫不堪的斯皮尔斯伯里似乎已经走到了他那个漫长而又辛苦的职业生涯的尽头，但是他却再一次同意在一起谋杀案的审判中为被告人作证。这名被告名叫哈罗德·洛汉斯，是个一只手有残疾的职业入室盗窃犯。他被控在一次入室盗窃被发现后扼死了一名酒吧老板娘。他在被抓住后承认了他的罪行，但是在法庭上却翻了供，声称那是警察所编造的谎言。斯皮尔斯伯里仅仅基于他与被告人握手时感到对方的手软弱无力这一事实，就作证说："我不相信他可以用这只手掐死任何人。"[24]

检察官简直不敢相信自己的耳朵。他问道：有没有可能斯皮尔斯伯里是被那个急于逃脱绞架的杀手要弄了呢？斯皮尔斯伯里以极其傲慢的口气说道："不，我不认为如此。"[25]这便是伯纳德·斯皮尔斯伯里爵士的最好写照：绝对不肯承认自己可能犯任何错误。即使警察和法官已经意识到斯皮尔斯伯里的能力正在滑坡，那又怎样呢？他对陪审团的影响力是不可动摇的。果不其然，哈罗德·洛汉斯被判定无罪。过了20年之后，该案的真相终于大白于天下。1963年，在其所犯罪行的追诉期满之后，洛汉斯道出了实情。他在接受报纸采访时承认，的确是他掐死了那个酒吧老板娘。

斯皮尔斯伯里于1947年12月17日自杀身亡。这使他避免了此事给他带来的尴尬，同时也使他未能得知那个他在20年前曾如此坚定地为之辩护的18岁青年梅里特后来的情况。

对于唐纳德·梅里特来说，生活真是多姿多彩：首先是闪电式的结婚；然后因珠宝诈骗二进宫；1929年得到了那笔信托基金；整个20世纪30年代过着奢华的生活；"二战"期间在鱼雷艇上服役，被意大

24 Keith Simpson, *Forty Years of Murder* (London: George G. Harrap, 1978), p.77.
25 同上，p.79。

利人俘获；顺利逃脱后又一次参加了战斗。战后他在冒险精神和难改的贼性的驱使下开始了投机倒把的生涯，专门在地中海一带走私香烟和威士忌。为此他频繁入狱，债台也越筑越高。到了20世纪50年代，他已经成为一个严重肥胖的亡命之徒，他的经济状况也同样糟糕。他不仅将其所继承的遗产挥霍一空，而且还欠了一屁股的债。那时他在西德，身无分文。他在1929年与其年轻的妻子离婚时曾经草率地分给了她8 400英镑（大约33 000美元），条件是在她去世后这笔钱的剩余部分归还他本人。现在他开始打起了这笔钱的主意。

1954年2月11日，悲剧发生了。化名为罗纳德·切斯尼的梅里特持一本伪造的护照从西德潜回了英国。他来到其前妻在伦敦西区的住所，用大量杜松子酒将其灌醉，然后在浴缸中将其溺死。他差一点再次逃脱法网。但是正当其偷偷走下楼梯时，他的丈母娘意外出现了，手中还端着一个咖啡盘。为了使她停止尖叫，梅里特用咖啡壶猛击其头部，然后就逃回了西德。

对于梅里特来说不幸的是，他丈母娘的尖叫惊动了一些邻居。他们看到他拖着肥胖的身躯从一条小路上逃走。2月16日，当得知苏格兰场正在以双重谋杀罪通缉他，并且一旦抓住肯定会判处其死刑后，化名为罗纳德·切斯尼的唐纳德·梅里特走进科隆的一个公园并用枪打穿了自己的脑袋。在他的外衣上发现的血迹和毛发明确地将他和伦敦所发生的那两起谋杀案联系了起来。在伦敦的一项调查得出的结论是：他正是非法杀害其前妻和岳母的凶手。

因此唐纳德·梅里特最终被认定为杀人犯。可惜这个结论迟到了27年。斯皮尔斯伯里的固执不仅使另外两名妇女付出了生命的代价，而且也使他自己的名誉遭到了严重的玷污，并暴露出了法医学领域内个人崇拜的危险。他退出历史舞台后，在英国法庭上发生了一种无可否认的观念上的转变。曾被斯皮尔斯伯里看做是理所当然的人们在法庭上对法医学专家敬若神明、卑躬屈膝的时代已经一去不复返了，取而代之的是专家证人受到的更为严格的审查，以及他们必须出示相关书面证据的要求。也许更为重要的是，它加强了我们的一种认识，那就是：我们中的任何人，无论多么杰出、多么有水平和多么有经验，都可能偶尔出现判断错误。

第五章

William Lancaster

威廉·兰开斯特 (1932年)

黑夜中射出的一颗子弹

伪科学无时无刻不在我们的身边。早在中世纪，一些骗子就声称他们找到了能够点铁成金的所谓“哲学家之石”。自从那时起，披着科学家外套的骗子们就不断将空想说成事实，或者为了达到其自己的目的而伪造试验结果。在法医学领域也不例外。不管是出于愚忠、傲慢还是纯粹的贪婪，许许多多的专家证人都在法庭上作证时歪曲过事实。

前些年臭名昭著的弗雷德·扎固就是一个例子。无论他到哪里工作，他就会在哪里制造混乱。作为西弗吉尼亚州犯罪实验室的主任，他的证言将数以百计的被告送入了监狱。他搬到圣安东尼奥之后，又在得克萨斯以同样的方法将数百人送入监狱。20世纪90年代，由于人们对他人品的怀疑越来越大，西弗吉尼亚州最高法院对他展开了调查，结果发现在他出庭作证的134个案件中存在严重问题。最终9个因他作证而入狱的人被释放。扎固随后被得克萨斯的实验室开除并受到了刑事指控。

同样在得克萨斯，曾在40个县担任合同验尸官的病理学家拉尔夫·厄尔德曼被人们发现曾对一百多个未经检验的尸体开具了假的验尸报告。另外他还在几十个尸检中犯了重大错误。有一次他甚至将一具尸体的头给丢失了。对于他的这种欺诈和不称职的表现，有关当局却仅仅给予停业10年和从事一些社区服务的处罚。

类似的情况在其他地方也有发生。例如1992年在芝加哥的一起强奸案的审判过程中，刑侦实验室分析员帕梅拉·菲什在作证时故意隐瞒了可以证明被告无罪的血清化验结果，并导致被告人被定罪。后来她的这一行为被发现，对被告的有罪判决也被撤销（1999年，DNA检测证明被告是无辜的)。

另一个有争议的人物是自从20世纪80年代就在俄克拉荷马城犯罪实验室担任主任的乔伊斯·吉尔克里斯特。她曾经吹牛说："在证据方面我似乎能够做任何其他人都不能做的事。"[1]她真是说到做到：她的证言曾将23个人送进了死囚牢，其中11人已经被处决。但是早在1987年，她的同事们就对她的工作能力表示担忧。她曾被一个行业协会给以警告处分，并被另一个行业协会开除。尽管如此，她却受到了提拔，并不断在死刑案件的审判中作证。直到1998年她不称职的程度才明显地暴露出来。那一年，新的DNA证据显示，吉尔克里斯特曾在一个强奸杀人案件中搞错了精液样本，从而致使一名无辜者被判处死刑并在死囚牢中被关了10年（随后真正的凶手被定罪）。联邦调查局在对吉尔克里斯特的工作开展调查后发现，她在5个案件中作出了误导性的证言；她所作的对比实验"远远低于头发对比科学可以接受

1 *Times* (London) (July 11, 2001).

的最低限度标准”。他们还批评了她在“鉴定工作中的失误”。[2]在本书编写时，吉尔克里斯特已被停职。

在英国，政府雇用的科学家弗兰克·斯丘斯博士被发现严重违反试验程序，对多名被指控为爱尔兰共和军成员的恐怖分子的被告的有罪判决因此而撤销。类似的例子数不胜数。

以上这些令人遗憾的例子都与偏见和有缺陷的试验方法有着密切的关系，而在法医学的黑暗时代——19世纪末和20世纪初——专家证言的最大问题则是金钱。那时，你只要肯出足够的钱，就不愁找不到一个可以用满嘴晦涩难懂的伪科学术语将陪审团忽悠得晕头转向的讼棍。在当时这个可谓“人才济济”的领域里，有一个人脱颖而出，成为无可争辩的证据作假大师。也许他最大的“成功”就来自一个轰动南佛罗里达的谋杀案的审判。

1927年5月21日，在巴黎勒布尔歇飞机场，一个精疲力竭的年轻美国飞行员从一架看上去弱不禁风的单翼飞机上走了下来，成为航空史上第一位单独驾机飞越大西洋的人。这个名叫查尔斯·林德伯格的人一夜之间就成为地球上最著名的人，在世界的各个角落受到祝贺和称颂。从此世界上又有了一项新的能够吸引大量观众的运动项目：航空。许多飞行员成为像电影明星一样家喻户晓的人物。对于那些敢于挑战新飞行纪录的人来说，大把的钞票正在向他们招手。

在英格兰有一个人也被卷入了由林德伯格所掀起的这股狂潮之中。他就是前皇家空军军官威廉（比尔）·兰开斯特上尉。自从于1926年退役之后，比尔一直在为生活而奔波劳碌。这从他的外表可以看得出来了：他的头发日渐稀疏，形容枯槁，看上去简直就像一具死尸。不知道的人绝对不会想到他实际上只有29岁。他的经济状况也好不到

---

2 *Times* (London) (July 11, 2001).

哪里去。他只能找到一些临时工作，有时甚至挣不到一分钱，但是却要养活一个老婆和两个女儿。尽管如此，他却一点也没有为此而烦恼。比尔天生就是一个乐观主义者。对于生活中所遭受的一个又一个挫折，他只是耸了耸肩，就好像它们从来也没有发生一样。他的目光一直紧盯着他的伟大梦想：成为第一个架飞机从英国飞到澳大利亚的人。

只是有一个问题：打破飞行纪录需要大笔的资金支持，而比尔根本就找不到资助商。但是就在1927年6月伦敦的一个鸡尾酒会上，他突然时来运转了。在杯觥交错、欢声笑语之间，他被一个名叫杰西·基思－米勒的澳大利亚年轻女人缠住了。

杰西被她的朋友们称为“小圆脸”。这个体重很少超过100磅的25岁小巧女人浑身充满了活力。她刚刚和她的丈夫分居，正满怀渴望地寻求着刺激。她保证帮助比尔找到一架飞机并为他的飞行筹集资金。但是她有一个条件：她要和他一起飞行。

比尔一口答应了。女飞行员在当时可以说是凤毛麟角。如果“小圆脸”能够参与这次飞行的话，那肯定会吸引很多的眼球。事实的确如此。1927年10月14日，当他们准备从伦敦南边的克罗伊登小型机场起飞的时候，大批记者和摄影师蜂拥而至。这对穿着皮夹克、戴着飞行眼镜的男女飞行员自信地站在他们那架名叫“红玫瑰”的单引擎飞机前摆着各种姿势，任由记者们拍照。在送行的人群中还有比尔饱经艰辛的妻子和他的两个女儿。基基·兰开斯特眼看着她的丈夫驾着飞机消失在云层之中，她以勇敢的态度面对了这一无疑是令人揪心的时刻。她再次见到她的丈夫是好几年之后的事情了。

在比尔的指导下，“小圆脸”很快就学会了驾驭这架很难掌握的双翼小飞机。他们飞越了欧洲和非洲，来到了亚洲。“红玫瑰”的最高时速仅有80英里。这对两位飞行员的耐力和勇气都是极大的挑战。但是“小圆脸”和比尔经受住了每一次考验。他们曾经因燃油即将用尽而不得不在离阿拉伯湾布满鲨鱼的海面仅几英尺的上空滑行；自己修理过坏掉的引擎；曾与遮天蔽日的热带暴风雨抗争；甚至还曾经与钻进驾驶室的毒蛇搏斗。有一天晚上，在波斯湾灿烂的星光照耀下，他们俩坠入了爱河。

接下来他们就不那么走运了。

1928年1月9日，在飞行了8 400英里之后，他们的飞机在苏门答腊岛坠落。虽然他们侥幸躲过了一死，但是他们的飞机受到了严重的损坏。正当他们焦急地等待着更换零件的到来时，一位名叫伯特·欣克勒，绰号为“抢夺手”的年轻的澳大利亚人超过了他们，并且创造了比尔梦寐以求的飞行纪录。

虽然不得不接受第二名的现实，但是这对他们来说也相当不错了。当这对飞行员最终于1928年3月19日在达尔文降落时，“小圆脸”被她的澳大利亚同胞们欢呼为女英雄。还没有一位妇女开着一架轻型飞机飞过这么远的航程。即使是一年以后驾机飞越大西洋的阿米莉亚·埃尔哈特也不能与“小圆脸”的成就相比。尽管如此，埃尔哈特拥有一位具有天下无敌的推销才能的书商丈夫——乔治·帕特南——来将她的胜利转化为世界知名度和巨额的银行存款，而“小圆脸”却只有比尔。而比尔就像往常一样，连将两分钱凑在一起的能力都没有。

他倒不是没有在这方面作过努力。在澳大利亚的时候，他曾与一个美国电影公司协商，将他们划时代的旅程拍摄成电影。但是当这对飞行员到达洛杉矶后，这笔生意泡了汤。这使他们俩不得不重返蓝天。后来“小圆脸”在新泽西州获得了正式的飞行执照，从而成为美国仅有的34名女飞行员之一。这在短时期内给她带来了好运。她驾驶一架名为“亚历山大子弹头”的飞机两次创造了横穿美国的飞行纪录。她一连几次参加了名为“粉扑竞赛”的女子飞行比赛——直到在一次从匹茨堡到哈瓦那的往返飞行比赛中，她的飞机在巴哈马的德安德罗斯岛坠毁。比尔在救援“小圆脸”的过程中起到了很大的作用。他们这个富有戏剧性的救援故事使他们从一家报纸那里挣到了1 500美元的独家报道费。但这也是他们最后一次轻松地挣到的一大笔钱。在“大萧条”横扫美国之后，美国人对飞行竞赛的兴趣一下子就消失了。

比尔的个人生活也面临着深刻的危机。他非常希望与“小圆脸”结婚，但是他的妻子却拒绝与他离婚。而刚刚离婚的“小圆脸”最近也有点烦。但她的烦恼却来自一个完全不同的原因：她在与比尔共同飞越四大洲时心中一直为他而熊熊燃烧的爱火，如今已经变成了一支在风雨中飘摇不定，随时可能熄灭的残烛了。

虽然各自受到不同的烦恼的折磨，但他们却都从同一样东西那里寻求安慰——杯中之物。1931年底，这对穷困潦倒、同床异梦的野鸳鸯南漂到了佛罗里达州南部，并在科勒尔盖布尔斯租下了一套宽敞、通风的房子。他们的运气仍然没有任何起色。就这样，他们整天待在被木槿、叶子花等热带植物环绕的家中借酒浇愁，靠着回忆往昔的风光度日。

灾难性的会面

1932年2月，他们这种漫长的、终日与酒为伴的生活出现了少有的一次中断。当比尔因听到某地有飞行工作的传闻而暂时离开了这座城市的时候，“小圆脸”偶然认识了黑登·克拉克，一个长着黑色卷发、浓密的眉毛和结实的下巴，并且在西部某个地方有着一个老婆的英俊作家。一开始，“小圆脸”很讨厌这个油腔滑调、漫不经心的年轻人。但是当他建议要把她的冒险经历写成书的时候，她的兴趣被提了起来。而当他介绍了他的资历——哥伦比亚大学硕士毕业，曾在多家报纸和杂志工作的经历——之后，她已经完全被打动了。当比尔回来之后，他也被说服了。他在日记中写道："见到了一个名叫黑登·克拉克的作家。第一印象很好。"[3]

于是他们就达成了交易。双方都不支付任何费用，但是在书出来之后，版权费对半分。为了方便当时已经身无分文的克拉克写作，他们同意让他搬进这个房子里和他们住在一起。

晚上睡觉的安排很明确："小圆脸"在楼上有她自己的房间，比尔和克拉克睡在车库顶部的凉台上。而其他一切则依然如故：水电费还是没人支付，房租也仍然拖欠着。三个人靠比尔在外面偷来的鸡填饱肚子。当房子的电源最终被人停掉之后，"小圆脸"只好在院子里生火做烧烤了。尽管如此，他们饮酒的习惯却丝毫没有改变。他们发现黑登原来也是十足的酒鬼，而"小圆脸"则大杯地灌着杜松子酒。只有比尔为找工作作出了一些努力。

他与当地的一家公司——拉美航空公司讨论了建立一个迈阿密—墨西哥航线的计划。虽然他对该公司的真正动机深感怀疑——他感到他们像是在走私毒品——但是他还是同意飞往墨西哥去考察一下当地的市场情况。在出发前的最后一个晚上，比尔痛苦地感觉到"小圆脸"的情绪已经完全为酒精所左右。他将黑登拉到一边，央求他不要让她喝太多的酒。黑登答应他将尽力而为。

他的这次考察被证明是一场灾难。正如他所怀疑的，该公司的真正目的的确是偷运，只不过偷运的不是毒品，而是非法的中国移民。虽然身陷于一群恶棍之中，并且远离他心爱的女人，比尔还是设法将其省下的每一分钱都寄了回去。有一次他将其仅有的1美元钞票塞进寄给"小圆脸"的信封中。他甚至将公司的一把枪送进当铺换了5美元寄给"小圆脸"。在他自己身处困境的同时，他还不断想象着在科勒

3 *Miami Herald* (October 1, 1989).

尔盖布尔斯的那座房子中可能发生的各种令他担心的情况。

他通过像雪片一样的书信和电报与“小圆脸”保持着联系。一开始“小圆脸”听上去只是满腹牢骚：“家里连一滴酒都没有了，我们也没钱去买。”[4] 后来她就开始对黑登大加指责：“他无疑是我所见到的最懒惰、写作速度最慢的作家了。”[5] 但是渐渐地，她回信时的语气发生了变化。后来，她写道：“不要那么快赶回来……你既然已经付出了那么多的时间和金钱，更不要说辛苦了，现在放弃似乎非常可惜……黑登很讨人喜欢。”[6]

他的确很讨“小圆脸”的喜欢。一天早上她宿醉醒来，感到头疼欲裂。突然她发现克拉克就躺在她的床脚下。虽然当时她醉得一塌糊涂，根本记不起究竟发生了什么事情，但是这标志着他们之间的一场热恋的开始。冲动而又浪漫的黑登乞求“小圆脸”嫁给他。由于当时比尔似乎远在天边，她就答应了。

而比尔的那些喜欢捉弄人的老相识们则将这一切原原本本地告诉了他。有一天晚上，在墨西哥的一个所谓的朋友给比尔看了一封他老婆的来信，信中写道：“‘小圆脸’和克拉克今天到我们家来做客……两人都喝得醉醺醺的。我真的认为克拉克已经赢得了‘小圆脸’的芳心。比尔已经失去了她……不要告诉比尔，但我认为她现在感到很满足。”[7] 最后两个字被加上了着重号。

比尔将以上内容抄进了他的日记中，并且为此经受着地狱般的痛苦煎熬。

在度过了几个忍饥挨饿的星期之后，他终于找到了一个工作，开

---

4 *Miami Herald* (October 1, 1989).
5 同上。
6 同上。
7 同上。

轰动性三角恋中的三个主角

对比尔·兰开斯特的轰动性的审判成为国际性头条新闻

着一架飞机来到了在圣路易斯的一个朋友那里。当他于4月15日着陆时，来自克拉克的一封信正在那里等着他："我已与我的妻子取得了联系，并且安排好马上与她离婚。'小圆脸'和我计划在我的离婚被批准后尽快结婚。"[8] "小圆脸"也给比尔写了一封信，告诉他他们之间的一切都结束了。

在离开圣路易斯之前，比尔向迈阿密发了一封电报："我不是要多管闲事，但请你们不要急于结婚，等待我回来。我要做你们婚礼上的男傧相以及你们终生的好朋友……爱你们的比尔。"[9]

然后他就用借来的30美元购买了一把.38口径的科尔特左轮手枪——他后来解释说，这是为了归还公司那把被他典当掉的枪。4月19日晚上，当他在纳什维尔降落后，他将那把左轮枪装满了子弹。第二

8 Ralph Barker, *Verdict on a Lost Flyer* (London: George G. Harrap, 1969), p.101.
9 同上，p.102。

天当他起飞开始最后一段航程时，那把枪就放在他的身边。那天晚上7点，他的飞机在迈阿密的维金机场降落。

“小圆脸”和克拉克已在跑道上等着他了。

欢迎仪式生硬而又客气得令人痛苦。在相互寒暄之后，他们开车回家。令比尔感到无比惊讶的是，当他提出一起去喝一杯的时候，“小圆脸”和黑登竟然都拒绝了。他后来才知道其中的原因。

回到那个闷热的家中之后，这两个男人又为了这一个女人而在晚餐桌上闹起了脾气。克拉克脸色阴沉，而比尔则声称他以前那份电报只是骗骗他们而已，他绝不会不战而降，拱手将他的女人让给别人。被夹在中间的“小圆脸”则气恼地给他们俩当起了裁判。

在双方尖刻的相互指责过程中，黑登刚才拒绝喝酒的原因被不经意地透露了出来：原来他得了性病。感到无地自容的“小圆脸”承认，她是因为同情黑登才答应和他结婚的，并且在黑登的性病被治愈之前，不允许他上她的床。

比尔的怒火爆发了。他请求“小圆脸”慎重考虑这件事情，甩掉这个恶病缠身的浪子，回到他的身边。虽然“小圆脸”拒绝甩掉她的新情人，但是她答应比尔，至少在一个月内不举行婚礼。她的这一退让并没有缓和两个男人之间的紧张气氛。他们继续相互拌着嘴。最终比尔气冲冲地走出了那座房子。

但是他在午夜左右又回来了，说是要拿几样东西，而后再去住旅馆。在“小圆脸”的劝说下他留了下来，然后三个人就准备睡觉了。他们达成协议，比尔和黑登一起睡在凉台上。

深夜12点45分，“小圆脸”回到了她自己的房间，并按照黑登的要求锁上了房门。他不希望比尔展开任何“深夜外交活动”。

她读了一会儿书。透过薄薄的墙壁，那两个男人的说话声音隐隐约约地传到她的耳中。他们听上去并没有在吵架或大声叫喊，而只是在交谈。有一次她甚至还听到他们在笑。她放心地叹了一口气，然后就关灯睡觉了。

在凌晨两点钟之后的某个时间，她被一阵可怕的敲门声惊醒。有一个声音在叫她起床。她赶紧跑过去打开了门。比尔面如死灰地站在门口。

“一件可怕的事情发生了，”比尔喘着气说道：“黑登开枪自杀了！”[10]

“小圆脸”的第一个反应就是不相信：“别瞎说了，这个房子里根本就没有枪。”[11]

当比尔上气不接下气地讲述着他在圣路易斯购买手枪的经过时，“小圆脸”已经跑到了凉台上。她发现满脸是血的克拉克躺在他的床上，已经失去了知觉，但是还在呻吟。她找到一块湿抹布并开始擦洗黑登额头的血迹，同时叫喊比尔给医生打电话。到了那个时候她才发现半压在黑登身体下面靠近腰部的那把枪。她用两个手指将枪拉出了一英寸左右，然后想了一下，觉得最好还是让它留在那里。

当比尔给医生打完电话回来之后，他指了指黑登床边的一个桌子以及两张用打字机打了字并且用铅笔签了名的纸条。其中一张上写道：“‘小圆脸’：目前的经济状况已经糟糕到了我无法忍受的地步。帮我安慰一下我的母亲。你拥有比尔。他是我所知道的最纯洁的人。黑登。”[12]

第二张纸条上写着：“比尔：我支撑不下去了。将我们谈话的内容告诉‘小圆脸’。我对你的忠告是，再也不要离开她了。H.”[13]在“小圆脸”读完这两张纸条之后，比尔敦促她将其毁掉，以掩盖他们之间

---

10 Ralph Barker, *Verdict on a Lost Flyer*, p.107.

11 *Miami Herald* (October 1, 1989).

12 同上。

13 同上。

的三角恋丑闻。但是她拒绝了。

这时一名急救人员开着救护车赶到了。当他检查黑登的时候，比尔在旁边转来转去，急切地想知道黑登是否还能够说话。那个救护车司机说他估计不会了。

第二个来到这座房子的是欧内斯特·休斯顿，拉美航空公司的前律师。他是应比尔的一个紧急电话而来的。当比尔再次建议销毁那两张纸条时，休斯顿提醒他不要这么做。这时比尔绞着自己的手，走到处于濒死昏迷状态的黑登面前说道："我希望黑登能够说话，这样他就可以告诉我们他为什么要这么做了。"[14]

黑登再也没有能够说话。当天上午11点20分，他死于杰克逊纪念医院。第二天，他连一个形式上的尸检都没有作就被埋葬了。

考虑到那天晚上在科勒尔盖布尔斯的奇怪情况，当仅仅3个月后威廉·兰开斯特就坐在迈阿密法庭上以一级谋杀罪受审时，没有人感到惊讶。大多数人都认为审判结果已经不言而喻了。甚至比尔自己的律师詹姆斯·卡森在被要求为兰开斯特辩护时也哼着鼻子说道："他就像地狱一样有罪。"[15]

情况看起来的确如此。从一开始所有的事情都对比尔·兰开斯特不利。

当那天晚上被带回到那个房子中时，他和"小圆脸"都试图隐藏那两张自杀纸条，但是那时厄尔·赫德森侦探已经与救护车司机谈过话了，并且要求看那两张纸条。当赫德森检查那两张纸条时，他问克拉克为什么自杀。比尔回答说，当时黑登感到非常沮丧，因为他刚刚得知自己得了一种病。

当赫德森检查凉台的时候，他发现那把.38口径科尔特手枪仍然

14 Barker，p.109.
15 同上，p.119。

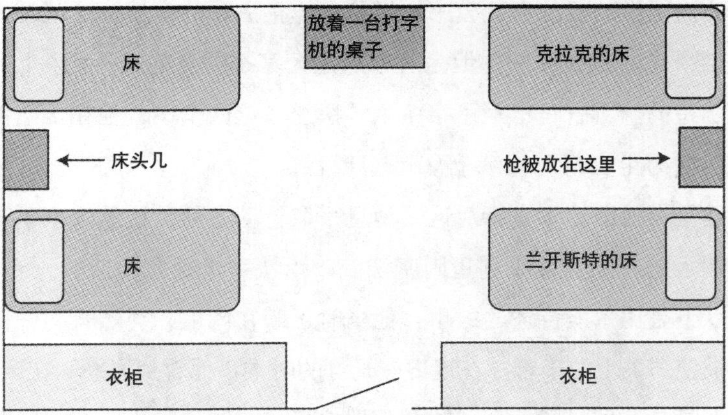

凉台的布局

躺在黑登的床上。这时他干了一件愚蠢到了几乎可以说是犯罪的事情：他用手绢包着枪将它拾起来，并放进了自己的口袋。也许那时他的注意力被桌子上的一根铅笔分散了。很显然它是用来在那两张字条上签名的铅笔，上面还涂有血迹。

赫德森皱起了眉头。黑登怎么可能在字条上签名，放下铅笔，走到床前，开枪打死自己，然而却还能够在铅笔上留下血迹呢？

比尔很快提供了一个答案：当他发现黑登后，他看到了地上的铅笔，然后就把它拾起放回了桌子上。很可能那时他的手在触摸黑登头部的时候沾上了血。

赫德森不相信这一说法。地区检察官也不相信。当听到由于赫德森的愚蠢行为，那把枪上的指纹已经被擦得无法辨认时，他们的心情非常糟糕。现在剩下的就只有那两张自杀纸条了。它们被送到文件辨认专家那里与黑登和比尔所打的字进行比较，看看谁更有可能是这两张字条的作者。

为法医学的目的而比较书写风格是非常主观的事情，这就是为什么其结果是非常模糊的。但是有一点是大家都同意的——字条上的签名是伪造的。不管是谁写了字条上“黑登”这两个字，他在试图伪造这一签名时至少将笔从纸上拿起过15次。

但是在地区检察官针对这一消息采取行动之前，比尔采取了一个先发制人的行动。他来到迈阿密法院，承认字条是他伪造的。

以下是比尔所讲述的故事：他当时正躺在床上，突然听到好像是窗户被使劲关上的声音。在摸索着开灯的时候，他看到黑登躺在床上，脸上在流血。他过了一会儿才意识到他自己放在两张床之间的床头几上的枪被压在黑登的身体下面，一半露在外面。

他试图让黑登说话，但是黑登没有反应。比尔感到惊慌了。他害怕“小圆脸”会认为是他出于嫉妒而打死了他的情敌。于是他赶忙打了两张字条并试图让黑登签名。当这一努力失败后，他自己在字条上签了名，然后就去叫醒了“小圆脸”。

这个故事听上去并不能够令人相信——实际上它一听上去就是假的。于是在5月2日，比尔因涉嫌谋杀而被关进了监狱。

迈阿密的性与罪

对他的审判吸引了全世界的关注。它具有轰动性新闻所应具有的各种要素：一个有趣的谋杀案、知名的主角、国际性质的案件以及通奸。在听到“小圆脸”即将走上法庭，公布科勒尔盖布尔斯那个声名狼藉的“爱巢”的秘密时，报纸编辑们都激动得直咂舌头。所以，当该案于1932年8月2日开庭审判时，迈阿密法庭挤满了记者——其中有的甚至从澳大利亚和英国远道赶来——也就毫不奇怪了。

自从悲剧发生之后，“小圆脸”的心灵受到了很大的伤害。她对黑登了解得越多，就越感到自己完全被欺骗了：他的年龄并不是像他所声称的31岁，而是只有26岁；他的资格证书都是伪造的；他不只是有一个老婆，而是同时有两个老婆；他的性病并不是他说的那样是最近刚得的，而是早已有之。尽管她对比尔的感情并没有因此改变——她心中曾为他燃烧的爱火早已熄灭了，但是他们之间共同的经历意味着她对他有一种不可改变的忠诚感。尽管他没有吸引力，但是他体面、可靠并且——最重要的是——对自己是真心的。

这也是詹姆斯·卡森在审判中始终坚持的立场。正如前面所提到的，当他一开始被要求帮助比尔逃避上电椅的命运时，他确信他的顾客是有罪的。但是在与比尔进行密切接触之后，他改变了观点。威廉·兰开斯特上尉，这位刚毅的英国空军军官，根本就不像一个能够实施这种犯罪的人。他妈的，一个有教养的绅士肯定不会随便开枪杀人的，而不管被杀的那个人是多么卑鄙，多么罪有应得！

这当然是彻头彻尾的势利和荒唐的想法。但是卡森了解陪审团的成员：如果让他们在一个正直的英国军官与一个吸毒、酗酒和得了淋病的重婚者之间作出选择的话，他很明白他们会选择哪个。

但是在此之前，他在法医学领域还有一个硬仗要打。

弹道学的研究分为界限分明的两个类别：枪支对子弹的作用——其目的是确定发射子弹的枪支——和子弹对目标的作用。当目标恰好是人体时，就会出现另外三个问题：枪击是属于意外事故、他杀还是自杀？由于在本案中可以排除意外事故的可能性。因此就只剩下了两个选择。

确定一个枪伤是他杀还是自杀总是一个棘手的问题。它远不如人们所想象的那样容易回答。在这方面最大的敌人就是盲目的假设；大多数人在看到身上有半打弹孔的尸体的时候可能立即就会怀疑是谋杀；但是尸检记录中有很多自杀者在向自己身上连打数枪之后才死于这些枪伤的例子。

在本案中主要的一个问题是当时没有进行尸检。但是这个疏忽得到了补救：在5月底法院签发了一道命令，授权对克拉克进行开棺验尸。尸检在由控辩双方的专家组成的一个医生小组的监督下进行。尸体头颅左侧有一个由子弹穿出时所造成的很大的放射性骨折。这使小组成员一致同意，克拉克是被一支紧贴在右太阳穴上部的枪打出的子弹射死的。

与大多数人所相信的不同，并不是所有近距离射击所造成的枪伤都会在皮肤表面留下虚构小说家们所喜欢描述的灼伤痕迹。如果开枪时枪管紧贴皮肤，那么从枪管中喷射出来的气体可能会深入伤口，在子弹穿行的轨道上留下灼伤。这正是本案所发生的情况。有时气体会将枪口对着的皮肤炸开，形成环绕伤口的同心印记。

当时在医院对黑登进行尸检的卡尔顿·迪德雷博士认真地记录了子弹进入头部时留下的伤口。子弹从右眼和右耳中间的部位进入头部，在左耳的上方几乎到达头顶的部位穿出头部。这意味着当黑登躺在床上时，子弹从前向后、从下向上呈对角线穿过他的头颅并射入枕头。

子弹运行的轨迹给自杀的说法带来了严重的问题。黑登是在脸朝比尔的方向躺在床上时被枪打死的。这意味着他从床头几上拿起了那把沉重的科尔特左轮枪，将其垂直举在自己头的上方，然后将枪口转向自己的方向，最后用某种方式扣动了扳机。即使不考虑黑登是否会采用这种杂技般的自杀姿势，验尸小组的大多数成员都怀疑这在实际上是做不到的。

比尔所需要的是有人能够对他表示毫不含糊的支持，而这种支持来自美国法医学历史上最声名狼藉的一个人。

就像往常一样，艾伯特·H·汉密尔顿自信地大步走上证人席。他虽然身材矮小，但是这个纽约人还是设法给人留下了一种极为庄重和博学的印象。他用自信的语气宣布，他是一名有着47年工作经历的犯罪学家。但是这远不是他全部的故事。

他最早的职业生涯始于19世纪末，那时他是纽约奥本的一个专利药品生产商。他毫无疑问对人类的天性琢磨得非常透彻。他感到公众对所有科学的东西越来越充满了敬畏，并且认识到一个响亮的称呼可能是一个很好的营销工具。所以他总是鼓励他的客户称他为“博士”，从此这个称呼就一直伴随了他一辈子。在科学进入法庭之后，汉密尔顿发现“专家证人”的角色对他有着不可抵挡的诱惑力：50美元一天的报酬再加上其他费用，这一职业收入非常可观——尤其是如果他愿意在道德标准方面表现出一定的灵活性的话，那就更是如此了。

他给自己戴上了一顶“微观化学调查专家”的高帽子，并且印制了一份标题为《来自奥本的人》的小册子来宣传自己。在这个写得像抒情的赞美诗一样的小册子中，他将自己吹捧为一个举世无双的化学家、显微镜专家、笔迹鉴定专家、毒物学家、血迹鉴定专家、死因分析学家、指纹学家和解剖学家。很明显，这位汉密尔顿博士似乎是法医学领域的全能专家。但是他还不满足。当他研究了欧洲有关鉴定子弹的初步尝试的报告之后，立即购买了一架显微镜和一架照相机，然后就宣称自己是一名弹道学专家了——他相信自己能够忽悠美国的任何一个陪审团。

他第一次脱颖而出是在1915年，在他的家乡纽约州。那次他有意作出的误导性的证言差点将一个名叫查尔斯·施蒂罗的愚蠢的德国移民送上电椅。只是另一名更有头脑的弹道专家在最后一刻的介入才避免了这场灾难并使汉密尔顿暴露出了骗子的真面目。*

---

* 见 Colin Evans, *The Casebook of Forensic Detection* (New York：Wiley，1996)。

但是对于汉密尔顿来说，这只是一个很小的挫折。当时在美国这样一个巨大的国家中，有关法院审判的新闻报道很少跨越州界，因此像汉密尔顿这样的江湖郎中几乎可以肆无忌惮地到处行骗。

1921年，他在马萨诸塞州轰动性的萨科—万泽蒂案中再度出现。这次他为一个申请重审的被告人作证。他的证词听上去非常有说服力——直到"这个从奥本来的人"为使证据看上去对自己更为有利而企图非法偷换一支枪的枪管时被法官抓了个现行。

然后汉密尔顿又跑到了佛罗里达，受雇"证明"兰开斯特的清白。他以其惯常的做作的方式开始了作证。

他手中举着黑登的头颅走进了法庭，这使很多人忍不住惊呼起来。他一边用手熟练地转动着这颗头颅，一边对陪审团说道："子弹是从头部对面稍微靠后的地方发射的。"[16] 由于在皮肤表面没有火药留下的烧灼痕迹并且皮下也没有火药气味，他将这个枪伤描述为"封闭性接触伤"[17]——意思是那把枪被紧紧地顶在头上，以至于开枪时没有任何爆炸的气体从枪口处逃逸。

直到那时，对于验尸小组的成员来说，他的证言还没有太离谱。但是接下来他就开始越说越离谱了。他眯着眼睛仔细地看了看那把枪，然后自命不凡地宣布：在枪的瞄准器里面还卡着两根人发（后来控方的专家证人再次检查后揭示，这所谓的头发其实是棉花纤维）。汉密尔顿并没有因为这个小小的失误而乱了阵脚，他继续虚张声势地声称，从枕头中发现的那颗子弹肯定是从那把.38口径科尔特手枪中射出的。

在将尸检报告描述为他所见到的最好的一份尸检报告后，汉密尔顿作出了他的裁决："绝对是自杀。没有一星半点证据可以支持杀人

---

16 Barker，p.179.
17 同上，p.176。

或谋杀的说法。”

他说，“封闭性接触伤”就是自杀的无可辩驳的证明。他争辩说，当一个睡着的人被碰到，尤其是被枪管碰到头部的时候，他肯定会本能地躲开。地区检察官弗农·霍索恩感到难以置信：“你难道声称，不可能将一个睡着的人的头部按住然后用手枪将其打死吗？”

“不可能。”[18]

霍索恩这时试图对汉密尔顿的资历提出质疑：“你是何时取得你的博士称号的？”[19]他当时这么问也许是为了给自己赢得一点思考的时间，其实那天他早就应该提出这个问题。

汉密尔顿很轻易地就将这个问题搪塞过去了：“是律师们最早这么称呼我的。我不是博士。”[20]然后他用一种高傲的姿态作出了他的最终声明：“我认为所有的证据表明，这只可能是自杀。我所表达的不是一种意见，而是实际的知识。”[21]

这就是汉密尔顿：荒谬、虚张声势、满嘴伪科学的术语和无法验证的“事实”，但是却很容易骗取人们的信任。他绝不会说一些模棱两可的话，而是向陪审团提供百分之百的确定性。当他离开证人席时，从陪审团成员赞许的目光就可以看出，他们很明显喜欢他的直截了当的回答。

如果说汉密尔顿在作证时表现很不错的话，那么比尔的表现简直就应该说是杰出了。正如卡森所估计的那样，他的顾客一脸的忠厚老实的样子——不管是真的还是装出来的——给人们留下了极好的印象。他从不急于谴责黑登，但总是急于为“小圆脸”辩护；他用非常有分寸的遗憾的口气描述了他与黑登的最后谈话：这个年轻人因为害怕

18 Barker，p.179.
19 同上，p.180。
20 同上。
21 同上。

“小圆脸”不肯嫁给他而产生了抑郁和自杀倾向；他对他写的那本书感到没有把握；最重要的是，他担心他的性病会毁掉他的一生。比尔责怪自己粗心地将那把转轮枪留在了床头几上，以及当他发现黑登用那把枪自杀之后的惊恐和害怕。他对自己伪造自杀字条的这种“卑鄙、愚蠢和懦弱”[22]的行为负全部责任。

控方在每一个回合都被对方占了上风，无法抓住比尔的任何把柄。而当卡森摇动他的那根三寸不烂之舌的时候，黑登·克拉克简直就成了魔鬼撒旦的化身。他被说成一个一无是处的恶棍，其一生中所做的唯一一件体面的事情就是将一颗子弹打进自己的脑袋里。而相比之下，比尔的冷酷无情——我们应该记得，除了他在黑登被杀那个晚上的可疑表现外，他还曾经为了追求另一个女人以及他自己的野心而抛弃了自己的妻子和两个孩子，并且没有给她们留下一分钱——则被有关“令人尊敬的英国军官和完美的绅士威廉·兰开斯特上尉”的声情并茂、催人泪下的描述完全地掩饰过去了。

1932年8月18日，比尔在法庭上的一片欢呼声中被宣判无罪。“小圆脸”在审判过程中的表现令新闻发布厅的记者们深感失望。但是她在审判结束后宣称，她感到很高兴：“我知道老比尔会挺过这一难关的。”[23]

但是，8个月之后，当兰开斯特从英国出发，冲击从那里到南非开普敦的飞行速度纪录的时候，“小圆脸”却没有和他在一起。忠诚是一回事，而爱则是另一回事。“小圆脸”决定去追求自己的生活。

兰开斯特这次冲击纪录的尝试是仓促之间发起的，准备也非常不充分。它在一开始就遇到了各种问题。1933年5月13日，他的飞机在北非某个地方失踪了。搜救队没有能够找到任何飞机残骸，于是各种

22 Barker，p.114.
23 *Fort Lauderdale Sun-Sentinel* (August 19，1932).

谣言就开始四处传播。其中传播得最广的一个就是：兰开斯特因受到良心的谴责而故意使他的飞机坠入大海。他在愚弄了所有的人，使他们相信克拉克死于自杀之后，又通过自杀的方式与世人开了最后一个玩笑。

1962年1月12日，法国军队的一个巡逻队在沙哈拉沙漠中发现了一架小型飞机已扭曲变形的残骸以及早已变成一具干尸的飞行员，从而终于解开了比尔·兰开斯特失踪之谜。他在炽热的沙漠中坚持了8天，最终死于干渴。在这最后的8天中，他用日记一丝不苟地记录了当时所发生的一切。在日记中，他表达了对“小圆脸”忠贞不渝的爱，但是却一个字也没有提到黑登。他的最后一条充满绝望的日记——“我没有水了。”[24]——的日期为4月20日。第二天他就死了，这离黑登·克拉克被一颗子弹结束生命的那个晚上恰好整整一年的时间。

那么比尔·兰开斯特到底有没有杀死黑登·克拉克呢？多年之后，当人们向“小圆脸”问起这一问题的时候，她的回答是：“我不知道。”[25]很明显，她也开始怀疑了。也许她一开始就怀疑是比尔干的。毕竟这是一起非常离奇的自杀案。

助理地区检察官亨利·琼斯在他对陪审团的最后发言中曾说道：“当你们走出法庭，进入陪审团的审议室后，请躺在地板上，看看是否能够像这个人那样用枪打穿自己的脑袋。”[26]

.38口径科尔特转轮枪的枪管很长，也很笨重，需要用8—14磅的力才能够扣动扳机。要使子弹在他被打碎的头颅中产生那样的轨迹，克拉克必须躺下，用枪对准自己的太阳穴；然后，除非他的手具

24 Barker，p.234.
25 同上，p.201。
26 同上，p.187。

有超常的灵活性，否则他只能用拇指扣动扳机。这种姿势听上去无论从主观上还是从客观上都不大可能。

而另一方面，这一子弹的运行轨迹与另一个人站在两张床之间向他开枪的情况完全符合。如果从稍微靠下的地方对准黑登枕在枕头上的脑袋侧面开枪的话，子弹就会从前向后进入他的右太阳穴，然后自然地从左耳上方穿出。

关于这一点，辩方有其自己的解释。在成功地将迈阿密所有的脏水都泼到这个已经死去的人身上之后，他们竟然还厚着脸皮说，这一奇怪的自杀姿势实际上是黑登临死之前做出的一种高尚的行为：他采用这种姿势是为了确保子弹不会射向比尔的床所在的方向。

这种有关克拉克对他的室友表现出人道主义关怀的说法根本就站不住脚。如果他不想在自杀时伤及比尔的话，房间里还有另外两张床，躺在那里开枪子弹肯定射不到比尔的床上。或者他可以坐在他自己的床沿上，选一个不会射到其室友的角度开枪。或者，如果他真的受到良心的谴责而要自杀的话，他为什么不干脆选择另一个房间来结束自己的生命呢？

当然，以上这些假设是可笑的。但是这个案子中很多地方都是近乎荒唐的。在整个过程中，人们对兰开斯特的态度可以说是温柔有加。如果他在今天的某个法庭受审的话，那么人们会对他进行比当时严厉得多的交叉讯问，而不会顾及那些虚伪的英国式的“公平对抗”的标准；汉密尔顿的骗子嘴脸就会暴露无遗；而陪审团也很可能会作出一个完全不同的裁决。

第六章

亨利·约翰·德尔夫斯·布劳顿勋爵
(1941年)

Sir Henry John Delves Broughton

高层谋杀

1941年1月24日凌晨3点左右，两名肯尼亚牛奶工正开着他们的卡车沿内罗毕城外的一条马路行驶着。突然他们看到了一辆汽车前灯发出的刺眼的灯光。他们踩住刹车并眯缝着眼睛透过烟雨笼罩的黑幕向前看去。很明显有一辆车冲出了道路。这两名工人赶忙跑过去看个究竟。一辆右手开的别克轿车摇摇欲坠地停在一条沟边，其驾驶座一边的轮子压在沟沿上。乍一看车里好像是空的。但是这两名工人随后意识到，在车子的仪表板下方搁脚的空间内一动不动地躺着一个欧洲男性的身体。在确定此人已经死亡后，他们立即赶往位于附近的一个叫卡伦的内罗毕郊区的警察局。

在属于殖民地的肯尼亚，白人移民的暴力死亡是一件严重的事情。当地警官在犹豫多时之后，决定将此事交给其上级处理。他们发出了请求。在凌晨4点50分，一名没有受过多少专业训练的业余警察，安斯提斯·贝维斯副警长按时赶到了位于恩贡路和卡伦路交叉口的现场。由于现场没有揭示其他死因的明显迹象，贝维斯就假定这是一起简单的交通事故，并开始作笔录。当他检查车子内部时，他的鼻子抽动了一下——有人曾经涂抹过气味很重的香水。他还注意到车子的点火装置是被关掉的。对此他感到很奇怪，因为车子在受到撞击之后，发动机通常会熄火。接着他试图看清死者的面孔，但是由于尸体当时的姿势，他无法做到这一点。

在贝维斯完成他的初步报告时，更多的警察来到了现场。他们在那辆轿车周围杂乱无章地忙活着。他们笨手笨脚的做法以及当时不断下着的小雨很快使任何脚印或轮胎的痕迹消失得无影无踪。当内罗毕刑侦局局长阿瑟·波皮最终接到有关这一事故的电话后，他命令对事故现场进行拍照。但是他不知道那时事故现场已经被破坏得面目全非了。

早上8点钟，由于一个偶然的机会，当地政府摄影师杰弗里·蒂姆斯在他上班的路上恰好经过这一路口。蒂姆斯在那辆狭小的车内进行了一番检查。他注意到死者的手和脸冰凉并且已经开始发僵；然后他命令警察将尸体从车中拉出来，以便仔细察看。

当尸体被平放在一个担架上后，死者最终被认了出来。在那一刻，“我的上帝！”似乎是人们唯一能够说出的话。

这一悲剧的起源可以追溯到两个月前和大约2 000英里以南的一个地方。那时，亨利·约翰·德尔夫斯·布劳顿勋爵——一个富有的赛马主人和大型动物猎手——获取了他一生中最大的猎物。经过5年断断续续的并且往往是令人沮丧的追求之后，他最终成功地与秀色可餐的黛安娜·考德威尔一起步入了婚姻的殿堂。57岁的“乔克”·布劳顿以猎手的眼光来看待生活中的大多数事情。对于他来说，黛安娜绝对是一个好猎物。她不仅比他年轻30岁，而且还是伦敦上流社会的一种象征。她浑身散发着不可抵挡的女性魅力，不仅能够轻松地吸引男人的眼球，而且能够同样轻松地吸引男人的心。男人们觉得她那冷若冰霜、目空一切的神态非常性感，令他们神魂颠倒。如果她的女同胞们认为她有着某种自私好胜和粗俗的性格的话，那么她们很可能是在嫉妒她。

这对男女逃离了正处于交战状态的英国，漂洋过海来到南非，并于1940年11月5日在德班交换了新婚誓言。这场婚姻从一开始就非常奇怪。在婚礼举行之前他们签署了一个协议。根据这一协议，如果黛安娜爱上了另一个年轻人，布劳顿不仅同意离婚，而且还在离婚后7年之内每年支付她5 000千英镑（2万美元）的生活费——这在当时是一笔巨大的数额。这种慷慨纯粹是出于无奈。布劳顿当时已是韶华尽失，眼看着凄凉的晚景日益逼近，他愿意付出任何代价来换取黛安娜陪伴在身边。

至于黛安娜，如果她当时知道布劳顿已经几乎将他家族中的财产挥霍殆尽，甚至还做出涉嫌骗取保险金的勾当的话，那么她很可能就不会那么热衷于嫁给这位第11代多丁顿准男爵了。

不管他们各自结婚的动机是什么，总之这对新人决定到肯尼亚来度蜜月，因为布劳顿在那里有一个咖啡种植园。他们在内罗毕所访问的第一站就是穆太迦乡间俱乐部——所有在附近的“快乐谷”定居的英国移民的主要休闲场所。

“快乐谷”坐落在内罗毕以北的白色高地上。它与其说指的是一个地理位置，还不如说是指的一种生活态度。在这个享乐天堂中，性、酒和毒品是活力的源泉；妻子和丈夫可以像棒球卡一样随便交换；各种各样的肉体欲望都可以得到满足并被人们所容忍。在乌烟瘴气的热带气氛中，丑闻是如此之普遍，以至于当人们听到之后的唯一反应往往只是一个厌倦的哈欠。

这就是为什么第22代埃罗尔伯爵、苏格兰世袭警察总监和情场老手乔斯林·埃罗尔在这个地方如此如鱼得水了。39岁的埃罗尔相貌极为英俊，有着无懈可击的优越感，堪称"快乐谷"中的猎艳高手。他就像其他男人狩猎狮子一样追求女人。他总是那样如饥似渴，迫不及待地寻找着下一个能够挂在墙上的战利品。

英国与德国开战后，埃罗尔的名字前面那一长串政府职位名称后面又增加了一个新的职位：肯尼亚助理军事大臣。在20世纪30年代，他像许多英国贵族一样，曾经是个法西斯主义分子。但是这一切都随着战争的爆发而结束了。相对于义务来说，个人观点是第二位的。现在他也像他身边的其他人一样，变成了一个爱国者。

就日常生活而言，战争对于西部非洲的影响甚微，它肯定没有影响到埃罗尔活跃的社交生活。他靠信用过着日子，像魔鬼一样饮酒作乐，和他见到的每一个女人上床，在任何时候都拒绝将车速降到80迈以下。作为这一社区的无冕之王，他与新到来的布劳顿夫妇见面只是迟早的事情。

这一决定命运的会面于11月底发生在穆太迦俱乐部的一个舞厅里。黛安娜后来回忆埃罗尔注视着她的那一刻时说："我有一种不同寻常的感觉……那就是我突然成为他生活中最重要的东西。"[1]

在很短的时间内这三个人就已经密不可分了。他们定期在穆太迦俱乐部和布劳顿租下的有15个仆人的"仿都铎宫"一起共进晚宴。一开始布劳顿看到自己年轻、漂亮的妻子受到埃罗尔如此的关注，心里还美滋滋的，非常得意。但是到了圣诞节的时候，埃罗尔和黛安娜之

1 *RLC*, vol. 29, p.628.

间的相互“性趣”已是昭然若揭，以至于布劳顿感到他和黛安娜所签订的那份奇怪的婚前协议很快就不得不提前兑现了。

在通常的情况下，埃罗尔在追求女人时都比较谨慎，不会大事声张的。但是这一回他却表现得像一个初次坠入情网的少年一样。而黛安娜的反应也是如此。在舞池中，他们俩相互依偎在对方的怀中不断扭动着身躯——按当地一个人的话说：“就好像是粘在一起了似的。”[2]同时黛安娜还厚颜无耻地炫耀着埃罗尔送给她的三条并在一起的珍珠项链。

12 月底，布劳顿就像一堆干草一样被这对情侣叉起来扔在了一边。他只能干生气而又毫无办法。在内罗毕的一个鸡尾酒会上，布劳顿孤独的身影在欢声笑语、杯觥交错的人群中显得尤其可怜而又可悲。他本来从不酗酒的，但是这次他的酒量却大得惊人。喝醉酒之后他的形象就更加可悲了。这还不算，在穆太迦俱乐部，他还不断收到一些幸灾乐祸的人写来的匿名信，斥责他不应该放任老婆如此伤风败俗，并责问他将如何对付那个品行败坏的埃罗尔。这对布劳顿来说所无疑是雪上加霜。

布劳顿在痛苦中煎熬。在内罗毕似乎所有人都知道了他妻子和埃罗尔之间的这段疯狂的恋情，而他则成为大家的一个笑料。尽管如此，布劳顿还是以当时英国上层社会典型的忍耐精神面对着这一切，就好像什么事情都没有发生一样。

直到 1941 年 1 月 18 日。

那天布劳顿最终与埃罗尔面对面地交锋了。但是后者却毫不让步——他直截了当地拒绝停止与黛安娜见面。这使布劳顿确信，他那仅仅维持了 11 个月的婚姻已经无可挽回了。他觉得最好还是听取他的朋友杰克·索姆斯的建议，“该撒手时就撒手吧”[3]。他以其特有的方

---

2 *RLC*, vol. 29, p.628.
3 同上。

式表示，他将遵守那份婚前协议，每年向黛安娜支付5 000英镑。

据布劳顿回忆说，那次会面冷静而又不失尊严：“他（埃罗尔）说，他对整个这件事感到非常悲哀和不快，因为我们曾经是很好的朋友。我们都尽可能冷静地对待这件事情。”[4]

埃罗尔也对这次会面作出了评论。他对一个朋友说：“乔克真是太友好了。”[5]接着他又若有所思地补充道：“实际上，他友好得让人觉得有些不对劲。”[6]

接下来的事情发生在1月23日晚上，这是穆太迦俱乐部永无休止的晚宴中的一个。

至少在公共场合，布劳顿没有对黛安娜和埃罗尔表露出任何憎恨的情绪。而在这天晚上，他简直就是宽宏大量的化身。随着像鞭炮一样连连不断的香槟瓶塞开启的声音，布劳顿慷慨地举起酒杯，向这对神采奕奕的恋人祝酒：“我希望他们婚后生活幸福美满，早生贵子。”[7]当埃罗尔建议黛安娜到附近的克莱尔蒙俱乐部去跳舞时，布劳顿也没有反对，只是特别要求他的妻子在凌晨3点钟之前回到家中。

在这对情侣离开之后，情况就大不相同了。随着布劳顿大口大口地喝着鸡尾酒，他的情绪也越来越坏。慢慢地，他那个“百依百顺的丈夫”的面具逐渐被摘掉了。有一位客人听到他用低沉的声音喊道：“我不会给她那5 000英镑和那套卡伦的房子的。她完全可以去和乔斯（埃罗尔）住在一起。我们刚刚结婚几个月，你瞧瞧我现在成了什么样子了。”[8]

凌晨1点30分，布劳顿喝得酩酊大醉。他跌跌撞撞地爬进一辆轿车中，然后就驱车回家。和他在一起的是琼·卡伯里，黛安娜的一个

---

4 *RLC*, vol. 29, p.628.
5 同上。
6 同上，p.629。
7 James Fox, *White Mischief* (London: Penguin, 1984), p.82.
8 Julian Symons, *A Reasonable Doubt* (London: Cresset Press, 1960), p.199.

好朋友。她和女管家多萝西·威尔克斯一起将布劳顿扶进了他的卧室；然后琼就回到了一个客人的房间。正当她准备上床睡觉的时候，她突然发现布劳顿穿着一件晨衣站在她的门口。这把她吓了一跳。而他只是问她是否感觉好点了。琼早些时候曾说过她有点拉肚子。于是她回答说，是好点了。然后布劳顿就离开了。根据琼的估计，当时的时间是凌晨两点10分。

15分钟之后，在楼下出现了一阵骚动——汽车门被猛地关上，从大厅中传来很大的声音——这表明黛安娜和埃罗尔已经回来了。又过了10分钟之后，琼听到埃罗尔的汽车在黑夜中急驰而去，而黛安娜则上楼来到琼的房间。她们俩兴奋地聊着天，直到凌晨3点钟的时候黛安娜才离开琼的房间。

那天晚上琼·卡伯里的卧室似乎成了一个中转站，因为半个小时之后布劳顿又出现在了她的门口。布劳顿本来看上去正处于酩酊大醉之中，但这时他却显得异常清醒。他再一次询问琼的身体状况，琼再一次向他保证一切都好，然后他就再一次消失了。此后，在那个多事之夜唯一再次打破宁静的就是黛安娜的那条猎獾狗。琼听到它在某个时候叫了几声，但是她不能确定那是在布劳顿第二次出现在她门口之前还是之后。

最终，大约在凌晨3点30分左右，这座房子中恢复了寂静。

发现尸体

第二天早上9点钟电话铃响了。琼·卡伯里睡眼惺忪地拿起了电话。这是她家的一个朋友打来的，告诉了她一个令人难以置信的消息：埃罗尔伯爵在一次交通事故中撞断了脖子！

琼感到极为震惊。她赶忙呼喊布劳顿。他立刻跑了过来。当她将消息告诉他后，他叫了一声："上帝啊！"[9]然后就倒在了床上。

几分钟之后一辆警车就开进了他家门口的车道。在这样一个封闭的社区中，警官们知道在紧急情况下应该与谁联系。警察还没有从车中出来，布劳顿就急忙向他们跑去，一边跑还一边激动地喊着："他没事吧？他没事吧？"[10]

警官们确认说埃罗尔的确已经死了。他是一起交通事故的受害者。这座房子里一下子就好像变成了疯人院。黛安娜歇斯底里地大叫着，已近乎崩溃了；而布劳顿的状况也好不到哪里去。警察看到他们不可能从在场的任何人那里得到任何有用的信息，于是就离开了。警察前脚刚走，琼后脚就立刻出发赶往埃罗尔的住宅，其目的是拿走一大沓黛安娜写给埃罗尔的情书，以免其落入警察之手。

"快乐谷"正在用其自己的方式处理着这件事情。

与此同时，在内罗毕的一间停尸房里，各种各样的调查工具都被搬了进来。在埃罗尔头部靠近左耳的部位有一团已经凝结了的血块。最初人们认为这是由已经失去旋钮的车前灯开关上的金属钉所造成的，但是当血迹被擦掉之后，暴露出来的伤口却揭示了不同的原因。在伤口周围由火药烧灼而形成的锯齿状的黑色痕迹只有一个解释——埃罗尔伯爵是被人用枪在近距离射杀的。

布劳顿在那天早上的行为实在让人费解。他首先闯进卡伦警察局，两只颤抖的手中攥着一块手绢。他央求警察让他进去将这块手绢盖在埃罗尔的尸体上。他喊道："我的妻子很爱埃罗尔伯爵。"[11]他被

9 Fox，p.87.
10 同上，p.88。
11 *RLC*，p.627.

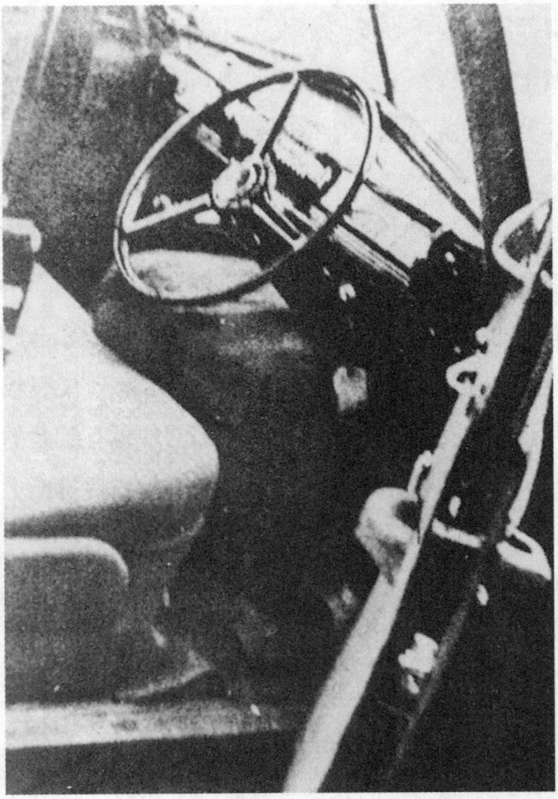

被塞在汽车搁脚空间内的
埃罗尔伯爵的尸体

带到停尸房。虽然警察没有允许他去看尸体，但是他们从他手里接过了手绢，并按照他的要求将其盖在了尸体的胸部。

然后布劳顿从警察局开车去了内罗毕的联合城堡航运公司订票处。几天前他曾取消了以前预定的和黛安娜一起去锡兰的船票。现在他又一次预定了这张船票。然后他就回到他的家中，命令他的家仆领班阿卜杜拉·宾·艾哈迈德找出他几天前藏在家中的一罐汽油，然后在垃圾坑边上等他。

乔克·布劳顿勋爵要生一堆篝火。

波皮警长心情非常郁闷。由于在埃罗尔发生“事故”的车上没有找到枪，所以这肯定属于一起谋杀案。但是犯罪现场很明显已经被破坏得一塌糊涂了。他怀着一种沉闷的心情指挥着警察对那辆别克车进行为时已晚的检查。

他们发现了一根香烟和一根发卡，两者都沾着血迹。在挡风玻璃和埃罗尔头部倒下时接触到的前排座上也喷溅有血迹。从他裤脚上的血迹来看，他曾经以直坐的姿势流过一段时间的血，这样血液才会顺着他的身体流淌到裤子上。这与后来有关凶手将埃罗尔塞到仪表板下，以便将汽车开进沟里的推断是相一致的。车后部的地毯有皱起的地方，上面还有看上去像是运动鞋上用的增白剂的痕迹。在后排座上也发现了类似的痕迹。

政府科学家弗朗西斯·文特博士试图重现枪杀案发生的过程。他首先检查了埃罗尔头部的伤口，并从伤口的状况推断出一个结论：枪是在离头部不到18英寸的地方打响的。考虑到在审判时所展示的照片上能够很明显地看到伤口周围火药烧灼的痕迹，这种估计似乎太宽泛了一点。由于埃罗尔是被从左侧击中的，这意味着凶手当时或者坐在副驾驶座上，或者站在汽车脚踏板上，或者——如果汽车是处于静止状态的话——是从开着的车门探进身子开枪的。有两个因素表明凶手开的第一枪完全没有打中目标。在埃罗尔头部有一块淤伤，这可能是他在躲避第一颗子弹时撞在方向盘上所造成的。这颗.32口径的子弹打在车门中间的支架上大约乘客头部高度的位置，从那里飞向驾驶座的方向，然后落在油门踏板边上。当凶手开第二枪的时候，埃罗尔就没有那么走运了。第二颗.32口径的子弹从一只耳朵到另一只耳朵直线穿过他的头颅，最后钻进他的骨髓，当场结果了他的性命。

专家已经告诉波皮警长犯罪是如何实施的了。现在他所要做的是找出到底是谁实施了这一犯罪。

他很快就列出一大堆令人尴尬的嫌疑人。这些人如果让他们排成一队的话，简直可以从“快乐谷”的一头站到另一头。他们中间包括被埃罗尔戴了绿帽子的丈夫和被他抛弃的旧情人。他们个个都巴不得致埃罗尔于死地而后快。但是要让他们开口说话，那简直比登天还难。这个联系紧密、充满淫乱的小社会有一个特点，那就是一致对外。他们对外来者，尤其是对专门到这里来挖掘丑事的吵吵嚷嚷的警察是非常不友好的。“快乐谷”的人们受到财富和特权的保护，不受传统社会的各种清规戒律的约束。他们对波皮这个来自伦敦的“条子”表现出一种居高临下的态度，让他感到自己在那里是一个不受欢迎的令人讨厌的小人物。另外，他们中大多数人都觉得这个到处拈花惹草的伯爵被人打死是罪有应得，是一件大快人心的事情。再说，谁知道这个警察在调查过程中又会把谁的什么丑事给抖搂出来呢？所以他们都不愿意为这起谋杀案的调查提供任何帮助。

尽管迷雾重重，布劳顿还是很快就作为主要嫌疑人浮出了水面。他肯定具有作案动机。他曾经登记注册过许多枪支，因此也有作案工具。但是他有没有作案的机会呢？

这都取决于时间。根据琼·卡伯里的回忆，她在凌晨时分见过布劳顿两次。第一次是在两点10分；第二次是在80分钟以后。这意味着在埃罗尔被谋杀的那个时间段——两点35分和3点之间——布劳顿的去向不明。波皮想道，布劳顿是否有可能在这段时间内赶到埃罗尔被枪杀的那个离他家2.4英里的路口，然后再赶回家中呢？另外，他两次奇怪地出现在琼·卡伯里的房门口，是不是想要制造自己不在犯罪现场的假相呢？这些都是值得考虑的问题。

由于热带地区气温很高，因此葬礼很快就举行了。埃罗尔于1月

25日下葬。那天下午波皮来到布劳顿的家中。他从仆人口中得知他们的主人在谋杀案发生的当天匆匆忙忙地在外面烧了一堆火。据人们所知，这是布劳顿第一次做这样的事情。那天他在一堆垃圾上浇了很多汽油，向上面扔了一根点着的火柴，然后看着火烧了一会儿。当看到大火有从垃圾坑中蔓延到外面的危险时，他命令阿卜杜拉将火浇灭。然后布劳顿就回去吃午饭了。

由于黑夜即将降临，波皮决定第二天再来搜查那个垃圾坑。第二天早上，几名侦探对坑中已经烧焦的残渣进行了筛查，结果发现一只部分被烧毁的高尔夫球袜。* 在袜子上有看似血液的痕迹。

到现在波皮已经确信布劳顿与埃罗尔之死有着不可摆脱的干系。布劳顿在谋杀发生的那个晚上和随后的异常表现以及那堆可疑的篝火都表明他有着什么不可告人的秘密。后来在检查枪支许可证明时，他发现布劳顿至少拥有两支科尔特牌左轮手枪：一支为.45口径，另一支为.32口径。这更加深了布劳顿的嫌疑。令波皮感兴趣的是第二支，即与谋杀武器相同的那把小口径手枪。但是当他要求布劳顿将那把枪拿出来作测试时，布劳顿却告诉他那把枪在谋杀发生的3天之前被盗了。

的确，在1月21日，布劳顿报告过一起入室盗窃案。他说盗贼从书桌中偷走了一小笔钱、一个银质香烟盒和两把左轮枪——其中包括那把.32口径的科尔特手枪。当时前来调查的警官感到非常疑惑，因为他找不到任何盗贼进入室内的迹象。布劳顿解释说，他肯定是忘记锁通往走廊的门了。但是在他家地毯下面藏着防盗报警铃，它在任何未经许可的闯入者进入起居室的时候都会报警。布劳顿无法解释盗贼

* 尽管布劳顿后来否认曾经拥有过这种袜子，一位名叫葆拉·朗的当地有名的美人记得他一直穿着这双袜子。并且她还有一张照片可以证明这一点。但是值得注意的是，她从来就没有给警察看过这张照片——这又是“快乐谷”阻挠该案调查的一个例子。

是如何躲避防盗铃的。那个警官按照惯例对这起盗窃案作了登记之后就离开了。

波皮确信那起盗窃案是伪造的。他扩大了调查范围。在一次讯问中，黛安娜脱口说出了一件事情：布劳顿在最近访问杰克·索姆斯的农场时曾经花了几个小时用他的那把左轮手枪练习射击。两名侦探来到位于纳纽基的那个农场并且在曾经插过靶子的地方进行了仔细搜寻。他们很快发现了几个子弹壳以及一些未使用的.32口径左轮枪的子弹。这些都被送到政府科学家那里与在谋杀现场发现的那两颗子弹作比较。

自从16世纪，枪支制造商们就知道，在枪膛中刻上螺旋状的凹槽可以使子弹在射出时发生高速旋转，从而使射击的准确性大大提高。这种凹槽——也叫来复线——会在子弹上留下一种叫做刻痕的明显的印记，这也是现代弹道研究的基石。在凹槽之间突起的那部分叫做“阳膛线”。

我们之所以能够鉴定一颗子弹是否从某一支枪中射出，主要是因为制造枪管的过程中所发生的情况。首先是制作无膛线的枪管，然后将其口径铰大至特定的尺寸，最后再刻来复线。由于在制造每一支枪管的时候，所用的工具都会有一些微小的磨损，所以不可能制造两支完全相同的枪管。从不同的枪管中发射的子弹总会有不同的刻痕。同样的道理，每支枪管都有其独一无二的特点，这种特点在发射时会留在其所打出的每一颗子弹上。

经过6个星期艰苦的分析，报告出来了：杀死埃罗尔的子弹与从纳纽基的农场找到的子弹肯定是从同一把枪中射出的。对于波皮来说，这是一个决定性的证据：很明显布劳顿伪造了两把科尔特左轮枪的盗窃案，以为他精心策划的谋杀作铺垫。

基于这一弹道学的证据——必须指出，除此之外几乎没有其他证据——布劳顿于3月10日以涉嫌谋杀埃罗尔伯爵被逮捕。在被捕时，布劳顿对波皮说："你犯了一个错误。"[12]然后他又说道："你介意给我喝点威士忌吗？"[13]在殖民地时期的肯尼亚，警察所采取的措施比在其他地方的要宽松。波皮立刻掏出随身携带的酒瓶，给这个犯罪嫌疑人喝了一口。

当布劳顿在监狱中痛苦地等待着审判的时候，黛安娜并没有闲着。虽然她与埃罗尔之间的恋情已经成为众所周知的丑闻，但是根据"快乐谷"奇怪的礼仪规矩，她现在必须表现出与她处于困境中的丈夫团结一致的态度。她毫不犹豫地这么做了。她最大的功劳就是聘请了南非著名的律师哈里·莫里斯——一名令人生畏的交叉讯问专家和策略大师——来为布劳顿辩护。莫里斯当然要价不菲，他的律师费是5000英镑。但他是一流的。另外，更重要的是，他还有着枪支方面的渊博的知识。这足以使他自信地预言，凭着有关弹道学方面的一个问题，他就可以击败控方的起诉。但是他拒绝向包括他的顾客在内的任何人透露这个能够决定案件命运的问题究竟是什么。

嫉妒的被告人

审判于5月26日举行。在其持续的5个星期的每一天中，法庭上都座无虚席。人们都急切地想了解"快乐谷"中生活、爱情和谋杀的每个淫荡的细节。正如人们所预料的，控方主要依赖的是间接证据。检察官沃尔特·哈拉金声称被告受嫉妒和羞辱驱使而实施谋杀：他在两点10分向琼·卡伯里道过晚安之后就偷偷溜出了他家的房子，在实

12 Fox, p.95.
13 *RLC*, p.631.

施谋杀之后又偷偷溜回家中。然后故意让琼再次见到他，以制造不在犯罪现场的假相。

哈拉金预料辩方肯定会提出一个问题：一个57岁的人怎么可能半夜三更在泥泞的田野中奔跑来回5英里的路程去实施谋杀呢？因此他对他的故事作出了一些调整。他推测布劳顿或者是躲在了埃罗尔汽车的后排座位上，或者搭上了他的这个谋杀对象的便车，等车到达那个路口后开枪将他打死，然后再跑回家中。

这听上去不错，但是哈拉金怎么也不能令人满意地解释，布劳顿为什么能够进出家门而不被别人发现。这个房子的楼梯只要一踩上去就会发出很大的吱吱声，而我们很难想象老态龙钟的布劳顿能够顺着排水管从其二楼的卧室爬上爬下。

哈拉金也无法解释一个奇怪的事实：只有在埃罗尔的尸体能够被及早发现的情况下，布劳顿制造的不在犯罪现场的假相才有用。如果尸体再晚两个小时被发现的话，那么布劳顿在琼的门口的那两次露面也帮不了他什么忙。*

哈拉金很明智地强调了布劳顿在院子里生篝火的这一前所未有的行为、他突然重新定购的去往锡兰的船票以及他在警察局接受讯问时所说的一系列非常可疑的话。例如，有一次他曾经问波皮，如果一个人当场开枪打死与他妻子通奸的男人，他会不会被判绞刑？另一次，他问道，要找到一把“埋藏在非洲某个地方的枪”有多大的可能性？[14]

最终，唯一能够将布劳顿与犯罪现场联系在一起的直接证据——也就是唯一能够将布劳顿送上绞架的证据——就是从埃罗尔头部取出

---

* 具有重要意义的是，布劳顿声称他根本不记得自己曾经去过琼的卧室。这更使人们相信他当时已经醉得神志不清，因此不可能实施这种需要有运动员的体力才能够实施的谋杀。

14 *RLC*, p.632.

的那颗.32口径的子弹。对于控方来说，最重要的是将这颗子弹与布劳顿丢失的枪联系起来。他们需要证明在纳纽基农场发现的子弹与谋杀埃罗尔的子弹相匹配，从而证明它们都是从以布劳顿的名字登记的、据称在谋杀发生前3天被窃的那把科尔特.32口径手枪中发射出去的。

为了做到这一点，控方必须让他们的专家证人到庭作证。首席政府化学家莫里斯·福克斯在一开始作证时显得有些缺乏自信。他承认，他不能完全肯定在那个从垃圾坑中找到的已烧焦的毛线袜残片上的痕迹就是血液。但是说到那些子弹，他显得信心十足：所有这些子弹都是从同一把枪中发射的。他说道："这是一个结论，而不是一个意见。"[15]他还确认，在纳纽基农场发现的未使用的子弹中所含的是"一战"前就使用的一种黑火药。它与在埃罗尔头部留下烧灼痕迹的火药是完全相同的。

在他作证的8个小时的大部分时间内，福克斯都在向陪审团解释两颗从犯罪现场发现的子弹的照片和4张布劳顿在纳纽基打靶时留下的那4颗子弹的照片的一系列比较结果。他说，所有这些子弹都是从一把有5条向右的膛线的枪中发射出来的。借助于照片，他指出了这6颗子弹所具有的26个相同之处。他说，这些共同特征无可置疑地证明了它们都是从一把枪中发射出来的。

"你的结论存在任何出错的可能性吗？"主审法官约瑟夫·谢里登勋爵问道。

"没有。"[16]福克斯斩钉截铁地回答道。

莫里斯始终认为，对于一个交叉讯问的老手来说，那些信心十足、自我感觉良好的专家证人往往是最容易攻击的猎物。而这个来自约翰

15 Symons，p.206.
16 同上。

内斯堡的律师在寻找证人证言中的漏洞方面可谓是天下无敌。好战而又迂腐的福克斯接受了挑战。他承认自己并不是一个弹道专家。但是随后他又轻率地说道："我认为所谓'弹道专家'就是一些专门扯淡和胡说八道的家伙。"[17]这种俏皮话如果被作家奥斯卡·王尔德用在喜剧台词里的话，肯定会博得观众的一阵哄堂大笑。但是正如王尔德所发现的，它们在法庭上很少能够获得成功。当年王尔德自己就因此吃了大亏。现在该轮到福克斯来发现在作证时说俏皮话是多么容易引起陪审团的反感了。

老谋深算的莫里斯慢慢地为福克斯设下了陷阱。他声称自己从照片上看不出这几颗子弹之间有着福克斯认为如此明显的相同之处。他请求证人予以赐教。正当福克斯无休止的单调而又枯燥的解说使得法庭上的所有人尤其是陪审员们昏昏欲睡的时候，莫里斯突然发起了攻击。他说，到目前为止，证人只提到了这些子弹之间的相同之处。那么它们之间的不同之处呢？莫里斯心里很清楚，即使从同一根枪管中发射出的子弹也有微小的差别。

莫里斯坚持说，在没有找到枪支本身——那把控方无法出示的.32口径科尔特手枪——的情况下，是几乎不可能确定子弹是否从同一把枪中发射的。在这种凌厉的攻势下，福克斯显得有些语无伦次，面红耳赤了。而莫里斯则引用弹道学领域的伟大先驱杰拉尔德·伯拉德勋爵所写的教科书*中的一段话来支持他的观点。

福克斯又一次表现出了他的傲慢和自大。他说道："我承认伯拉德知道的很多。但是我认为，我在弹道方面知道的并不比他少。"

"也许你知道的比他还多吧？"莫里斯故意挑逗他。

---

17 Symons, p.207.

* *The Identification of Firearms and Forensic Ballistics* (New York: A. S. Barnes, 1962).

“谁知道呢？”

又经过一阵唇枪舌剑之后，莫里斯很出色地结束了对福克斯的讯问：“既然你不同意我刚才所引述的伯拉德的观点，那我也就没有什么可说的了。”

福克斯回敬道：“我也一样。”[18] 他自始至终都保持着这种乖戾的态度。

福克斯所表现出的这种绝对肯定的态度往往会对陪审团产生负面效果。“我是正确的，而所有与我观点不同的人都是错的”，这句话肯定会引起任何有自知之明的人的反感。

接下来莫里斯就要使出他的杀手锏了。控方在整个审判过程中所强调的一个事实就是，所有6颗子弹都是从一把在其枪管中有5条右膛线的左轮枪中发射的。莫里斯就这个问题与下一位政府弹道专家欧内斯特·哈维奇展开了交锋。他问道：“在这些子弹上，刻痕的方向是否一致？”

哈维奇答道：“是的，所有子弹上的刻痕都是向右的。”

“科尔特左轮枪中的膛线的方向是向左还是向右的？”

哈维奇像被车灯照到的野兔一样退缩了。他知道接着会发生什么。清了一下突然变得干枯的嗓子，他用嘶哑的声音回答道：“枪管中的膛线是向左的。”莫里斯立刻乘胜追击：“你能够告诉我这些子弹是从什么枪中射出的吗？”

“我只能说它们是从一把左轮手枪中射出的。”

这时法官插话了：“但不是从一把科尔特手枪中射出的，对吗？”

可怜的哈维奇只好沮丧地回答：“根据我的经验，所有科尔特左轮手枪都有6条向左的膛线（着重号为作者所加）[19]”。

18 Symons, p.207.
19 Fox, p.111.

莫里斯最终投下了那颗他相信能够将控方炸得人仰马翻的重磅炸弹——控方自己的证人已经承认，布劳顿那把已经丢失的.32口径科尔特手枪不可能是那件用于谋杀的武器！

这颗炸弹的破坏力太大了。控方竟然能够犯下这么大的错误，真是令人难以置信。对于任何辩护律师来说，控方所犯的错误都是天上掉下的馅饼。而经莫里斯的一番渲染，控方的这一错误简直就像乞力马扎罗山一样巨大了。他大声对陪审团说道：既然这些“专家”们在这一证据上能够犯下如此根本性的错误，那么你们还能够相信他们所说的任何一个字吗？！

这一错误是如此之大，以至于它掩盖了一个重要的事实：它根本不能排除布劳顿的谋杀嫌疑。谁能够说他没有用另一把.32口径左轮枪射杀了埃罗尔呢？但是莫里斯很快指出，控方没有出示这样一把手枪，也没有任何证据表明这样一把枪的存在。

辩方急于掩盖任何可能出现的漏洞，于是他们请出了他们自己的武器专家托马斯·奥弗顿。奥弗顿是东非武装部队枪械师助理监察员。他在军队中服役29年，其中大部分时间都在从事子弹鉴定工作，并且他曾经在许多案件中作过证。他认为对那些照片的对比是无用的。他在这些照片中发现了很多的不同之处，足以表明从犯罪现场发现的那两颗子弹是从一把枪中发射的，而在靶场发现的那4颗子弹则是从另一把枪中发射的。

莫里斯一点一点地破坏着福克斯和哈维奇所提供的证据，直到最后它们变成了一堆碎片。他大肆攻击他们在实验室中几个月的辛苦工作以及他们对那些照片所作的详细的对比。他说那些对比十分混乱不清，以至于陪审团根本就无法理解。至于他们有关发射子弹的武器的结论……

现在控方已经完全乱了阵脚。他们将全部希望都寄托在布劳顿那把丢失的.32口径科尔特手枪上，结果是搬起石头砸了自己的脚。从福克斯再次被传唤到证人席上之后的表现就可以看出控方绝望的心态：这一次他声称他在这些子弹上发现了30个相同之处。就像许多其他专家证人一样，福克斯似乎天生就没有承认错误的能力。这一点在他教条式的最后反驳中表现了出来。

哈拉金问道："在听到针对这些照片的各种批评之后，你对'在纳纽基发现的子弹与犯罪现场发现的子弹是从同一把枪中发射的'这一说法有没有产生任何怀疑呢？"

"不，没有。"[20]

但是这已为时太晚了。控方的错误在陪审员的头脑中挥之不去，而辩方的证据中则没有出现任何漏洞。在法庭上这难熬的5天中，莫里斯轻松地挫败了控方发起的一次又一次攻击。

根据传言，在当时没有任何一个由白人组成的陪审团（那时肯尼亚的陪审团都是由白人组成的）会认定布劳顿或任何谋杀埃罗尔的人有罪，因为据说那里几乎所有白人的老婆都被埃罗尔睡过。这一传言得到了证实：7月1日上午，当陪审团拿着他们的裁决重新出现在法庭上的时候，团长向布劳顿眨了眨眼睛，并向他伸出了大拇指。

无罪。

布劳顿一路笑着走出了法庭。他虽然侥幸地逃脱了绞架，但却无法抹掉这件事给他的名声所带来的污点。他以前的朋友都和他断绝了来往，黛安娜也不愿再与他见面。她履行了她的义务，现在一切都结束了。

1942年11月，布劳顿回到了他的祖国。虽然当时是战争时期，并且英国与肯尼亚相隔万里之遥，但是当他回到家乡的时候，他的丑闻

20 Symons, p.208.

已经捷足先登，在那里等着他了。另外他的和黛安娜的家庭成员以及警察都纷纷前来找他，质问他几年前不翼而飞的一笔信托基金的事情。这使他感到十分尴尬。

这一切超出了布劳顿的承受能力。几个星期之后，也就是12月2日，遭到社会抛弃并且还有可能坐牢的布劳顿住进了利物浦的阿德尔菲饭店。他告诉服务员，他不希望别人打搅他。两天之后人们在房间中发现他的时候，他已经处于昏迷状态。他给自己注射了14针巴比土酸盐。他于第二天死亡。

其他嫌疑人

那么，究竟是谁杀死了埃罗尔伯爵呢？许多人声称他们知道事实的“真相”，但是不同的人所揭示的“真相”各不相同。根据琼15岁的继女朱厄妮塔·卡伯里的说法，布劳顿在谋杀发生一天之后向她承认了其所犯的罪行。她还有另一个故事：她看到了那堆臭名昭著的篝火并且清楚地记得在仍然冒着烟的垃圾堆中有一双运动鞋。这是非常不正常的现象，因为在肯尼亚，白人都会把旧鞋送给他们的仆人（但是这一情况也没有被报告给警察）。如果这种说法是真的的话，那么这双运动鞋很可能就是别克车上那些模糊的增白剂痕迹的来源。

根据另一种谣传，埃罗尔的一个旧情人——一位名叫艾丽斯·特拉福德的性情暴烈的美国女继承人——也承认是她谋杀了埃罗尔。但是有关这一迷案的最有诱惑力的“答案”来自一个比其他大多数人都更接近这一谋杀的人——卡伦的女管家多萝西·威尔克斯。在非正式的场合下，她向别人透露说，她认为黛安娜才是真正的凶手。根据威尔克斯的说法，布劳顿拒绝履行他与黛安娜的婚前协议。当埃罗尔得知黛安娜得不到那笔每年5 000英镑的嫁妆之后，很快就对她失去了兴趣。

奇怪的是，这一说法得到了伊西·梅塞尔的支持。梅塞尔是当地的一名律师。他最初答应向布劳顿提供辩护，但是后来由于军务在身而不得不放弃了这一工作。在多年之后，梅塞尔回忆起他曾经在卡伯里家参加的一次午餐。在午餐接近尾声的时候，卡伯里伯爵说道："现在让我们谈点正事吧……你知道，女人就是女人……你能不能告诉我琼妮（他的妻子）在作证时应该怎么说？"[21]

梅塞尔赶忙解释说，律师没有义务告诉一个证人应该说什么；实际上，这种做法是非常不妥的。但是"女人就是女人"这句话给他留下了深刻的印象，并加深了他对于是黛安娜在琼·卡伯里的协助下杀死了埃罗尔的怀疑。

而最近出版的一本书*中所讲述的故事则更为离奇：埃罗尔实际上是被一名英国特工杀死的。由于埃罗尔具有众所周知的同情法西斯的倾向，所以英国政府派人把他暗杀了。该书的作者在没有任何证据的情况下，仅凭一个现在已经去世的前肯尼亚殖民者的一点模糊的回忆就试图让读者相信，这位杀手是一名埃罗尔熟知的女人。她让内罗毕业余话剧俱乐部的一名化妆师给她作了化装，使人们认不出她的真正身份，然后就在一条偏僻的马路边拦下了埃罗尔的车，说是要搭车去内罗毕。埃罗尔完全被她的化装所欺骗了。他请那个女人上了车，结果就被暗杀了。这种异想天开的故事根本就不值得加以评论。

最终一切都取决于可信度和消息来源。根据哈里·莫里斯的传记**，莫里斯相信他的顾客是无辜的。但是黛安娜却一直坚持，莫里

---

21 *Sunday Times* (August 9, 1998).

* Errol Tyzebinski, *Dead Reckoning* (London: Fourth Estate, 2000).

** Benjamin Bennett, Harold Timmins, *Genius for the Defense* (Cape Town: Harold Timmins, 1959).

斯相信布劳顿是有罪的。有意思的是，每当莫里斯的朋友们问到“尽管布劳顿被判定无罪，但他是否真的是谋杀埃罗尔的凶手？”这一问题时，这个老奸巨猾的律师总是笑着说：“你知道吗，他妈的，我当时忘记问他了！”[22]

22 *Sunday Times* (August 9, 1998).

第七章

艾尔弗雷德·德马里尼（1943年）

Alfred de Marigny

伪造的指纹

陷害！

这恐怕是犯罪学上最丑恶的一个字眼。即使是那些冷酷无情的罪犯，他们在实施犯罪并故意使一个完全无辜的第三人承担罪责的时候也会感到犹豫。如果陷害别人的恰恰是那些负责调查犯罪的人的话，那我们就真的是在浑水中挣扎了。为了给某人定罪而伪造证据就已经够恶毒的了；如果被陷害的人可能被判处死刑的话，那么这种做法就更为恶毒；而为了“侦破”一起谋杀案而组织另一起谋杀，那简直是恶毒到了令人难以置信的程度。但是这样的事情确实会发生。所幸的是，执法人员处心积虑地陷害他人的事件毕竟为数不多，并且随着媒体监督的日益强化和科学技术的日益发展，这种事情还会越来越少。尽管如此，总是会有人试图实施这样的陷害的。

拿骚一个风雨交加的夜晚。暴风雨将棕榈树吹得就好像是橡胶做的一样左右摇曳。天空变成了疯狂的紫红色，电闪雷鸣。但是到了1943年7月8日星期四拂晓时分，最坏的风暴已经过去，处于热带地区的巴哈马即将迎来另一个阳光灿烂的日子。上午7点钟，生于英国、现年47岁的房产开发商哈罗德·克里斯蒂走出他在威斯特伯恩的宾客卧室，来到了阳台上。威斯特伯恩是位于凯布尔海滩边上的一幢庞大的别墅，它是这个岛上最富有的居民——哈里·奥克斯勋爵的家。

头一天晚上奥克斯勋爵在威斯特伯恩举办了一个小型的晚宴。在晚宴上大家谈论的话题除了生意之外还是生意。奥克斯据说是当时世界上最富有的人之一，他每天的收入就高达4万美元，而且不用纳税。奥克斯除了生意之外几乎什么也不谈，而克里斯蒂则像往常一样试图用他的最新计划来吸引这位大富翁的兴趣。他们俩是所谓的“海湾街男孩”——一群用铁拳控制着当地商业和政治的白人商人——的领头人物。那天晚上，除了受到蚊子和偶尔的雷声的打扰外，克里斯蒂的睡眠还算安稳。

克里斯蒂打着哈欠，伸着懒腰，慢慢地走到了位于阳台的另一头、与他自己的卧室相邻的主卧室门口。他每次在威斯特伯恩过夜，第二天早上都会与奥克斯一起露天共进早餐。他向卧室内喊道：“嗨，哈里。”[1]但是没有听到回答。过了几秒钟后，他走进了卧室。

克里斯蒂被展现在他眼前的情景惊呆了：不知是什么东西或什么人将哈里·奥克斯的床变成了一个怪诞的火葬堆。奥克斯仰面躺在床上，脸上布满了水泡，被仍在冒烟的床垫发出烟熏得漆黑。他的睡衣被烧没了，从一个撕破的枕头里飞出来的羽毛粘在他已被烧焦的皮肤上，在床边电风扇产生的微风的吹拂下像飞蛾一样地扑扇着。地毯上

1 *New York Times* (October 20, 1941).

一连串烧焦的痕迹穿过整个房间，一直延伸到门口。在床的左边立着一个已被烧焦的上面还溅有血迹的高高的中国屏风。

克里斯蒂赶忙跑上前去。他抓起床边桌子上一个瓶子，试图用一瓶水使他的朋友苏醒过来，但是奥克斯左耳后面一系列丑陋的伤口使克里斯蒂意识到他已经没救了。克里斯蒂放弃了抢救的企图并且给他的兄弟打电话，让他找一个医生过来。然后他又给岛上一连串的显要人物分别打了电话，将这一悲剧通报他们。他最后的一个电话是打给总督温莎公爵的。

温莎公爵是3年前来到拿骚就任总督职位的。这位“不爱江山爱美人”[2]的前爱德华八世国王为了与他所爱的女人在一起而于1936年宣布退位。从那以后他就不断地使英国政府遭遇尴尬：他公开向希特勒献媚，接受纳粹主义，并且使自己成为了一个人人讨厌的人物。直到“二战”爆发之后，温斯顿·丘吉尔首相才得以将这个不断惹麻烦的公爵打发到这个英帝国最遥远的角落，从而使大家都松了一口气。自从他上任之后，在拿骚就没有发生过任何重要的事情——直到这个早晨。

公爵很快就采取了行动。他的第一个反应就是动用他的战时新闻审查权封锁有关这一悲剧的所有消息。接着他就做了一件很奇怪的事情。他没有让当地警察调查这一案件，而是打起了长途电话。他打电话找的不是联邦调查局，也不是苏格兰场，而是迈阿密警察局。他要找爱德华·梅尔钦副警长说话。梅尔钦是一名专门调查杀人案的侦探。在公爵访问迈阿密时兼任公爵的保镖。公爵以警惕的口吻要求梅尔钦到拿骚来调查一个“死于非常情况的”[3]显要人物。

---

2 Peter Fearon, *Behind the Palace Walls* (Secaucus, N.J.: Carol Publishing, 1996), p.157.

3 Alfred De Marigny and Herskoviz, *A Conspiracy of Crowns* (New York: Bantam, 1988), p.19.

公爵不知道，此时他的新闻封锁早已被打破了。那天一大早威斯特伯恩的电话就响起来了。那是当地一位名叫艾蒂安·迪皮什的记者打来的。他想确认他和奥克斯曾经预约过的一次采访。克里斯蒂歇斯底里地对着话筒叫喊道："他已经死了！他已经死了！……他被枪杀了。"

"被枪杀了？你不是开玩笑吧？"

"当然不是。我刚刚发现他的尸体。他死了。"

迪皮什大口吸着气说道："这是一条特大新闻，克里斯蒂先生。我是记者，我将把这个消息发往全世界。你肯定吗？"

"我肯定。"克里斯蒂疲惫地说道。[4]

尽管温莎公爵费了半天劲，哈里·奥克斯勋爵死亡的消息在仅仅几个小时之后就传遍了全世界。

奥克斯死时68岁。他身体强壮得像条公牛，性情也暴躁得像条公牛，因此并不讨人喜欢。在许多方面，他属于一个较早的、较为野蛮的时代。在那个时代，野心比教养和道德更为重要。他生于缅因州的桑格威尔，是一个教师的儿子。他很年轻的时候就受到了淘金热的影响。在1896年他放弃学医，前往加拿大北部的淘金营地，希望在那里发大财。为了谋生他当起了医院的勤杂工，在治疗冻伤、坏疽和营养不良等疾病的同时，从一些老乞丐的口中收集各种有关金矿的消息，梦想着有朝一日自己也能够一夜暴富。

在整整14年的时间里，他追随着永不停息的淘金大潮，从加利福尼亚漂流到阿拉斯加的育空地区，又从澳洲漂流到非洲。有时他险些被冻死，有时他不得不与响尾蛇展开殊死的搏斗。但他从没有放弃。他的这种坚持不懈的努力最终得到了回报。1910年，他和一个合作伙

4 James Leasor, *Who Killed Sir Harry Oakes?* (London: Heinemann, 1983), p.4.

伴在东安大略的柯克兰莱克挖到了迄今为止在美洲所发现的第二大金矿。在随后的十几年中，这座金矿为他带来了巨大的财富，足以使这个倔强的前矿工变成当时世界上最为富有的人之一。

为了加强与这个给他带来巨大财富的国家的联系，奥克斯放弃了他的美国国籍，成为一位加拿大公民。但是他很快就对他的这个第二祖国感到不满了。奥克斯讨厌纳税甚于讨厌毒药。当他发现他每年必须向加拿大国库上缴300万美元的税款时，他就开始寻找新的"祖国"了。

哈罗德·克里斯蒂第一次见到奥克斯的时候，后者正与他的妻子和5个孩子在他位于棕榈海滩的家中享受着热带温暖的冬天。克里斯蒂是一个世界一流的推销商。他当时正在向富人们推销英属巴哈马的一块地产，而奥克斯则是他遇见的最富的一个富人。有关他身价的猜测各不相同，但是大多数人认为他大约拥有3亿美元的财富。当时克里斯蒂将巴哈马的生活说得天花乱坠，使奥克斯听了之后两眼直放光。这个没有所得税和遗产税的国家对于这位贪得无厌的亿万富翁来说，简直就是人间天堂。1934年，奥克斯将自己从加拿大连根拔起，把他所有的东西，尤其是他的钱，全部转移到了位于巴哈马七百多个岛屿中最大的一个岛屿——新普罗维登斯岛上的拿骚。在那里，他成了一名慷慨的慈善家，向这个岛上倾注了几百万美元，购买饭店，建立高尔夫球场，建立慈善机构，向儿童提供牛奶，向穷人提供医院。

他的慷慨很快就扩展到了英国本土。他曾一次向伦敦的一家医院捐赠了5万英镑（20万美元）。这种大规模的慈善行为也给奥克斯带来了回报。1939年，满心感激的爱德华六世——也就是温莎公爵的弟弟，他在其哥哥退位后继承了王位——向这位五大三粗的前淘金者授予了勋爵的爵位。

哈里·奥克斯勋爵不仅喜爱钱财和爵位，他还渴求权力。所以当温莎公爵作为国王的代表来到巴哈马的时候，奥克斯立即就和他套上了近乎。而这位公爵则向来喜欢讨取巨富们的欢心。从此以后，他在作出有关该岛的任何决定之前都要征求奥克斯的意见。克里斯蒂也是这个小集团中的一员。他们三个人就像统治封建领地一样统治着拿骚：奥克斯提供经济力量，克里斯蒂具有宣传技巧和无穷无尽的关系网，而温莎公爵则是一个可以使任何事情成为可能的橡皮图章。

但是在1943年7月8日的这个早上，这一切都被改变了。

重要的侦探来了

那天中午刚过，一架泛美航空公司的客机在拿骚着陆了。从飞机上下来的旅客中包括梅尔钦副警长和另一位侦探詹姆斯·巴克副警长。后者有着非常复杂的职业生涯，但是他现在自称为一名指纹专家。

两名侦探立即被护送到威斯特伯恩。直到那时他们才知道，他们要调查的是世界知名的哈里·奥克斯勋爵。梅尔钦感到有些不知所措。当公爵给他打电话的时候，他以为他将要调查的是一起自杀案。但是那个浑身水泡的尸体以及尸体头部的四个伤口使他一眼就看出，这是一起极为野蛮的谋杀案。

从楼梯上大量满是泥污的脚印来看，有人闯进了这座房子，杀死了奥克斯，然后将尸体浇上汽油点燃，试图毁灭所有犯罪证据。但是尸体没有被烧毁，而只是受到了熏烤。

第一个到达现场的医生是休·夸肯布什。他将死亡时间确定在两个半小时到5个小时之前。他不敢作出更为精确的推测，因为尸体和床都遭到了焚烧，因此影响了确定死亡时间的最可靠的指标——尸体温度。但是他注意到了一个奇怪的现象：一条血迹从伤口处流到了头顶。他后来说道：“这表明尸体曾经脸朝下躺着，或者被移动过，因为

哈里·奥克斯勋爵被烧焦的尸体

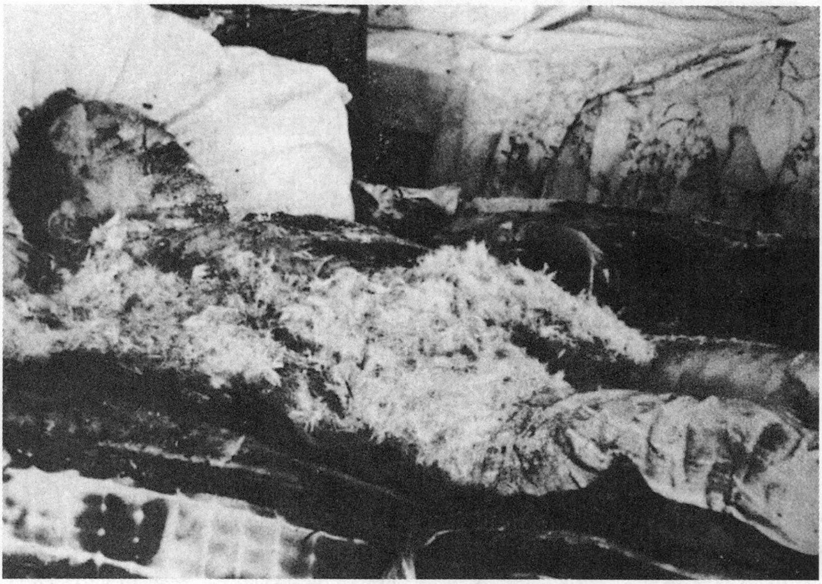

血是不会自己往上流的。”[5]

尸检由巴哈马代理首席验尸官劳伦斯·威利·菲兹莫里斯博士进行。他在尸体的左耳后方发现了四个较浅的伤口，其中每一个的深度都不超过一英寸。所有这些伤口“都呈三角形”，[6]其尖端都指向哈里勋爵头部的前方。他认为，致死原因是脑震荡、脑出血和颅骨骨折。这些伤口是由“一种沉重的、有明显边缘的钝器”[7]所致，但是他不知道这一凶器究竟是什么。

在作完尸检之后，奥克斯的尸体就立即被抬上了一架飞往美国的飞机。但是飞机刚刚起飞就被召回了拿骚。原来在尸检时拍摄的奥克

5 James Leasor, *Who Killed Sir Harry Oakes?* p.45.
6 同上，p.46。
7 同上。

斯的指纹照片被弄脏了，需要重新拍摄。在整个案件的调查过程中，这种草莽、粗心的行为可谓屡见不鲜。

这时犯罪现场已经变得乱七八糟了。没有任何地方被封锁起来。喜欢观看恐怖场面的来访者们和眼睛睁得大大的记者们可以在那里不受监视地随便走来走去，将他们的指纹留在椅子上、台灯上、窗户上以及门上。结果现场证据遭到了严重的破坏。

但是这一切都似乎无关紧要，因为甚至在哈里·奥克斯的尸骨未寒时，与该案相关的所有人以及拿骚的大多数统治精英就已经对谁是凶手确信无疑了。

艾尔弗雷德·德马里尼似乎是那种让人一看上去就不信任的道德败坏之徒。他出生在印度洋岛国毛里求斯，是法国人的后裔。他从其祖先那里继承了一种让一些人觉得讨厌，却让另一些人觉得很有魅力的懒洋洋的神态。他是一个得过冠军的游艇水手，曾两次结婚，又两次离婚。随后他就带着与他的第二任妻子离婚时分得的一大笔财产，乘着习习微风，漂洋过海来到了拿骚。凭着他英俊的长相，这位身材修长的水手在鸡尾酒会上，尤其是在女士们中间颇受欢迎。他与某个法国贵族的某种含混不清的联系更增加了他的诱惑力。但是在这个乱伦横行的英帝国边远领土上，人们审查一个人的血统的严格程度，比肯塔基纯种马经销商在基尼兰马市上检查小马驹的认真劲儿有过之而无不及。结果德马里尼被打上了“血统不纯正”的烙印。他后来将此归结为他为当地黑人摆脱300年英国殖民统治的解放事业英勇斗争所招致的报复。的确，要是我们相信他后来写的一本充满自我吹嘘的自传*的话，那他简直就是一位专门被上帝派来拯救西方世界中受苦受

---

* *Conspiracy of Crowns* (with Mickey Herskovitz) (New York：Bantam，1988).

难者的大圣人了。很显然，这种“毫不利己，专门利人”的精神给他本人的利益带来了巨大的牺牲，因为他在拿骚所从事的每一项商业活动都以惨败甚至灾难而告终。

但是德马里尼并没有气馁。虽然他的财源日益枯竭，但是这位32岁的花花公子已经盯上了一个大猎物——奥克斯的漂亮女儿南希。只是有一个障碍：由于南希当时只有17岁，根据法律她还是一个未成年人，因此在婚姻方面她必须顺从其父亲的意愿。而她的父亲十分鄙视德马里尼。

据说奥克斯这个靠淘金发家的亿万富翁在一英里之外就可以看出谁是个“淘金者”——至少他自己是这么认为的。因此对于德马里尼这个想到他家里去“淘金”的家伙，奥克斯毫不掩饰地表现出了憎恶态度。而德马里尼则耐心地等待着时机。1942年5月，刚过18岁生日两天、不再需要得到父亲同意的南希在纽约和德马里尼结了婚。

没有人可以指责奥克斯输得没有风度：尽管很不情愿，他还是将个人的偏见丢在了一边，接受德马里尼为其家庭的一个成员，甚至还向他提供了一份工作——但是遭到了后者的拒绝——并给了这对新婚夫妇一张5 000美元的支票作为圣诞礼物。但是什么也改变不了他对德马里尼的不信任感。因此没有多久，他们俩就像斗兽场上的两头公牛一样势不两立了。很快海湾街上就谣言四起：奥克斯扬言，如果他女儿不甩掉德马里尼这个江湖骗子，他就要剥夺她的继承权。接着人们就发现哈里·奥克斯勋爵死了。

由于犯罪现场没有任何抢劫的痕迹，所以调查人员确信这是一起“家庭犯罪”。某个与奥克斯关系非常密切的人希望置他于死地。由于当时奥克斯的妻子和子女——包括南希——都在美国或者加拿大，因此德马里尼便是唯一的嫌疑人了。

巴克和梅尔钦来到拿骚的第一天下午就将奥克斯的这个女婿传唤到了威斯特伯恩。德马里尼承认自己与奥克斯之间的冲突，但是他说他们自从5月30日以后就再也没有说过话。当梅尔钦问起他前一天晚上的行踪时，德马里尼解释说，由于他的妻子在美国治病，他就在家里请一些朋友举行了一个晚宴。大约凌晨1点左右晚宴结束了。当时正下着暴风雨，所以他就很有绅士风度地开车将两个女宾客护送到其位于凯布尔海滩的小木屋中。当他经过威斯特伯恩的时候朝着这座房子看了一眼，发现楼上的灯还亮着。他接着开车离开了那里。

梅尔钦和巴克并不相信德马里尼的这个听上去很圆满的解释。他们认为任何实施了这一犯罪的人都可能遭受到一定程度的附带性的烧灼，于是他们就拿起放大镜对德马里尼进行了仔细的身体检查。

“你手上的汗毛以及你的胡子有被烧的痕迹，”巴克说道：“你对此作何解释？”[8]

德马里尼提供了一大堆解释：他抽雪茄烟抽得很厉害；他在他所经营的养鸡场经常给炉火添加燃料；但是更为可能的原因是，在前一夜的暴风雨中，他家的电源被切断了，他不得不点几盏防风灯为其客人提供照明。他是在点这些灯的时候烧到自己的手的。

这两位侦探仍然不相信他的话。他们陪同德马里尼来到了他的家中，要求查看他在前一天晚上所穿的衣服。他提出了一个洗衣筐，里面有6件几乎完全相同的白色脏衬衫。他说他记不清前一天晚上穿的是其中的哪一件了。这些衬衫上都没有任何血迹。

当德马里尼拿出他在晚宴上穿的那件棕色夹克和裤子时，两位侦探立即用严厉的眼光盯住了他。梅尔钦说道：“这件衣服是刚刚熨过的。对此你作何解释？”[9]

8 De Marigny，p.50.
9 同上，p.51。

当时和他们在一起的当地警察总监R·A·厄斯金—林多普上校为德马里尼解释说，在热带地区，当衣服被穿之后都是要立即熨烫的。他说："这是一个非常英国的传统。它使人们看上去很体面。"[10]

但是这并不能消除梅尔钦和巴克的怀疑。他们向当地政府提交了他们的调查结果。第二天，在奥克斯的尸体被发现仅仅36个小时之后，德马里尼就因涉嫌谋杀而被关了起来，面临着上绞架的危险。

那枚臭名昭著的指纹

该案的关键性证据——控方相信能够将德马里尼送上绞架的证据——就是在奥克斯卧室发现的唯一一枚指纹。指纹的唯一性早在《圣经》时代就被发现了，尽管那时人们还无法证明这一点，但是直到19世纪末才出现了一整套对指纹进行鉴别和编码的技术。指纹识别技术至今仍然是刑侦史上最重要的一项进步。即使看上去神奇的DNA匹配技术在确定性方面也无法与指纹鉴别技术相比，因为前者无法区分同卵双胞胎。比如说，如果一对同卵双胞胎中的一个实施了一项犯罪，如果辩方能够证明这对双胞胎中的两个都有机会实施犯罪的话，那么在犯罪现场留下的DNA痕迹对于控方来说都是毫无用处的。但是如果那个实施犯罪的双胞胎之一在犯罪现场留下指纹的话，那么他就完蛋了。虽然他们的DNA可以相同，但是他们的指纹绝不可能相同。指纹识别技术已被使用了一百多年了，在地球上所有国家中还没有发现一例两个人具有完全相同的指纹的情况。

梅尔钦确信自己已经掌握了德马里尼的罪证。据他说，当他和巴克在谋杀发生的那天中午到达威斯特伯恩后，就开始在奥克斯的卧室

10 De Marigny，p.52.

查找指纹。结果他们在中式屏风的顶部发现了一枚清晰的指纹。后来这一指纹被认定属于德马里尼。由于那天德马里尼是在下午4点钟才到达威斯特伯恩的——这一点得到了两位巴哈马警察的证实，因此他们得出了一个必然推断：德马里尼显然是在实施犯罪时留下的那枚指纹。

当被关押在爬满蟑螂的拿骚监狱中的德马里尼听到这一消息时，他的情绪一下就高涨起来。梅尔钦错了！不仅谋杀的那天上午，在迈阿密侦探到来之前他就去过威斯特伯恩，而且他还有一个最好不过的证人。他兴奋地告诉他的律师戈弗雷·希格斯："厄斯金—林多普上校……当时和我在一起，他能够证明我当时在那里。"

"我希望他能够。"[11]希格斯听上去并不那么乐观。

初步庭审开始前一个星期，希格斯的担忧得到了证实。就像晴天霹雳一样，他们听到了一个消息：厄斯金—林多普上校被调离了巴哈马。他被调往离拿骚1400英里的特立尼达担任助理警察总监，因此不可能在审判时出庭作证了。这一调离时间极为可疑。似乎某人正在处心积虑地要把德马里尼送上绞架。

至于那个人是谁，德马里尼早就心知肚明。自从奥克斯的尸体被发现后，温莎公爵最初通过电话遥控着调查工作的每个方面。但是谋杀发生一天之后，他亲自出现在威斯特伯恩。他用一种盛气凌人的姿势向巴克打了个手势，然后两个人就消失在了楼上。他们在楼上的那半个小时的谈话没有留下任何记录。当这位公爵再次出现之后，他一言不发地离开了。两个小时之后，德马里尼就被指控犯有谋杀罪。

更奇怪的是，就在德马里尼走上法庭接受决定其生死的审判之前，温莎公爵和公爵夫人坐飞机去了美国。有关公爵在审判期间不想

---

11 Leasor, p.29.

让任何人找到他的谣言传遍了这个岛屿。

当德马里尼于10月18日出庭受审的时候，拿骚那个闷热的小法庭里挤满了记者。这是1935年的豪普特曼审判以来最大的一次审判。每天有几十万字的新闻从这里发向世界各地。

控方在审判一开始就尽可能对德马里尼进行丑化。首先他具有作案动机：他使用奥克斯家现金的机会受到了严格限制，并且他担心他妻子的继承权遭到剥夺；另外据说他还对奥克斯进行过身体的威胁。他具有作案的机会：根据证人的证言，在谋杀发生时他就在威斯特伯恩附近。至于作案工具，一名警察作证说，德马里尼曾经问过他，根据英国法律，如果一个人实施了谋杀，但是谋杀凶器没有找到，或者只有间接证据，那么他能否被定罪（答案都是肯定的）。

但是大家都知道，控方这一起诉的成败与否最终取决于从那个中式屏风上提取的那枚指纹。

梅尔钦的作证开始进行得很顺利。他用了很长的时间描述他和巴克带到拿骚的各种侦查设备：两台显微镜、一部照相机、一套指纹提取工具，其中包括扑粉、一把驼毛刷、胶带、用来修补轮胎的胶皮、一把小剪刀和一个放大镜。如果梅尔钦希望通过这些描述让大家知道他们这两个从迈阿密来的专家准备得多么充分的话，那他的确做得极为成功。但是从那以后，他作证时的表现就一路滑坡了。

虽然厄斯金—林多普消失了，但是多萝西·克拉克却没有。她是德马里尼晚宴上的一位客人。她的证言被证明对被告来说双倍的有用。她不仅可以证明德马里尼的确是在点桌子上的蜡烛时烧灼到了自己的手臂，而且还可以证明7月8日上午他的确在威斯特伯恩。她自己整个上午都在那里，并且她清楚地记得德马里尼在11点和12点之间走到那座房子的楼上去过。那时距梅尔钦和巴克到达拿骚机场还有很长时间呢。

当梅尔钦听到这一证词后，一串串汗珠从他宽大的额头上渗了出来。在初审的时候，他和两名巴哈马警察曾经用绝对的语气声称，德马里尼在下午3点30分之前——也就是指纹被提取之前——没有进入过奥克斯的卧室。现在梅尔钦不得不收回他以前说过的话。他低声下气地承认："这是一个误会。"[12]

"好一个误会！"德马里尼的助理律师欧内斯特·卡伦德带着讥讽的语气说道："真是无巧不成书啊，你和两位警察竟然都会产生同一个误会！"[13]

梅尔钦越是紧张，他的回答就越是语无伦次。他现在已经失去了动力，急于自保了。他脱口说道，他直到7月15日在缅因参加奥克斯的葬礼时才听说有关被告指纹的事情。

卡伦德用怀疑的眼神盯着他问道："你是和巴克一起去（缅因）的吗？"

"是的。"

"你们讨论过指纹的事吗？"

"没有，我们没有讨论过指纹。"[14]

法庭上出现了一阵骚动：两名在一起调查他们职业生涯中最大的一件案子的侦探，竟然没有谈及案件中针对被告的唯一的一个有力的证据。这种说法实在让人难以相信。不知是由于闷热的天气还是紧张的情绪，当作证结束时梅尔钦很明显已经大汗淋漓，他一瘸一拐地走下了证人席。

现在只剩下巴克来收拾残局了。巴克表现得非常自信和镇静，显然比他的同事要难对付得多了。他首先说道，他从那个房子里提取了

---

12 Leasor，p.50.

13 同上。

14 同上。

很多的指纹，以至于最后他的胶带都用完了。所以他只能用一个橡胶片来提取最后三枚指纹，其中一枚来自那个中式屏风。

“提取”指纹的过程是这样的：首先在指纹上撒上扑粉，使之更为明显，然后再将其从物体表面取下来。指纹可以通过胶带来提取。而如今更为常用的方法就是使用一种橡胶“指纹提取带”。在用这种技术提取指纹时，首先将“指纹提取带”有黏性的那一面上所覆盖的一层很薄的透明玻璃纸条揭下来，将“提取带”小心地压在指纹上。然后将揭下来的玻璃纸条重新盖在印有指纹的“提取带”上，以便保存和运输。而巴克当时所用的正是这种技术，只不过比现在所使用的更原始罢了。希格斯想知道他们当时为什么没有当场将指纹扑上粉照相。

巴克说道：“我当时没有带我的指纹照相机……因为我以为这是一起自杀案件，不涉及到犯罪。所以我觉得没有必要从迈阿密携带潜在指纹照相机。”

“因此，通过用橡胶条提取指纹，你故意破坏了本案中最重要的一个证据，也就是那枚指纹本身，对不对？”

“通过这种方法提取指纹的确会将其破坏。”[15]

当被要求指出屏风上所提取指纹的部位时，巴克感到有些不知所措了。而希格斯则步步紧逼：“你以前有没有在哪个案件中将一枚提取到的指纹用做证据，但是却事先没有对留在物体上的指纹进行拍照的经历？”

“当然，这样的案件有几十个。”

“请说出这些案件的名字。”

猝不及防的巴克张着嘴站在那里呆了半天，然后摇了摇头说道：

---

15 Leasor, p.54.

“我不能。”[16]

巴克急于夺回主动权，结果却反而使自己变得更为被动了。他声称他没有对床头板扑粉检查指纹，是因为“大火所产生的热量应该已经将可能存在的指纹破坏掉了”[17]。希格斯迷惑地皱起了眉头。

“你为什么会认为在这个因为烧烤已经起泡了的屏风上可能保留有指纹，而在床头板上则不会呢？”希格斯问道。

“我一看就知道在床上不可能留有指纹了。”

“那么你有没有对床的踏脚板用扑粉的方法检查指纹呢？”

“那个床没有踏脚板。”

希格斯举起一张奥克斯卧室的照片说道：“那么请问这是什么？”

巴克沉默了很久。他原来的那副神气劲一下子就烟消云散了。最后他嘟囔着说道：“我看到那张床的确有踏脚板，我没有对它扑粉。”[18]

梅尔钦带着惊恐的神情听着这一段对话。他再也受不了了，于是就跑出了法庭，一边跑还一边大声咒骂着巴克。在场的所有人都听到了他的骂声。

故意陷害的证据

巴克和梅尔钦在证人席上的表现真是惨不忍睹。但是到目前为止，这只是表明他们的侦探工作做得非常糟糕。然而来自辩方的两个专家证人的证言却使人们怀疑巴克和梅尔钦是在故意陷害被告人。这两名专家证人一位是来自新奥尔良警察局的莫里斯·奥尼尔，他也是国际鉴定学会的前主席。另一位名叫伦纳德·基勒。他们争辩说，在

16 Leasor，pp.58—59.
17 同上，p.60。
18 同上。

法庭上出示的指纹不可能是从那个中式屏风上提取的。在陪审团成员着迷的目光的注视下，他们从那个屏风已经起皱的涂漆的表面提取了另一个指纹。这枚指纹显示在其背景上有明显的花纹痕迹。而德马里尼的指纹则很干净，似乎是从某个光滑的表面提取的。它肯定不是从那个屏风上提取的。

当德马里尼走上证人席时，这枚指纹的一种可能的来源浮出了水面。德马里尼回忆起谋杀发生的第二天在威斯特伯恩发生的一件奇怪的事情。当时他正与梅尔钦讨论案子，这位侦探突然将他拉到一个小桌子前面。桌子上放着一个水罐和两个玻璃杯子。梅尔钦用漫不经心的口吻让德马里尼给他们两个各倒了一杯水。德马里尼将自己的那杯水一饮而尽。然后梅尔钦又递给了他一包"好运"牌的香烟。德马里尼不假思索地接过那包烟，从里面取出了一根，然后就把烟盒还给了梅尔钦。

在这一过程中，巴克从门外探进脑袋来问道："一切都顺利吗？"

梅尔钦回答道："是的。"[19]然后几乎立即结束了讯问。

当时德马里尼没有留意这一事件。但是现在回想起来，他才明白了当时梅尔钦的这些奇怪的举动的真正含义。从那个玻璃杯或者那个烟盒的光滑的表面恰好可以提取到本案控方所提供的那种指纹。

在整个审判过程中，法官奥斯卡·戴利勋爵一直表现出同情被告的倾向，并且对警察所使用的策略越来越感到不耐烦和不信任。最后他公开地表达了他对控方所提供的证据的怀疑。他在询问希格斯有关那枚据说是取自那个屏风的指纹时说道："你的意思是说……它可能是伪造的？"

"这正是我所担心的事情，也是我要争辩的论点。"[20]希格斯回答道。

19 Leasor，p.73.
20 同上，p.54。

这时就像发生了奇迹一样，一种庄严的气氛笼罩了整个法庭。几天以来，人们心里一直存在着一种强烈的怀疑。现在这种怀疑最终被公开地表达出来了——希格斯明确地宣称有人试图陷害被告。

陪审团是否讨论了这个蓄意陷害被告的人究竟是谁，我们永远也不会知道了。我们知道的是，在11月14日，陪审团以9比3的多数票认定德马里尼无罪。也许是为了安抚陪审团中认为德马里尼有罪的少数派，他们在其裁定书中增加了一条：被告必须被驱逐出境。于是德马里尼就被驱逐出了巴哈马。

虽然无罪，但是还没有清白到可以被拿骚社会重新接纳的程度——这就是德马里尼的命运。南希虽然在整个审判过程中坚定地站在了德马里尼的一边——她曾经说过，“我不想成为一个因谋杀而被绞死的男人的寡妇”[21]，一旦判决下来之后，她就与这个讨厌的情人分了手，他们的婚姻也就破裂了。

至于德马里尼，他仍然过着像从前一样的浪荡的生活，直到最终被批准加入美国国籍。他于1998年1月28日死于其位于休斯敦的家中。

如今德马里尼通常被描述为一个失败的陷害阴谋中不知情的受害者。在其自传中，他怀着可以理解的仇恨的心情大骂那个曾经如此处心积虑地要把他送上绞架的英国殖民当局。但是他却丝毫没有提到他当时是多么的幸运。当审判开始的时候，在拿骚几乎没有人会认为他有任何机会。但是巴克和梅尔钦改变了一切。这两个倒霉的迈阿密侦探，他们谎言被当场揭穿，其骗子嘴脸在法庭上暴露无遗，结果也使审判发生了根本性的转变。他们画蛇添足的行为使控方一败涂地。突然间人们都对被告产生了同情，而这种同情恰好足以使他获得了最为

---

21 De Marigny, p.263.

重要的无罪判决。

那么为什么巴克和梅尔钦要冒险到法庭上去作伪证呢？这至今仍然是一个谜。但是有一点可以肯定：这不是某个人的单方面决定，他们两个只不过是遵守命令而已。唯一合理的解释就是，巴哈马当局——也就是说，温莎公爵——当时的确相信德马里尼就是凶手，但是又苦于找不到能够将其定罪的证据，于是就决定伪造证据。公爵在1943年请求迈阿密警察局调查这起谋杀案时，他很明白这是美国最腐败的执法机关之一。梅尔钦这个人毫无原则可言，而巴克则在其整个职业生涯中都为毒品等问题所困扰，并且与犯罪团伙保持着密切的联系。*

另一个据说与黑社会有着联系的人就是哈罗德·克里斯蒂。每当人们谈起“到底是谁杀死了哈里·奥克斯勋爵”这个话题时，他的名字通常会首先被提到。他在法庭上的表现——不断擦拭从额头上流下来的汗水，说话犹犹豫豫、东拉西扯——带着明显的有罪的标记。他对一些问题的回答也是如此。例如，他曾发誓说，那天晚上11点之后他和奥克斯都没有离开过威斯特伯恩。但是当地一名从上小学时起就认识克里斯蒂的警察，爱德华·希尔斯上尉，非常肯定地作证说，在谋杀发生的那个晚上的1点钟他在拿骚乔治街见到过克里斯蒂。当时克里斯蒂坐在一辆从拿骚港疾驶而去的旅行车内。希尔斯没有认出车中的另一个人，也就是司机，到底是谁。他只知道他是一名白人男子，不是岛上的居民。

对此克里斯蒂唯一能够提供的解释就是希尔斯认错了人。根据当地人的传言，克里斯蒂是美国黑帮头子迈耶·兰斯基的一个爪牙。兰斯基一直梦想着在拿骚开设一个赌场。但是他的这一计划遭到了坚决

---

* 巴克于1952年12月26日被他自己的儿子开枪打死。这一事件被判定为“正当杀人”。

反对赌博的奥克斯的阻挠。克里斯蒂车中的那个人是不是从外地请来的杀手呢？这我们永远也无法知道了。

虽然德马里尼否认了有关黑帮参与的说法，但是他一直认为克里斯蒂就是奥克斯谋杀案的幕后黑手。他的推理显得非常神秘。根据他的说法，奥克斯多年来一直在墨西哥非法囤积钱财，直到最后他决定放弃拿骚，迁往墨西哥，从而将克里斯蒂和他的一些毫无把握的地产生意晾在了一边。如果当时确实存在着一些不明不白的资金转移的话，那么这倒是可以解开该案中的另一个谜团：奥克斯那些神秘消失的数以百万计的美元究竟去了哪里？在查验奥克斯的遗嘱时，人们发现他给他的家人留下了大约1 200万美元。这虽然是一笔巨大的数目，但是根据大多数人的估计，这只是他的所有财产中的极小一部分。

这一案件的评论者往往会忽略克里斯蒂证言中一个明显的反常之处：克里斯蒂在那个混乱的上午语无伦次地向记者报告这起谋杀案时，曾经明确地说奥克斯是被枪杀的！（德马里尼总是坚持说，一名拿骚的医生告诉过他，奥克斯其实是死于枪伤。）但是根据验尸记录，奥克斯的死因是头部受到打击。我们很难想象，即使是在热带的暴风雨中，克里斯蒂那天晚上竟然没有被离他大约仅20英尺之外的连续4声枪响所惊醒。他当时这种说法是一个口误，还是揭示了某种更为阴险的秘密呢？

有人说，这一迷案的答案可以在奥克斯的故乡缅因州找到。奥克斯的尸体如今仍然躺在该州多佛—福克斯克鲁福特镇东多佛墓地的一个墓穴之中。如果有关他被枪杀的传言是真的，那么他的头颅中仍然应该还保留着4颗小口径子弹。

当然，也可能没有。

第八章

塞缪尔·谢泼德 (1954年)

Samuel Sheppard

医疗事故和山姆大夫

这是一个有关两位山姆大夫的故事。第一位山姆大夫是山姆·谢泼德。他在美国法律史上占有独特的地位：他是美国唯一一位因同一起谋杀案而先被判定有罪、后被判定无罪，而后又被“判定有罪”的人。在许多人眼里，这位俄亥俄州的医生始终是一个可怕的失控媒体的牺牲品，他的悲剧性经历向人们展示了当一个被妄想所支配的报纸编辑决定践踏宪法，给自己披上托尔克马达*的外衣，对一个无辜的人穷追不舍，直到将他送进监狱的时候，将会产生什么样的后果。而在另一些人的眼中，谢泼德则是一个在律师帮助下侥幸逃脱了法律制裁的、谋杀了自己妻子的通奸者。而在这些人中，可以说没有谁比另一个山姆大夫更坚持

* 托尔克马达（Torquemada，1420—1498），西班牙宗教裁判所的最高审判官。——译者注

这一看法的了。

他就是凯霍加县验尸官塞缪尔 · R · 格伯——一个矮小、挑剔、喜欢戴蝴蝶领结、极爱出风头的家伙。他第一次上头条新闻是在1936年11月。那时他应邀协助调查一个绰号为“金斯伯里小溪屠夫”、当时已成功逃避克利夫兰最优秀的侦探抓捕达一年多的系列杀人犯。该专案组组长埃利奥特 · 内斯——另一位具有自我推销天才的执法官员——对这位山姆医生插手此案感到非常不满，于是没过多久他们俩就相互打得不可开交了（他们一直没有抓住“屠夫”）。

格伯做了将近50年的验尸官。在此期间他的执著和创新使他成为一个名叫“昆西”的电视人物的原型。格伯不仅主持验尸，而且还往往控制整个案件调查。他是个自我中心和傲慢的人，因此很容易与别人结仇。所有人都说他憎恨谢泼德一家。这种仇恨来自这样一个事实：有3个儿子的谢泼德经营一个骨疗诊所，而骨疗对于格伯这个守旧派医生来说是一种类似于贩卖蛇油的勾当。由于这种治疗方法声称，仅仅通过摆弄肌肉—骨骼系统就可以治愈各种疾病，因此它至今仍然会引起各个医学领域的人们的怀疑。而在多疑的20世纪50年代，骨疗大夫都被看做江湖郎中。但是这并不妨碍骨疗成为一个极为有利可图的行业，拥有漂亮房子和进口跑车的谢泼德家就是一个很好的例子。格伯很可能因此而得了红眼病，而且还病得不轻。在1954年6月，他曾经当着一名实习生的面大骂谢泼德一家，并发誓说：“早晚我要收拾他们。”[1]

格伯后来果然兑现了他的誓言：当30岁的谢泼德医生于1954年第一次因谋杀罪受审时，格伯在证人席上的荒诞的言论对有罪判决起到了关键的作用。而1966年谢泼德重新受审时，也正是格伯这些愚蠢

1 *Cleveland Plain Dealer* (March 7, 2000).

的证言才使他被判定无罪。具有讽刺意义的是，如果不是当年格伯和他的那些老朋友在法庭上大放厥词的话，那么就不会有第二次或第三次审判，不会有美国的德赖弗斯*，也不会出现美国历史上最令人感兴趣的法医学迷案了。

事情是这样开始的：

1954年7月4日凌晨，30岁的玛丽莲·谢泼德被人打死在她靠近克利夫兰的海湾村伊利湖边上的那个时尚的家中。人们所能够确定的就只有这些。至于她的丈夫是否在这起野蛮的谋杀案中扮演了任何角色，以及究竟扮演了什么角色，这多年以来一直是一个拷问着美国人良心的问题。在他的有生之年，谢泼德始终声称，当他怀孕的妻子受到攻击的时候，他正在楼下起居室的长沙发上打瞌睡。他说，他突然被一种呻吟或尖叫声惊醒，于是感到事情有点不对劲。他赶忙跑到楼上，看见玛丽莲正躺在床上呻吟，"一个白色的东西"[2]俯身站在她旁边。一秒钟之后，谢泼德觉得眼前一黑，失去了知觉。

当他恢复知觉的时候，他意识到自己刚才被人用什么东西猛击了一下。他根据本能所做的第一件事情就是检查玛丽莲的脉搏。但是她的脉搏已经完全消失了。玛丽莲四肢伸开、半裸着身子躺在床上的一摊血泊之中。血是从头部多个致命的伤口中流出来的。突然楼下传来一个声音。谢泼德赶忙跑下楼去并看到那个闯入者——一个6英尺3英寸高、长着浓密头发的男人——正站在后门边上。随后，谢泼德追赶着这个人跑下几级台阶，来到了湖边，在那里抓住了他，并与他展开了搏斗。由于在此之前他的颈部受到了重击，他无法与这个强悍的

---

* 德赖弗斯（Alfred Dreyfus，1859—1935），犹太血统的法国陆军军官，曾被法国军事当局诬告出卖国防机密给德国而被判处终身苦役，1899年，在舆论的压力下，被政府宣告无罪。——译者注

2 F. Lee Bailey and Harvey Aronson, *The Defense Never Rests* (New York: Signet, 1971), p.70.

对手抗衡，最终他被掐昏过去。

当他再一次恢复知觉的时候，他发现自己赤裸着上身躺在那里，身体的一半被浸在伊利湖不断拍打着的波浪之中。他感到头晕目眩，跌跌撞撞地走回了他的房子并打电话求助。

很明显，这个电话正是山姆·谢泼德的麻烦的开始。当时的时间是早上5点45分，他的求助电话没有打给警察，而是打给了他的一位邻居，当地的区长斯潘塞·霍克。他在电话中说道："上帝呀，斯潘，赶快到这里来。我想他们杀死了玛丽莲。"[3]直到5点58分，当霍克和他的妻子赶到谢泼德家之后，他才打电话叫警察。第一位警官仅仅4分钟之后就赶到了。当时房中一片混乱，具有抢劫杀人案的一切特征。

谢泼德的第二个麻烦是：当他的兄弟理查德于早上6点10分到达这座房子并跑到楼上去检查玛丽莲的尸体的时候，霍克声称听见他说道："是不是你干的，山姆？"

谢泼德生气地回答道："见鬼，不是！"[4]

后来理查德坚决否认曾经说过这样的话，而山姆则声称，他当时头昏眼花，所以根本不记得那时说了些什么。

第三个麻烦——也可以说是他们所犯的最大的错误——就是随后谢泼德的两个兄弟匆匆忙忙地用旅行车将他送到了他们家所开的诊所。他们声称他受到了威胁生命的伤害，需要得到紧急治疗。而其他人，尤其是那些由于未能采访他们而感到十分气恼的记者们则声称，当时谢泼德兄弟是在统一口径。

当格伯于上午8点来到犯罪现场的时候，谢泼德兄弟们早已离去，这使这个性格暴躁的验尸官感到十分恼火。他估计死亡时间为凌晨3点到4点之间。他还注意到玛丽莲的手表停在了3点15分。然后他就

---

3 F. Lee Bailey and Harvey Aronson, *The Defense Never Rests*, p.71.

4 Dorothy Kilgallen, *Murder One* (New York: Random House, 1967), p.246.

进行了一些计算。如果可以相信那块表的话，那么在谋杀发生到谢泼德第一次打电话给霍克之间有两个半小时的间隔。他难道昏迷了这么长的时间吗？或者这一间隔还有什么别的解释呢？

这时格伯已经产生了怀疑。楼下的犯罪现场看上去不像是真的。的确，有一些抽屉被从一个桌子里抽了出来，扔在了一边，并且谢泼德的医药包中的东西被撒在了地板上。但是这与卧室中的血腥场面相比，简直是微不足道，几乎像是伪造的。其他的一些反常的现象也浮出了水面：在房子中没有强行闯入的迹象，并且虽然在房子中发生了如此的暴力行为，谢泼德的狗却一直非常安静。随后，他们又在房子后门外面的灌木丛中发现了一个帆布袋，里面装着谢泼德溅有血迹的手表、钥匙链和钥匙以及联谊会戒指。这更加强了格伯的一个观点，那就是这个抢劫现场是为了掩盖家庭谋杀而伪造的。

在玛丽莲·谢泼德被谋杀几个小时之后，格伯就确信她的丈夫是凶手了，只是他不知道究竟是什么原因使这个看上去很正直的年轻骨疗医生突然变得如此疯狂，竟然将其妻子活活打死。

接着他就有了一个使整个案情豁然开朗的发现：山姆·谢泼德一直在外面乱搞女人。

最初只是一些谣传，而谢泼德在由格伯主持的一个粗暴的讯问过程中愚蠢地否认了这些谣传。但是随后他的谎言就被揭穿了：一位名叫苏珊·海斯的实验室技术员在讯问过程中精神崩溃，承认了她与这个英俊的医生之间长期的不正当关系。警察认为这是一个明显的犯罪动机，足以使他实施谋杀。当地的媒体也都纷纷表示同意。

自从谋杀发生之后，如今已停刊的《克利夫兰报》的编辑、俄亥俄州政治界的一个举足轻重的人物路易斯·B·塞尔策就对谢泼德发起了一场极其野蛮的迫害运动。他在报纸上连篇累牍地刊登他有关这一案件的各种骇人听闻的猜想，并自以为是地对警察迟迟不指控这个

警察对那个因涉嫌谋杀玛丽莲·谢泼德而受到通缉的“长着浓密头发的陌生人”的画像

明显的犯罪嫌疑人表示了极大的愤慨。他在7月30日的报纸的头版头条大声疾呼：“不要再犹豫了，把他抓起来！”在塞尔策的狂轰滥炸之下，警察终于让步了：那天晚上谢泼德被以谋杀罪受到了指控。

客观地看，谢泼德所讲的故事中的确包含令人疑惑的矛盾之处：他最早声称看到“一个白色的东西”站在他的妻子的旁边，然后就被人从背后用棍子击昏。这明显意味着有两个攻击者。这也与他打给霍克的电话中所讲的故事情况相一致：“……他们杀死了玛丽莲。”但是在后来的陈述中，他再也没有提到有两个人。这两名凶手突然浓缩成为一个“长有浓密头发的男人”。

另外还有一个矛盾之处，那就是谢泼德当时那一尘不染的外表。考虑到卧室中像屠场一样的状况，我们很难想象那名凶手不是满身沾满了鲜血。但是谢泼德在据称与这名闯入者扭打成一团，直到被掐昏之后，他所能够展示给大家的只是裤子上的唯一一块血斑。我们承认，他曾经被浸泡在冰冷的伊利湖水之中——没有比冷水更容易冲掉血迹了，但是还有另外一个问题：他的T恤衫不见了。他自己承认，当他那天晚上躺在长沙发上睡着的时候，他穿着一件白色T恤衫。但是后来不知怎么的，这件T恤衫就消失了，再也没有被找到。谢泼德也不能说明它是如何消失的。

这是一系列非常奇怪甚至不大可能的事件。但是它们是不是就能够证明谢泼德谋杀了他的妻子呢？

在克利夫兰上演的闹剧

一个冷静、严肃的审判也许可以查清这一迷案的真相。但是在那场审判中，谢泼德在不断亮起的闪光灯下和粗暴的讯问声中所遭受到的是典型的麦卡锡式的迫害。他就像一头被猎人围攻的狗熊。在审判开始之前，法官爱德华·布莱辛就对著名记者多萝西·基尔加伦说道："（谢泼德）绝对是有罪的，这毫无疑问。"[5]在法庭上，布莱辛让证人们任意胡作非为。

格伯在证人席上所做的正是塞尔策在媒体上所做的那些事情。他对被告人所表现出的恶意和仇恨超出了任何正常职责所允许的范围。他无耻地承认，为了调查有关谢泼德是因为玛丽莲怀上了其他人的孩子而杀死她的传言，他曾经"深入研究过"[6]谢泼德不育的可能性（在这里我要为格伯说句公道话：谢泼德一家也对玛丽莲的名誉大肆攻击，暗示她是被她的一个受挫的情人所杀死的。因此双方都在泼脏

5 Dorothy Kilgallen, *Murder One*, p.302.

6 同上，p.262。

水)。格伯甚至将他的基因调查扩展到“谁是谢泼德的6岁儿子奇普的真正父亲”的问题上。奇普在谋杀发生时就睡在玛丽莲被谋杀的那间卧室的隔壁。

但是格伯最致命的打击还是来自他有关那个一直就没有找到的谋杀凶器的推断。他异想天开地声称，在玛丽莲头下的枕头上的一块带血的印记是由一把“带锯齿的双刃手术工具”[7]所造成的，并且暗示这就是那个失踪的谋杀凶器。对于一个很容易受到专家证人影响的陪审团来说，“手术工具”和“被告医生”之间的联系是无法被忽略的。于是，1954年12月21日，谢泼德被判定犯有二级谋杀罪，随后被判处终身监禁。

当克利夫兰的报纸欢呼雀跃的时候，少数来自外地的记者对这一判决感到极为不满。根据他们的看法和报道，谢泼德仅仅是因为通奸而被判定有罪的。由于他们对这一事件的详细报道，谢泼德这个名字一直受到媒体的关注，并且最终他的故事被改编成为一个名为《亡命天涯》的极为成功的电视连续剧。每个星期数以百万计的观众怀着同情的心情观看着电视剧中那位无辜受到陷害、满腔悲愤的里查德·金布尔历尽千难万险，追踪杀害其妻子的真正凶手——那个神秘莫测的“独臂人”——的故事。对于有些易受影响的观众来说，金布尔和谢泼德无疑就是同一个故事中的同一个主人公。随着该电视剧收视率的提高，人们对于山姆·谢泼德所受到的审判的不公正性的关注程度也就越来越高。

最终，在1964年，一位法官同意了这一观点并且使谢泼德获得假释。他说道：“新闻自由的确是我们所珍视的最伟大的自由之一，但是我们不能允许它侵害个人获得公正审判的权利。”[8]第二年美国最高法

---

7 Dorothy Kilgallen, *Murder One*, p.260.

8 Bailey and Aronson, p.93.

院也同意了这一观点，以谢泼德在受到起诉时布莱辛法官未能保护他“……免受大规模的、无所不在的、有偏见的媒体宣传”[9]为由，撤销了对他的有罪判决。

可以理解的是，俄亥俄州的媒体对来自司法机关的这种斥责感到十分恼火。在这一问题上《克利夫兰老实人报》表现出了与它的竞争对手少有的团结一致。它哀叹道：法院只“热衷于”保护被告受到公正审判的权利，“但是却限制了新闻自由”。[10]

俄亥俄州政府拒绝屈服于最高法院的裁决，于是它再一次以谋杀罪对谢泼德进行了审判。这次控方明显要低调多了，也没有提到在第一次审判中被炒得沸沸扬扬的性丑闻。对他们来说更为糟糕的是，这次控方的证人面临着美国最难对付的辩护律师的讯问。

F·李·贝利是个年轻、有魄力、野心勃勃的辩护律师。他对控方发起了猛烈的进攻。他的主要武器来自著名犯罪学家保罗·柯克的一份报告。他在1955年重新检查了犯罪现场的证据并得出了一些有趣的结论。通过分析卧室中从谋杀凶器上溅落的血迹，他推断出凶手是一个左撇子，而谢泼德则是一个右撇子。他还说，他认为玛丽莲曾咬过她的攻击者，因为凶手在挣脱她的撕咬的过程中折断了她的两颗牙齿。这是很关键的一点，因为在谋杀发生后立即对谢泼德的身体进行的检查中并没有发现任何被咬伤的痕迹。另外，当时尸体呈四肢展开的姿势，柯克认为这很可能意味着玛丽莲曾经被强奸过。

这些对于贝利来说都是重磅炸弹，他用它们不断对控方狂轰滥炸。但是他将最致命的一颗炮弹留给了那个趾高气扬的塞缪尔·格伯。贝利让他详细描述一下枕头上那个由神秘的“手术工具”所留下的印痕。正当格伯虚张声势地对那一大块血迹——其实它看上去只不过像

9 Bailey and Aronson，p.101.
10 同上。

是一块猩红色的罗尔沙赫*墨渍——大加渲染，并顽固地坚持其最初的意见的时候，贝利用讥讽的口吻说道："好了，格伯大夫。你究竟从这块血迹上看出了什么手术工具呢？"

"我不能肯定。"

"它会不会是你用过的一种工具呢？"

"我不知道我是否用过这样一种工具。"

"你是否在任何医院或医疗用品目录或者任何其他地方看到过这种工具呢？格伯大夫？"

"没有，我不记得看见过。"格伯意识到自己的回答十分软弱无力。他急于为自己挽回点面子，于是脱口而出地说道，他在过去12年中一直"在整个美国寻找"这种工具。贝利简直不敢相信自己的耳朵。

"请告诉我们你最终找到了什么？"他问道。

格伯突然意识到他自己给自己挖了一个陷阱，但已经为时太晚了。"我没有发现这样一种工具。"[11]他用微弱的声音说道。

就像在第一次审判中一样，在这次审判中也是专家证言——或者更准确地说这次是专家证言的明显缺失——起到了决定性的作用。1966年12月16日，陪审团用了不到12个小时的审议就结束了谢泼德长达12年的苦难。但是他为自由付出了惨痛的代价。他出狱时身体已经完全垮掉了。他于1970年去世。

本来到这里一切都应该结束了。但是在1995年，山姆·谢泼德的儿子奇普决定对俄亥俄州政府提起诉讼，声称其父亲受到了不公正的监禁。现在自称为山姆·里斯·谢泼德的奇普要求法院明确宣布其父亲是无辜的，并且要求州政府承认其罪责。他还要求得到两

---

* 罗尔沙赫（Hermann Rorschach，1884—1922）瑞士精神病学家，因设计广泛用于精神病临床诊断的墨渍测验而著名。——译者注

11 Bailey and Aronson，p.109。

百万美元的赔偿。

现在到了第三次审判塞缪尔·谢泼德的时候了。

运用最新的法医技术去解决40年前的一件谋杀迷案绝非易事。大多数证据已经变质，很多已经丢失了。原始的证人也所存无几：格伯于1986年12月退休并于5个月后去世；霍克夫妇也都去世了。但是当诉讼双方最终于2000年2月14日在克利夫兰法庭交锋的时候，仍然还有很多东西值得他们回味。

由于这次提起的是民事诉讼，由8名成员组成的陪审团将根据“证据优势”作出裁定。而在要求更为严格的刑事审判中判定一个人有罪，则必须“排除合理怀疑”。因此综合来看，这一案件对原告更为有利。他们只要证明山姆·谢泼德可能没有杀死他的妻子就可以胜诉。然而，正如许多律师都知道的，要证明无罪往往远比证明有罪更难。但是谢泼德家庭对此并不是太担心，因为他们认为自己找到了一件终极武器——一个崭新的嫌疑人。

但是首先谢泼德律师团的首席律师特里·吉尔伯特需要对原审判中的一些要点进行更新。当时的辩护律师曾争辩说，谢泼德身上的伤不可能是自己造成的，而肯定是他在与闯入者搏斗时造成的。半个世纪之后，克利夫兰的创伤专家威廉·法伦对这一说法表示了赞同。他检查了1954年当谢泼德被隔离在他家所开的“海湾景色医院”时的医疗记录。这些记录中包括谢泼德所受到的三种主要的创伤：头部、面部和颈部创伤；影响大脑的撞击伤；以及脊椎挫伤。

谢泼德在医院中拍过两次X光照片。第一次是在谋杀发生后几个小时内拍的。这一照片清楚地显示在第二块脊骨上有一小片裂痕，这很好地印证了谢泼德关于他在进入卧室时后颈部受到打击的说法。法伦认为谢泼德不可能对自己实施如此严重的伤害。这张照片上还显示，在另外两块脊骨上有先天性关节疾病的明显迹象。

令检察官史蒂夫·德弗感到迷惑不解的是，在仅仅48小时后所拍摄的第二张X光照片上，以上关节病的迹象奇迹般地消失了。而且更奇怪的是，那个小块裂痕也与之一起消失了。

原告一下子被将住了。他们不能，或者不愿意，解释其中的原因。

德弗认为他知道答案。为了证明他的怀疑，他请来了克利夫兰著名的神经外科医生罗伯特·J·怀特大夫。后者作证说，谢泼德和他的兄弟们严重地夸大了谢泼德的伤势。怀特说道，斯蒂芬·谢泼德在医疗记录中有关其兄弟伤势的描述没有为1954年7月4日为谢泼德治疗的另外两名医生所支持。至于那两张神秘的X光照片，怀特所能够得出的唯一结论就是，第一张照片被“替换了”。[12]

非法的障眼法

德弗说道，没错，照片被替换了，而这正是谢泼德家族所为。他们知道山姆是谋杀嫌疑犯，所以他们愿意做一切事情来挽救他。他的家人合谋夸大他的伤情，并且用别人的照片来伪造医疗报告。否则的话，如果谢泼德的伤情真的严重到威胁生命的话，那么他的兄弟们为什么要用旅行车，而不用当时已经到达现场的救护车将他送往医院呢？为什么他们在明知当时警方正在进行重要的刑事调查的情况下在其兄弟身边竖起一道医疗防火墙呢？为什么后来对谢泼德的检查表明他的伤情远比人们最初想象的要轻微呢？

随着德弗不断地完善着他的阴谋理论，它听上去似乎也越来越令人信服了。

12 *Cleveland Plain Dealer* (April 5, 2000).

谢泼德家庭急于重新夺回主动权，于是他们赶忙将话题转移到是否有证据表明在那个多事之夜有人闯入谢泼德家的问题上。根据法医心理学家伊曼纽尔·塔内大夫的意见，由于凶手杀害玛丽莲·谢泼德的手段极为残忍，他很可能是一个变态狂，而不是她的丈夫。他称这一谋杀为“经典的性虐待狂杀人行为”[13]。实施这一行为的是一个反社会的虐待狂，他从谢泼德夫人的痛苦中得到巨大的快感。“对一个无助的孕妇所实施的如此残害”不是“典型”[14]的杀害配偶的行为。在过去40年中他从来没有见到过这种性质的家庭内部杀人案。

但是前联邦调查局官员格雷格·O·麦克拉里不同意这一说法。麦克拉里在联邦调查局国家暴力犯罪分析中心工作期间曾经研究过数以百计的犯罪现场，并且编写过一本犯罪分类手册。玛丽莲·谢泼德头部所受到的伤是以极为残暴的方式造成的，这使得麦克拉里认为这不是典型的虐待狂所施加的，因为后者往往通过长时间的折磨被害人来获得快感。玛丽莲受到的攻击短暂而凶猛，更符合家庭内部谋杀的情况。对于有人在早些时候作出的有关谢泼德婚姻中没有虐待配偶的记录，因此山姆应该被排除嫌疑的证言，麦克拉里也泼了一盆冷水。他说，只有50%的家庭内部谋杀案的受害者在谋杀发生前曾经遭受过身体暴力。

那些试图建立一个杀人犯“应该”如何杀人的模式的人很容易走进一个心理学的雷区。任何作出绝对性结论的企图都可能会自食其果。在审判刚开始的时候，州检察官威廉·D·梅森用自己的一只手攥拳连续击打自己的另一只手的手掌27次，也就是玛丽莲·谢泼德被谋杀时受到的击打的次数，然后问陪审团：“什么样的人能够在半夜三更进入一位妇女的卧室，然后用如此残暴的方式击打她27下？是一

---

13 *Cleveland Plain Dealer* (February 26, 2000).

14 同上。

个人室行劫的小偷还是一位暴怒的丈夫？”[15]

对这样的问题的简单回答就是：没有人能够知道。

尽管一些心理医学大夫想让我们相信他们的说法，但是实际上没有一种万无一失的方法可以预测一个人在某个特定的场合会作出什么样的反应。有的丈夫仅用一下就将其妻子打死了；而有的入室抢劫犯曾经将其完全不认识的人打得血肉模糊，无法辨认。对暴力攻击的统计分析可以预示某种可能性，但是盲目地根据概率原则来破案是十分危险的，也是没有为实践所证明的。在本书的另一章中，我们看到雷切尔·尼克尔被一个陌生人捅了49刀。在该案中一个心理学家认为这是一个发了疯的变态狂所为。检察官梅森如何解释这一反常现象呢？

也许这就是为什么原告方的其他证人都小心翼翼地与塔内的观点划清界限。病理学家西里尔·韦克特大夫认为，这一谋杀使用了过度的暴力，[16]但是却没有任何实施折磨的迹象。他同意被告有关这是一起伪装成性攻击的“仇杀”[17]的说法。

韦克特是匹兹堡的一名验尸官。他本人也是个很有争议的人物。他曾在奥利弗·斯通的一部有争议的电影《肯尼迪总统》的制作过程中担任顾问。据记录，他曾经说过，他相信瑟罕·瑟罕并不是刺杀罗伯特·肯尼迪的凶手。原告请他来主要是让他质疑格伯在最初调查中所起到的作用。他没有让人失望。他对格伯发起了攻击，谴责他急于将谢泼德定罪而从事了“怪异”和“不可接受的”[18]行为，并且这种草率下结论的做法是格伯处理整个案件的典型做法。尽管格伯缺少相关的专业知识和资格，而他的办公室中有各方面的合格的专家，但他还是决定控制整个调查的所有方面。

---

15 *Court TV* (February 14, 2000).

16 同上 (February 29, 2000)。

17 同上。

18 同上。

玛丽莲·谢泼德被谋杀4年之后警察局照的、据称为杀死玛丽莲的凶手的理查德·埃伯林的头像

正是因为格伯的这种傲慢的自我依赖的做法才使得他后来成为法医学领域的众矢之的。保罗·柯克于1966年对犯罪现场重新作出的法医学评估对谢泼德的无罪判决起到了关键作用。尤其是他声称玛丽莲的两颗牙齿在撕咬其攻击者时由于用力过猛而断掉了，而谢泼德身上则没有显示任何咬伤，从而排除了他的作案嫌疑。

但这次轮到柯克成为攻击目标了。自从20世纪50年代以来，法医牙科学有了长足的发展。这次俄亥俄州请到了这一领域的最优秀的专家洛厄尔·J·莱文博士来重新检查玛丽莲·谢泼德的牙齿。当玛丽莲的遗体于1999年10月出土时，莱文一眼就看出她的牙齿不是在她与其攻击者搏斗时断掉的。他告诉法庭："根本不是那么回事。"[19] 牙齿的断裂是腭部和面部所受到的重击所造成的。虽然这不能排除玛丽

19 *Court TV* (October 6, 1999).

莲曾经咬过其攻击者的可能性，但是它已完全推翻了柯克有关她肯定咬过其攻击者的绝对的说法。

即使原告也不得不承认了这一点。但是原告证人、匹茨堡大学的迈克尔·索贝尔博士在对莱文的证言表示赞同之后，就一头扎进了对犯罪现场的猜测这个危险水域之中。他认为，玛丽莲在其背部受到打击之后，试图抓住凶手的手臂。在此过程中她抓伤了他的手腕，并且将她自己的手指甲也撕掉了。索贝尔的这个假设是原告诉讼的一个关键，因为他们所掌握的最为重要的一个证据就是一个人的照片。他们说这个人的手腕上正好就有这么一个疤痕。

新的嫌疑人

他的名字叫理查德·埃伯林。如果没有这个前海湾村的勤杂工的话，那么原告也就没有诉讼根据，也就不会有获得巨额赔款的可能性，因而也就不会有第三次审判了，因为原告方声称是埃伯林实施了这起谋杀。另外，他们认为自己有证据可以证明这一点。

埃伯林有着复杂的经历——兼职工匠、兼职时装设计师和全职骗子。1954年他在海湾村经营一个洗窗公司，并且是谢泼德家的一个常客。虽然他后来声称在谋杀发生后警察对他进行了讯问并且排除了他的嫌疑，但是没有证据证明这一点。有关这个埃伯林，我们所知道的是，他绝不是一个普通的勤杂工。他具有编造神话的天赋。这对于他所选择的职业——诈骗（他偶尔也从事入室盗窃之类的副业）——来说非常有用。他的这一天赋也使他赢得了装修克利夫兰市政厅中市长套间的合同。到了1984年，在事业上蒸蒸日上的埃伯林住进了克利夫兰一位名叫埃塞尔·梅·德金的90岁高龄的富有寡妇的家里。不久德金夫人就在家中意外跌倒，6个星期之后在医院死亡。然后人们就发现她将其150万美元的遗产中的大部分留给了埃伯林。在得到遗产之后，埃伯林立即搬到了田纳西州，并在那里与他的同性恋男友O·B·亨德森建立了一个家。5年之后，警察根据举报发现了埃伯林伪造德金夫人遗嘱的证据并对德金夫人进行了开棺验尸。随后埃伯林和亨德森因谋杀德金夫人而被判处终身监禁。埃伯林于1998年死在监狱里。

以上就是那个原告声称奸杀了玛丽莲·谢泼德的那个人的简单介绍。这一声称的根据就是曾经在德金家中担任护士的凯瑟琳·柯林斯·戴尔的证言。1996年她突然成为公众关注的焦点，因为她声称，在1983年的一个晚上，喝醉酒的埃伯林向她承认了谋杀玛丽莲的罪行。戴尔在证人席上重复了她的故事："（埃伯林）说他杀死了她并用一只桶击打了她丈夫的颈部。"她还说，埃伯林告诉她，玛丽莲曾"狠狠地咬了他一口"，并且另一个人为这起谋杀案"买了单"。[20]

这个法医学大爆竹在交叉讯问过程中仅仅发出一阵微弱的嗞嗞声之后就熄灭了。戴尔承认，在她所声称的这个对话发生不久，埃伯林就解雇了她。这使人们产生了以下两点怀疑：

1. 一名杀人犯首先向一个人承认他的杀人罪行，然后又将其解雇，使自己面临着被揭发的危险。这种事情发生的可能性有多大？

2. 戴尔讲述这个故事在多大程度上是出于报复或者金钱的诱惑？

戴尔的前夫戴尔·安德鲁斯对以上两个问题没有任何疑问。当他在证人席上听到有关戴尔将这样一个秘密保守了13年之久，直到1996年——正好也就是谢泼德家族提起价值数百万美元的诉讼的消息成为媒体头条新闻的时候——才将其公之于众的说法后，禁不住哈哈大笑起来。

在试图用所谓的"坦白"的故事将罪责转嫁给埃伯林的努力以惨

---

20 *Court TV* (February 24, 2000).

败告终之后，谢泼德家族意识到他们必须赶快发起反攻。

早在几年前，他们就开始向媒体透露有关DNA分析已经为谢泼德“洗清”了谋杀罪名的风声。现在由他们来证明这一点的机会来了。他们的希望主要寄托在犯罪现场所发现的两块血斑之上。第一块是在地下室台阶上的一块小木片上发现的。第二块是在谢泼德的裤子上发现的。但是当谢泼德家所雇用的国际著名的DNA专家穆罕默德·塔希尔博士作证的时候，人们发现他的态度远比他的雇用者在审判前造舆论时的态度要谨慎。他坦率地承认，这两个样本已经严重变质，无法对其进行能够准确鉴定一个人的DNA的最精细的测试，所以他转而使用了聚合连锁反应（PCR）分析。PCR是一种将DNA的某个具体的片段进行复制，以产生足够用来测试的DNA的技术。

通过使用PCR技术，塔希尔得出结论说，这两块血斑上含有来自一个既非谢泼德也非玛丽莲的人的DNA。使谢泼德阵营感到欢欣鼓舞的是他所说的以下这句话：不能排除这种DNA来自理查德·埃伯林的可能性。不幸的是，在法庭上人们才弄清楚，原来埃伯林只是符合这种DNA特性的几百万的人中的一个——而这一点在谢泼德家族于审判前大量散发的材料中却被忽视了。

但是谢泼德团队还没有完全被击败。他们还有来自最初对玛丽莲尸检时所做的两个阴道涂片的证据。这一证据听起来很有希望。根据塔希尔的说法，这些涂片显示了混合的DNA特征。在第二个样本中可以排除谢泼德，但在两个样品中都不能排除埃伯林。这一结果似乎很好地印证了谢泼德家族有关玛丽莲是被一个陌生人——很可能就是埃伯林——奸杀的声称。

但是事实并非如此清楚明了。

玛丽莲有情人吗？

就在这时塔希尔扔出了最大的一个炸不响的爆竹：他认为这两个涂片显示，玛丽莲是在性交发生较长时间之后才被谋杀的。涂片上发现两种不同类型的精子，都不是在谋杀发生之时进入她的体内的。这恰恰证明了被告方的说法：玛丽莲的确有一个秘密的情人并且这正是她被其丈夫谋杀的原因。吉尔伯特努力挽回局面，但是他所能够从塔希尔那里得到的仅仅是这样一个缺乏热情的回答：有可能玛丽莲在被谋杀前遭到强奸，而强奸者或者精液中精子含量较低，或者根本没有射精。

对吉尔伯特来说这一回答无疑是当头一棒。他开始惊慌了，于是急忙争辩说，由于这一血迹年代已久，因此无法确定它们的类型。但是这时谢泼德家族曾经精细建造并大肆炫耀的“DNA 确定性”的大厦已经开始出现不祥的裂纹了。

当被告方请出现任凯霍加县验尸官伊丽莎白·巴尔拉吉时，这座大厦上的裂缝进一步加深了。就像她的前任一样，伊丽莎白的证言涉及许多不同的法医学领域。首先关于那些血迹，她完全否定了吉尔伯特有关不能确定其类型的说法。埃伯林的血是 A 型的，而在门上发现的血是 O 型的，因此可以将其从样品中排除。

她同样否定了有关玛丽莲死前受到性攻击的说法。当时在作尸检的时候，没有发现她的阴部受到创伤的迹象。与塔希尔一样，她认为对阴道涂片的分析表明，玛丽莲在遭到谋杀的前后一段时间内没有发生过性交。

接着巴尔拉吉就在犯罪现场分析方面展示她的才华了。她提出，玛丽莲当时很快就死了。她在被杀时没有受到折磨、捆绑或其他限制。这与塔内有关玛丽莲不是被她的暴怒的丈夫，而是被一名以杀人为乐的虐待狂杀死的说法完全相反。

巴尔拉吉还否定有关玛丽莲所遭受的指甲损伤的证词。她争辩说，玛丽莲的指甲是因受到重击而脱落的，而不是像索贝尔声称的那样是在她抓挠其攻击者的过程中脱落的。至于埃伯林手腕的照片，索贝尔声称在照片上看到了一个T字形的伤疤，他认为这很可能是由玛丽莲的指甲所造成的。但是巴尔拉吉声称她看不到任何伤疤。

凯霍加县验尸官办公室经验丰富的法医照相师詹姆斯·温策尔也看不出任何疤痕。他说该照片没有正确的比例尺，没有从正确的角度拍摄，其质量也不足以作出可靠的皮肤印记分析。总而言之，这些照片毫无价值。

在反驳了谢泼德团队的大多数证据之后，现在被告方该发起反击了。他们争辩说，有关埃伯林是凶手的最重要的证据就是他曾经在1966年的审判中出庭作证。这是因为7年前他被指控从玛丽莲·谢泼德的弟媳那里盗窃了一枚戒指。那时埃伯林主动提供了一条信息：他曾经在谢泼德家割破了自己的手并且将血流在了地下室的台阶上。他在谢泼德的第二次审判中重复了这一证言。

请记住，这是谢泼德声称曾经与之进行过殊死搏斗的人，但是当埃伯林经过谢泼德走向证人席时，谢泼德一点也没有认出他来。我们承认，谢泼德声称在他们厮打的时候自己处于一种头晕目眩的状态，而身高6英尺并且秃顶的埃伯林与谢泼德最初描述的那个闯入者——身高6英尺3英寸并且长着浓密的头发——并不相像，但是考虑到埃伯林的证言，如果埃伯林与那名凶手之间有一点点相似之处的话，我们实在难以想象，谢泼德当时竟然不会考虑到他可能就是在伊利湖边与自己搏斗的那个对手。

当然，F·李·贝利认为这是非常荒唐的事情。当他在第三次审判中作证的时候，他说道："我从来没有相信过理查德·埃伯林杀死了玛丽莲·谢泼德的说法。”[21]

在1954年，当时还是一位年轻的科学家的罗杰·W·马斯特斯曾经分析过在犯罪现场发现的微量证据。如今已经是81岁的他重新回到法庭来讨论从一个医疗包中发现的谢泼德的手表上的一小块血迹。

马斯特斯虽然承认自己不是血斑专家，但是他回忆说，那块谢泼德声称一定是在搏斗过程中凶手从他的手腕上猛扯下来的手表上溅有形状清晰的血滴。这些血珠意义重大，因为如果手表真的是在搏斗中从手腕上猛扯下来的，那么附于手表上的任何血迹都很可能被涂抹，但是马斯特斯所看到的那种血迹却更像是飞溅的血珠所造成的那种，也就是玛丽莲·谢泼德在受到疯狂攻击时从她那些可怕的伤口喷射出来血所造成的那种。换句话说，这块手表当时或者戴在凶手的手腕上，或者就放在凶手现场附近，如床头柜上。

如果这一证言是真实的话，那么它对谢泼德所讲的故事提出了严重的质疑。但是这是否就证明他就是凶手呢？或者是否还有另外的嫌疑人呢？

在第二次审判中，贝利曾经声称玛丽莲·谢泼德与别人通奸，从而在陪审团的头脑中种下了怀疑的种子。他甚至提到了她的奸夫的名字——他不是别人，正是她的邻居和当地的区长斯潘塞·霍克。贝利推测，是妒火中烧的埃斯特·霍克在得知其丈夫与玛丽莲通奸之后杀死了玛丽莲。这是一个非常有趣的推测。但是考虑到斯潘塞·霍克在证人席上所表现出的对被告人的仇视态度，我们实在不明白谢泼德当时为什么竟然会同意与霍克夫妇合谋掩盖事实真相。

在接受德弗讯问时，贝利重申，他相信当时都已去世的霍克夫妇是最大的嫌疑犯：“我最初（对这一推测）只是将信将疑，但是随着时

21 *Court TV* (February 14, 2000).

间的推移，我越来越相信这一说法，至今仍然如此。”[22]

在第一次接受审判时，谢泼德曾作为证人接受讯问。但是他在证人席上的表现没有给自己带来任何好处。法庭记录显示，他对自己的重要性有着非常清醒的认识。他利用每一个机会提醒陪审团，他是一名“医生”。他的这一做法肯定使一些陪审员非常反感。

在第二次审判的时候，贝利作出了一个有争议的决定，那就是不让他的顾客在法庭上作证。他的这一招使得控方一开始就处于不利的地位。在第一次审判中，谢泼德给人们留下了一个满口谎言的花花公子的印象。而在这次审判中他明智地保持沉默，而贝利则使陪审团产生正好足以认定谢泼德无罪的怀疑。

但是在第三次审判中，主角没有上场，但是却突然出现了崭新的嫌疑人。谢泼德家族认为，通过将埃伯林作为另一个可能的凶手提供给法庭，他们可以增加其胜诉并得到一个明确宣布谢泼德“无辜”的判决的机会。但是这个看似很好的计划到了法庭上却出了大问题。本来一个很直接的问题——“谢泼德是否是无辜的？”——现在变成了一场法律拔河比赛——“根据双方所提交的证据，埃伯林和谢泼德这两个人究竟谁更可能是凶手？”

大多数人心里都明白陪审团将如何回答这一问题。2000年4月12日，他们作出了俄亥俄州政府胜诉的裁决。这样他们就等于是说，谢泼德对于他妻子的谋杀“并不是无罪的”。对于这个历史上最令人疑惑不解的案件来说，这种含糊的裁决是恰当的，因为尽管山姆·谢泼德具有严重的犯罪嫌疑，但是在1954年没有丝毫确凿的证据可以证明他杀死了自己的妻子。直到今天，情况仍然如此。

22 *Court TV*（February 14，2000）.

Steven Truscott

第九章

史蒂文·特拉斯科特(1959年)

死亡时间

1966年末，在英国停尸房和法庭酝酿多年的宿仇终于爆发成为一场公开的对抗。其导火索是寄给伦敦两位病理学家的即将于英国发行的一本畅销书的预赠本。预赠的目的是让这两位专家阅读该书并对其中有争议的主题表示赞同，从而使该书获得至关重要的权威认可，增加其销量。但是事情进展得并没有像想象的那样顺利。相反，它展示了法医科学领域长期存在的一个令人费解的现象：具有相同资格和类似经历的两位专家在分析相同数据时却往往会得出完全相反的结论。

这本在加拿大引起轰动的书题目为《史蒂文·特拉斯科特受审记》*。它讲述的是安大略省一名14岁的学生令人痛心的故事。他于1959

* Toronto：McClelland & Stewart，1996.

年被判定犯有谋杀罪并被判处绞刑，但是后来得到减刑，被改判为终身监禁。该书作者伊莎贝尔·勒布尔代认为，特拉斯科特是严重的司法不公的受害者。这一观点得到了她的英国出版商的认同。这就是为什么他们试图得到该国两位著名病理学家——弗朗西斯·坎普斯和基斯·辛普森教授——的支持。

他们都是医生的儿子，都有着极为丰富的经验——他们两位所作过的尸体解剖加起来有18万之多，其中辛普森所作的尸体解剖的数量稍多于坎普斯。但是他们的相同之处仅限于此。就脾气和工作方法而言，他们两位正好是两个极端。好动而又急躁的坎普斯在解剖室中就像一阵旋风。他经常嘴里叼着一根香烟，以疯狂的速度工作着，全然不顾卫生。他的这种工作方式往往使他的学生和助手大为震惊。有一次，他在打开一个胸腔时割破了他所戴的橡胶手套，并且划伤了自己的手。但是他拒绝换上另一副手套，而是继续他的工作。他对于感染的危险嗤之以鼻，并且吼叫道："我以前都是光着手作解剖的！"[1]

坎普斯作尸检是"按件计酬"的，这使得他变成了一个尸体传送带——他作一个尸检的时间通常不超过10分钟——并使他的银行存款数字快速上升。对于他这个喜欢高档美食的享乐主义者来说，这的确不是一件坏事。但不幸的是，他的这种充沛的精力偶尔也会将他引入歧途，史蒂文·特拉斯科特就是一个典型的例子。

在草草翻阅了勒布尔代的书之后，坎普斯便放出话说，如果这个已经被定罪的年轻人得以重审的话，那么他愿意为其出庭作证。他之所以这么做，也许是考虑到他可以从中捞到一大笔钱。但在这里应该指出的是，虽然坎普斯有着很多缺点，但是他是个不知疲倦地为社会底层的人们而斗争的猛士，经常像堂吉诃德一样毫不畏惧地向政府这

1 Robert Jackson, Steven Truscott (1959), *Francis Camps* (London: Hart-Davis MacGibbon, 1975), p.28.

架大风车发起冲锋。对于这个好斗的伦敦人来说，支持不受欢迎的事业或者向别人提出挑战简直是他的家常便饭。

基斯·辛普森教授比其他任何人都了解这一点。像坎普斯一样，辛普森也是在第二次世界大战之后成名的，也曾经为走出具有传奇色彩的伯纳德·斯皮尔斯伯里勋爵的阴影而苦苦挣扎过。当斯皮尔斯伯里于1947年自杀身亡之后，他们便为占据这个伟人的地位而展开了竞争。最初坎普斯和辛普森是一对密友。但是渐渐地坎普斯发现，那些成为头条新闻的案件都被送到了辛普森的手中。他对此越来越不满，他们之间的关系也变得越来越紧张。其实这并非偶然。警察和法院都更加欣赏辛普森在证人席上那种冷静、文雅的举止——没有做作的表演，尤其是没有出人意料的举动。而坎普斯则恰恰相反：华而不实、变化无常，让人感到不值得信任。坎普斯痛苦地意识到，他的地位正在慢慢地受到侵蚀，并对自己边缘化而感到愤愤不平。他现在已经将辛普森看做是自己的死敌，并利用一切机会向其发起攻击。就在这时出现了史蒂文·特拉斯科特案。坎普斯准备利用这个难得的机会彻底击败辛普森这个老对手。

1959年6月9日晚上，林恩·哈珀——一名加拿大皇家空军军官的12岁的女儿——没有回到她位于安大略西南部的克林顿空军基地的家中。第二天天一亮，焦急万分的莱斯利·哈珀在基地挨家挨户地询问，希望得到他失踪的女儿的消息。他很快得到了一条线索。有人说，他在前一天晚上7点10分左右在当地学校的操场外面看到了林恩。她当时正坐在她校友史蒂文·特拉斯科特所骑着的绿色跑车的横梁上。这位身体强壮的14岁男孩骑着车朝着位于空军基地北边的县公路的方向走了。

哈珀赶忙前往特拉斯科特家中。年轻的史蒂文一脸无助的样子。是的，他的确骑车带了林恩一段路，因为当时她想到8号公路旁的一

13岁时的史蒂文·特拉斯科特。在接受审判时，他看上去要比这张照片大得多。

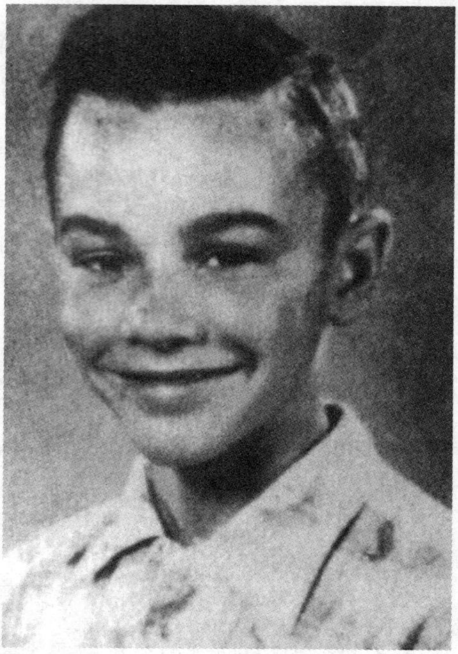

个房子中去看一些小马驹。由于时间已晚，他将她放在了县公路和8号公路的交叉口。林恩说，剩下的路她将另外搭一辆车。史蒂文解释说，当他骑车返回基地的时候，在一座可以俯视一个有很多人都去游泳的水塘的桥上，正好看见林恩爬进一辆汽车。然后汽车就沿着8号公路朝着东边那些小马驹的方向疾驰而去。史蒂文估计当时的时间是7点30分。然后他就回到了基地，并且在8点左右与他的一些朋友一起参加了一场临时的足球赛。

这天晚些时候，史蒂文在接受警察讯问的时候又在他的故事中增加了一些新的内容。他将那辆车描述为1959年产灰色雪弗莱车，车身上镀有很多的铬，车牌照是黄色的。警察感到很兴奋。这条消息听起来很有希望。每年有成千上万的游客从距安大略只有一小时车程的密歇根州驱车进入安大略省。你总能够在他们的车上看到明黄色的密歇根牌照。警察立即发出了查找一辆密歇根牌照的灰色雪弗莱汽车的通报，但是结果却一无所获。

第二天下午发生的事情意义十分重大。在经过对史蒂文不到5次的讯问之后，调查人员派遣了一个由250人组成的搜索队，他们搜索的范围不是史蒂文声称他最后见到林恩的8号公路，而是县公路本身。

这条路的大部分路段都在一片开阔的麦田中间穿过。但是离空军基地北四分之三英里的路段的东面有一片被称为劳森灌木丛的小树林。搜寻人员沿着一条拖拉机小道穿过一个铁丝网，进入了一片由榆树、梣树和枫树构成的矮树林。大约下午两点钟，在离马路不到100码的一片灌木丛生的空地上，人们找到了林恩·哈珀。

她仰面朝天地躺在那里，身上只穿着一条衬裙和一件衬衣。她的衬衣被撕破并被紧紧地系在了她的脖子上。她的鞋、袜子、头箍以及天蓝色的短裤被整齐地摆放在不远的地方。奇怪的是，她短裤的拉链被拉上了。在30英尺开外的地方躺着她的最后的一件衣物，一条内裤。凶手在尸体上随便地扔了几个树枝，试图将其掩盖。另外在离尸体不远的地方还发现了自行车轮胎的印迹。

当天下午，安大略省首席验尸官约翰·佩尼斯坦在现场对尸体进行了检查。由于在过去几天中气温高达华氏90度左右，尸体已经腐烂。但是他的第一印象是林恩是被勒死的，并且他怀疑凶手强奸了她，或者至少是试图强奸过她。佩尼斯坦与空军基地的首席验尸官戴维·霍尔一起察看现场时发现，在林恩两个脚踝中间的地上有两个小土堆，很可能是凶手试图强奸林恩的时候由其鞋子所造成的。在仔细察看这两个小土堆时，他们发现在松软的泥土上有一个很可能是由皱胶鞋底留下的明显的图案。

在佩尼斯坦完成了初步检查之后，尸体被翻到了其左侧，以便对尸体下的地面拍照。正是这么一个简单的动作，在许多年之后产生了关键性的影响。而此时，佩尼斯坦正全神贯注地在树叶和泥土上寻找精液或血迹。在确信没有这些痕迹后，他命令将尸体运送到斯特拉特福殡仪馆的停尸房中，等待他晚上进一步检查。

在犯罪史上很少有哪个尸检像这个那样引起这么多的争议了。不可否认，这次尸检并不是在理想的条件下进行的：一间阴暗的房子，只有一个电灯泡提高照明，楼里挤满了医生、警察和官方照相师。但即便如此，佩尼斯坦的尸检报告后来经受住了世界上最好的法医学专家的检验。

首先他确认了死因为由带状物勒绞所导致的窒息，然后他发现了发生性交的证据——在她阴道中的精液。由于明显的蛆虫的活动，已

在劳森灌木丛中被发现时的林恩·哈珀的尸体

无法判断林恩在受到性攻击之前是否为处女。根据林恩身体上的很深的树枝和地表植物的印痕判断，她曾被紧紧地压在地上。这暗示着她很可能是在她躺着的地方被强奸并谋杀的。

但她是在什么时候死亡的呢？在这方面最有用的指标——体温的下降——已不复存在了，因为尸体在18—24小时内就会失去其自然的热量，而很显然林恩在这个时间之前已经死亡。尸僵在这里也没有什么用处了。一般来说，尸僵在死亡后几个小时内发生，在24小时后全部完成，然后就逐渐消失，直到48小时后完全消失。由于有很多因素，如尸体的肌肉发达程度、总体健康状况以及尸体周围的温度等等，都会影响尸僵的过程，所以病理学家伯纳德·奈特教授曾经指出："如果一具尸体没有明显的尸僵，那么他的死亡时间或者在6小时之内，或者在48小时之前。"[2] 除此之外，一切都纯属猜测了。在这个案例中，佩尼斯坦注意到尸僵"基本上已经消失"[3]，因此他开始寻找其他能够揭示大致死亡时间的东西。

答案就在胃中。林恩的母亲说，在林恩生命最后一天的下午5点30分，她急于享受夏日的阳光，因此狼吞虎咽地吃下了她的晚餐，其中包括火鸡、越橘酱调料、豌豆、土豆以及作为甜食的一片菠萝蛋糕。她在5点45分之前就离开了家。在林恩的胃中，以上这些食物仍然清晰可辨。

一般来说，消化是一个相当可预测的过程。前纽约市验尸官迈克尔·巴登博士说："有关消化过程的规律很少受到干扰。用它推测时间虽然不能精确到以分钟为单位（任何生物过程都不能），但是它在一个狭窄的时间段内非常可靠。在进食后两个小时之内，95%的食物已经从胃中转移到了小肠之中。它就像尸僵一样是一个基本的生理过

---

2 Brian Lane, *Encyclopedia of Forensic Science* (London: Headline, 1992), p.619.

3 Simpson, p.282.

程。这一过程在死亡之时就停止了。”[4]然而，就像尸僵一样，很多因素都可能对消化产生影响。油腻或者大量的食物消化时间要长一些；情绪也是一个影响因素；但是没有任何东西比突如其来的身体或心理创伤更容易影响消化过程了。如果林恩的绑架者对她实施了长时间——比如说，几个小时——的折磨，那么很可能她的消化过程会被大大地拖延。

但是佩尼斯坦确信林恩这个原本健康的女孩是被很快地杀死的。考虑到她胃中大量的只得到部分消化的食物，他在报告中写道："我很难相信这些食物在胃中的时间已达两小时之久，除非存在一些影响消化的因素。但是我没有得到有关这些因素的任何信息。如果她最后进食的时间是下午5点45分的话，那么我认为她的死亡时间不会晚于晚上7点45分。”[5]

如果佩尼斯坦有关林恩的死亡时间不晚于晚上7点45分的说法没有错误，并且林恩·哈珀是在她被发现的地方被杀死的话，那么史蒂文·特拉斯科特就必须对一些非常严重的问题作出解释了。不管怎么说，林恩爬上一个陌生人的汽车，沿着8号公路疾驶而去，然后那个司机又掉头将车开回到劳森灌木丛，并在那里杀死林恩——所有这一切都在下午7点45分之前完成，这种可能性到底有多大呢？

即使在此之前，警察对史蒂文的举止，特别是他有关自己站在几乎四分之一英里以外的桥上看到林恩在8号公路上爬上一辆1959年产雪弗莱汽车的说法已经深感怀疑了。当调查人员亲自检查了那座桥之后，他们认为没有任何人能够在这么远的距离辨认出一辆汽车，更不可能辨认出车牌照的颜色。

史蒂文·特拉斯科特所讲的故事越来越经不起推敲了。

---

4 Baden and Hennessee, p.103.

5 *Autopsy Report* (June 11, 1959).

可疑的伤痕

第二天J·A·爱迪生大夫对史蒂文的身体进行了检查。除了在他的躯体上发现了一些小的抓痕之外，爱迪生还在他的阴茎的两侧发现了“大约2—3天前发生的、面积为25分硬币大小的擦伤”[6]。

而此时离林恩失踪恰好3天的时间。

爱迪生的检查结果得到了布鲁克斯的确认。这两位医生都认为这种擦伤符合强奸的情况（但是他们俩以前都没有调查强奸案或检查与强奸有关的伤痕的经历）。另外在史蒂文一条腿的背部也有一个2—3天前造成的伤痕，这使人们怀疑它是由林恩尸体所在的那片地区周围的铁丝网所造成的。

在史蒂文家的地下室中，搜查人员发现了案发那天晚上史蒂文所穿的那件红色牛仔裤。它刚刚被洗过，正晾在一条绳子上。尽管如此，在其膝盖的部位仍然可以发现青草所留下的淡淡的痕迹。另外在一条裤管与史蒂文腿上伤口相对应的地方有一处撕裂。侦探们试图在那里查找一双有皱胶底的鞋子。他们知道史蒂文有这样一双鞋子，并且认为在林恩被杀害的那天晚上他就穿着这双鞋子。根据后来写了许多有关该案的文章的辛普森教授的说法，当时警察没有能够找到这双鞋子，并且后来这双鞋子永远也没有被找到。

但是警察找到了史蒂文的自行车，并且该车的轮胎上的花纹与犯罪现场所发现的轮胎印迹相同。

现在各种间接证据就像积雪一样在史蒂文·特拉斯科特家门口越堆越高。就警察而言，他们没有找到灰色雪弗莱汽车，没有找到黄色

---

6 Simpson，p.283.

汽车牌照，也没有找到让林恩·哈珀搭便车的陌生人。这些只是一个残忍的杀人犯为掩盖自己的罪行而编造的谎言。他们认为，史蒂文为了与林恩发生性关系而将其引诱到劳森灌木丛，然后当她反抗的时候就强奸并勒死了她。他们推理说，如果不考虑嫌疑人的年龄的话，这只不过是每年发生在加拿大各地的许多龌龊的强奸杀人案中的一起而已。

那天晚上史蒂文·特拉斯科特被指控犯有谋杀罪。

即使警察确信他们已经抓住了凶手，但是他们还是远远没有掌握充足的证据。当他们试图重现林恩·哈珀短暂的生命的最后几分钟的时候，他们发现在时间上出现了几个明显的漏洞。这主要是由于发生在6月9日的这个悲剧性事件的主要证人都是一些儿童，而他们所讲述的故事充满矛盾和反常之处，以至于无法对它们进行理性的分析。

在那个炎热的夏日，中午刚过，该基地的大多数孩子都沿着县公路，或者骑车或者步行前往位于贝菲尔德河上、在劳森灌木丛和8号公路之间的那个水塘去游泳，以使自己凉爽一下。那天晚上在水塘中游泳的两个少年，戈登·洛根和道格拉斯·奥茨，声称他们看见史蒂文和林恩于7点半左右从桥上经过向北而去。戈登说，大约5分钟之后史蒂文独自回来，骑车前往空军基地。这对于史蒂文来说是非常有利的证言。但是另外三个孩子却讲述了一个完全不同的故事。

就在人们看见史蒂文和林恩骑着自行车从基地前往县公路的时候，在他们北边1英里的地方两个男孩也正离开那个水塘沿着同一条马路向南行进。其中一个男孩，12岁的理查德·格拉特利，骑着一辆自行车；而另一个男孩，10岁的菲利普·伯恩斯，则是步行。由于县公路从水塘到空军基地之间的路段上唯一的一个与之交叉的道路就是一条铁路，因此在这一路段上从相反方向行进的人是肯定会相遇的。

事实也证明了这一点。在7点25分左右，理查德在这条路上与仍然正沿着劳森灌木丛向北行进的史蒂文和林恩相遇，并且与他们擦肩而过。理查德对此并没有多想，他继续骑车向南行进。

5分钟之后，菲利普也到达了劳森灌木丛。他告诉警察说，当时马路上空无一人，没有史蒂文和林恩的踪影。如果此话属实，那么这就意味着史蒂文和林恩在与理查德相遇后不久就离开公路——进入了劳森灌木丛。

但是那天晚上菲利普在县公路上的确遇到了一个人，那就是13岁的乔斯林·戈代特。当时他正沿着劳森灌木丛行走，突然乔斯林上气不接下气地骑着自行车朝着他蹬过来，并问他是否看到了史蒂文·特拉斯科特。当他回答说没有看到的时候，乔斯林失望地皱起了眉头。她后来告诉警察说，那天下午接近6点钟的时候史蒂文给她打电话，问她想不想去看一些小牛犊。但是由于当时她正要吃晚饭，所以她只好拒绝了。

当她骑着自行车慢慢地经过劳森灌木丛时，她叫了几次史蒂文的名字，但是没有听到回答。当她到达水塘的时候也没有发现史蒂文。大约晚上7点45分左右，失望而又沮丧的乔斯林放弃了寻找史蒂文的努力，开始骑车回家。几分钟之后她在那天晚上最后一次经过劳森灌木丛以及——如果佩尼斯坦的推断是正确的话——林恩·哈珀的尸体。

乔斯林的话使警察更加坚信，即使史蒂文对林恩·哈珀的谋杀不是有预谋的，他对她的性攻击也肯定是有预谋的。当时他计划将一个女孩——任何一个女孩——引诱到劳森灌木丛中并与之性交。当乔斯林拒绝和他见面后，他就出去寻找另一名受害者，结果发现了林恩·哈珀。在进入劳森灌木丛后，史蒂文试图与林恩发生性关系，但是后者竭力挣扎。当时这个肌肉发达、被荷尔蒙冲昏了头脑的14岁少年在强行满足了自己的欲望之后又将林恩勒死。

即使在史蒂文被逮捕之后，还不断有新的证人来到警察局作证。道格拉斯·奥茨的哥哥阿伦声称，他那天晚上也在县公路上离劳森灌木丛不远的地方。当时他看见史蒂文站在那座桥上。这一证词也很好地印证了史蒂文所讲述的事情经过。

但是警察认为，与阿诺德·“屠夫”·乔治的证言相比，以上这些目击证言都黯然失色了。虽然这个13岁的男孩曾经提供过各种漏洞百出、相互矛盾的证言，但是他最后的证言对于史蒂文来说是个致命的打击。

在史蒂文第一次接受警察讯问的时候——那时候林恩的尸体还没有被发现——他曾经提到，在那个关键的时间他在河边见到过阿诺德·乔治和道格拉斯·奥茨。随后，阿诺德确认说，他看见史蒂文独自经过那座桥上。但是，在对他的证言经过了无数次修改和更正之后，他懊丧地承认说，他为了帮助朋友而撒了谎。他说，事实的真相是，在尸体被发现之后，史蒂文请求他提供一个虚假的不在场的证明。

不久其他不一致的地方也浮出了水面。阿诺德现在声称，在林恩失踪的那天晚上，当史蒂文在8点左右回来的时候，他自己正在学校的操场上。当时有关在劳森灌木丛中发生了什么事情的传闻已经在孩子们中间传开了。其中一个男孩开玩笑地对着史蒂文嚷道：“你对哈珀做了什么？把她扔到河里喂鱼了吗？”[7]史蒂文平静地回答说，他将她带到8号公路并把她留在了那里。除此之外，他什么也没说。

如果阿诺德所讲述的故事是真的——对他的证言应该采取极为谨慎的态度——那么它对于史蒂文来说是毁灭性的。

---

7 Simpson, p.280.

1959年9月16日上午，被指控犯有谋杀罪的史蒂文·特拉斯科特被带入戈德里奇法庭接受审判。这个看上去比他的实际年龄大得多的年轻被告似乎一点也没有被法庭程序所吓倒——尽管他知道自己是被当做一个成年人接受审判的，因此如果被定罪的话，可能会被处以死刑。有人将他这种沉着的态度归结为他的冷酷无情；而另一些人则称之为勇敢和坚忍不拔的精神。不管是出于什么原因，对于如此年轻的一个人来说，史蒂文以惊人的毅力经受住了巨大的压力。

在他的父母的注视下，史蒂文全神贯注地听着公诉人介绍其所掌握的主要为间接性的证据：失踪的鞋子、被撕破了的膝盖部位有青草印迹的牛仔裤、史蒂文腿上的伤口、他阴茎上的擦伤、他是最后一个被看见与林恩在一起的人这一事实以及自行车轮胎印迹。为了将史蒂文与林恩的死亡时间联系起来，一个装有这个死去的女孩胃中容物的密封罐子被带到了法庭，然后由佩尼斯坦大夫讲解了食物消化的过程。他重申了有关林恩在她失踪的那天晚上7点45分之前死亡的说法。辩护律师只对佩尼斯坦的结论作出了一些不疼不痒的攻击。真正的攻击来自很多年之后。

一连串神情茫然的儿童被带到证人席上。他们所讲述的故事是如此的大相径庭，以至于法官在作出总结的时候不得不提出了作伪证的可能性。

在这个案子中，被告人自己的解释比在任何其他案子中都更为重要。但是史蒂文·特拉斯科特却在法庭上始终一言不发。在为时两个星期的审判过程中，他一直保持着一种像斯芬克斯一样的超然的态度。他密切观察着每一个证人，仔细地听着他们的证言，从来没有放松过警惕。行使保持沉默的法定权利本来是一件好事。但是如果他真的是无辜的话，我们很难理解，开口作证会对他自己有什么坏处。从心理上来说，他完全胜任这一任务：智力和能力测试表明他是一个“完全正常的14岁男孩”[8]。

判决很快就作出了。9月30日，经过3个小时的审议之后，陪审团认定他有罪。随后史蒂文·特拉斯科特被判处绞刑。当史蒂文被从法庭中带往某个囚室等待绞索的时候，他的父母面如死灰地呆坐在那里，完全不敢相信自己的耳朵。

一个鲜为人知的事实就是：当时在加拿大很少有人知道特拉斯科特受审一事。由于被告人年龄的缘故，法官下令禁止媒体在判决作出之前对该审判进行任何报道。所以，当加拿大人在1959年10月1日打开报纸并看到安大略省一个14岁的学生被判处绞刑的报道时，其震惊的程度可想而知。虽然当时没有一个人相信这一判决真的会被执行，但是直到6个星期之后该判决才被减为终身监禁。

一夜之间公众就对这一案件失去了兴趣。没过多久，史蒂文·特拉斯科特这个已被定罪的强奸杀人犯的名字就从人们的记忆中消退了。

在随后的几年中，这一案件一直处于“睡眠”状态，直到1966年一位名叫伊莎贝尔·勒布尔代的记者出版了一本题为《史蒂文·特拉斯科特受审记》的书。该书在极端偏见的基础之上精心编制了一个故事，将这个加拿大学生描述成为一个穿着短裤的现代殉难者。任何一个不了解特拉斯科特案真相的人——由于该案在审判时实施了新闻封锁，所以这意味着几乎所有人都不了解该案真相——在看了这本书之后只能得出一个结论，那就是在该案中出现了严重的司法不公的现象。勒布尔代几乎将该案中所涉及的方方面面都大骂了一通——法官、公诉人、辩护律师、加拿大的审判程序。她甚至连陪审团也没有放过，声称“他们的受教育程度太低了”[9]。但是她将其最恶毒的攻击

8 Isabel LeBourdais, *The Trial of Steven Truscott* (Toronto：McClelland & Stewart, 1996), p.44.

9 同上，p.50。

留给了那个她认为是制造这起“冤案”的罪魁祸首——约翰·佩尼斯坦大夫。

在仅仅阅读了几本已经过时的医学教科书之后，她便指责佩尼斯坦严重错误地计算了林恩·哈珀的死亡时间。根据勒布尔代的说法，林恩胃中的食物根本说明不了什么问题，因为用消化过程来测量时间太不准确了。这个可怜的女孩可能在吃过她最后的晚餐之后活了好几个小时，这样特拉斯科特所讲述的故事就不仅有可能，而且还有很大的可能性。

勒布尔代还列举了其他几个相信史蒂文无辜的理由。首先是时间因素：勒布尔代将她的推理建立在三个为被告作证的孩子所讲述的故事之上。她认为，史蒂文只有5分钟的时间强奸并且勒死林恩。接着就是勒死林恩的带子。勒布尔代大胆地声称，林恩不可能被人用她自己的衬衣勒死——她的这一说法后来被证明是非常愚蠢的。然后她在林恩衬衫上丢失的一块几平方英寸的布条上大做文章，认为它具有重大的证据意义。最后，她又将林恩身体上的一些抓伤和擦伤作为她在别的地方被杀害，然后又被抛尸于劳森灌木丛的证据。

以上这些推断都是合理的，值得考虑的。但是随后勒布尔代就让情感战胜了理智，一头扎进了胡编乱造的黑洞之中。

她大声问道：为什么不对明显含有精液痕迹的阴道涂片样本进行血型测试，以确定凶手是否为“分泌型的人”？自从1925年以来，人们就知道有80%的人会将他们的血型分泌到唾液、精液以及其他体液之中。当时肯定应该对史蒂文进行测试，以确定他是否属于大多数人的情况吧？

事实上，当时的确对史蒂文作了测试，的确发现他是“分泌型的人”，并且的确可以确定他的血型与精液的血型匹配。但是这一原本很关键的证据后来却被放弃了，因为他们发现哈珀也是一个分泌型的人，而且她的血型与史蒂文·特拉斯科特的相同。

尽管有以上这些错误，或者也许正是因为这些错误，勒布尔代使人们对特拉斯科特的有罪判决产生了很大的怀疑，以至于法官下令对该案进行司法审查。同时，勒布尔代听到了她的书将在英国发行的消息。

专家飞抵加拿大

基斯·辛普森教授读完了这本书后摇着头把它放在了一边。在他看来，勒布尔代在该书中完全醉心于“对加拿大警察、病理学家和法院的毫无根据的、充满偏见的批评”[10]。1966年10月，应加拿大政府的邀请，他飞抵渥太华，参加对史蒂文·特拉斯科特重审请求的审查。与此同时，他的老对手弗朗西斯·坎普斯也不远千里地从伦敦来到了加拿大。

从来没有一个法庭像这一个那样荟萃了那么多优秀的法医学专家。在公诉人所请到的证人中除了佩尼斯坦和辛普森之外，还有来自纽约的米尔顿·赫尔彭大夫。作为美国谋杀发生率最高的城市中的验尸官，他在谋杀方面的知识比当时世界上任何一个人都要多。公诉人专家证人团队中的最后一位就是曾负责调查山姆·谢泼德案的俄亥俄州验尸官塞缪尔·格伯博士。为特拉斯科特出庭作证的除了坎普斯外，还有来自巴尔的摩的著名病理学家查尔斯·佩蒂博士和来自多伦多的弗雷德·A·贾菲博士。

辛普森一如既往地对出庭作出充分的准备。3个月之前他就来到多伦多与有关部门讨论该案。他惊奇地发现安大略国家犯罪实验室保存了有关特拉斯科特案的所有实验样品：每一个涂片、每一张显微照

---

10 Simpson，p.279.

片——事实上，除了那些被部分消化的食物之外的所有证据。在查看了这些材料之后，辛普森研究了佩尼斯坦大夫那些备受攻击的验尸笔录。他认为这些笔录堪称典范，并写道："在三十多年的职业生涯中，我不记得曾经看到过如此详尽和认真的报告，也不记得曾经看到过如此不偏不倚的推断。"[11]

辛普森和佩尼斯坦一起探讨了勒布尔代的一些更为荒谬的断言。首先是她有关林恩不可能被人用她自己的衬衣勒死的断言。他们用从商家库房中购买到的一件相同的衬衣和一个自告奋勇做实验对象的女警察证明，这样的衬衣完全可以用做勒颈的工具。

衬衣上曾经令勒布尔代如此大做文章的那块缺失的布条也同样很容易解释。在重现了谋杀经过之后，佩尼斯坦指着用做勒颈工具的衬衣对辛普森说道："在这里剪一刀。"[12]辛普森照他说的做了之后，与原衬衣上所缺失的那块布条一样的一块布条就掉了下来。当年在殡仪馆昏暗的停尸房中，佩尼斯坦在剪开勒在林恩脖子上的衬衣之后就开始全神贯注地检查尸体，很可能这块丢失的布条当时掉在了地上而没有引起人们的注意，后来又被停尸房的清洁工扫起来扔掉了。

对犯罪现场具有渊博知识的辛普森在看了警察所拍摄的照片之后毫不怀疑林恩就是在她所躺着的地方被强奸并杀害的。他认为勒布尔代有关林恩身上的一些撕裂伤证明她是在别处被杀害并被拖到她被发现的地方的说法毫无根据。辛普森认为，在林恩左腿上的一条很长的刮伤——勒布尔代称之为"切伤"[13]、在她左肩下部另一条刮伤以及在她手背、双腿和躯干部位的各种割伤和擦伤恰恰是当一个处于挣扎状态的人体被紧紧按在那种地表植物上时所可能产生的印记。

---

11 Simpson，p.284.
12 同上，p.285。
13 LeBourdais，p.28.

1966年10月5日，一个由9位法官所组成的审判庭开庭决定是否对史蒂文·特拉斯科特进行重审。在法庭听取证据的过程中，辛普森提交了他的调查报告。法庭主要听取医学调查报告，但是首先独立调查员杰克·帕里什告诉法庭，他在谋杀发生后的第一年零一天晚上7点30分亲自来到那个水塘并向上观看了那座位于630英尺开外的桥。他发现在落日和水面反光的照耀下，他根本不可能看清桥上的人是谁："我可以看见人的影子和自行车，但是我无法辨认他们究竟是谁。"[14]对于那些声称在水塘中看见史蒂文和林恩在桥上经过的孩子的证言来说，帕里什的实验是致命的一击。

接着，法医学专家之间的决斗就开始了。查尔斯·佩蒂博士被传上法庭来支持辩护方有关林恩被一个陌生人绑架，在别的地方谋杀并被抛尸于劳森灌木丛的说法。他指着警察所拍的照片说道，在这个已经死亡的女孩的脸颊和左肩部的一些苍白的部位说明，她在死亡之后的一段时间内曾经是以一种与她被发现时不同的姿势躺着的。

但是佩蒂犯了一个错误。公诉方出示了在这张照片被拍摄之前，也就是当尸体仰面平躺着的时候所拍摄的几张照片，而从这些照片可以明显看出，尸体上并没有这些苍白的部位。佩蒂误认为是苍白的部位，实际上是面部和肩部所受压力导致的印痕，因为当时佩尼斯坦命令将尸体翻到其左侧，以便对其下面的地面拍照。

当米尔顿·赫尔彭大夫出庭作证时，被告方又遭受了一次重大的打击。赫尔彭具有极为丰富的经验：他曾经亲自作过两万多次尸检，另外还指导过4万多次尸检。他也确信林恩是在"其胃中食物被摄入后两小时之内"[15]在其被发现的地方死亡的。身材高大、脸部棱角分明的赫尔彭大夫对那些愚蠢的人可没有什么耐心。当被告律师向他讲

14 *Toronto Daily Star* (October 6，1966).
15 同上(October 13，1966)。

述林恩是被绑架然后在别的地方被杀害的故事的时候，他的脸上表现出了难以置信的神情并大声地说道："什么？把她谋杀之后再将她扔回到她家的附近，并且把她的鞋子和其他东西抛撒在周围？这根本不符合情理。"[16]辩护律师赶忙转移话题。

辛普森在证人席上表现出其惯常的温文尔雅的作证方式。他对律师的各种伎俩已经了如指掌，所以当辩护律师狡黠地指出辛普森自己所写的教科书中*根本就没有提到胃容物可以作为确定死亡时间的方法时，他早有准备。他充分地承认了这一点，然后指出，他曾经就佩尼斯坦的结论请教过他的一位同事——世界著名的胃排泄专家、盖伊医院附属医学院的约翰·N·亨特教授。由于亨特不能出席这一审判，他委托辛普森在法庭上阅读他的意见："佩尼斯坦大夫的结论与我对有关文献的研究以及我本人在这一领域内超过15年的研究所得出的结论相符合……我认为佩尼斯坦大夫在当时那种情况下所得出的结论是完全正确的。"[17]辛普森也以最坚决的口气重申了他的观点：佩尼斯坦大夫绝不是加拿大有些媒体所描述的恶人，而是非常体面和出色地履行了他的职责。

不幸的是，我们不能对弗朗西斯·坎普斯教授作出同样的评论。早些时候，他仅仅根据勒布尔代的书中所提供的证据就轻率地声称，林恩·哈珀可能死于在她进食之后1到10个小时这一时间段内的任何一个时刻，因此凶手有足够的时间将其带走，在那辆神秘的灰色雪弗莱汽车中强奸、杀害，然后再将其尸体运回到劳森灌木丛。现在在法庭上第一次听到有关这一案件的全部事实之后，他意识到冲动的脾气又一次害了自己。但是当时为时已晚。他在证人席上不安地扭动着身体，

16 Simpson, p.287.

* *Forensic Medicine*, 1st ed. (London: Arnold, 1947).

17 Simpson, p.286.

试图使自己摆脱这一窘境，但是毫无用处。他不得不垂头丧气地承认："佩尼斯坦的结论是非常公正的。"[18]

这对他来说真是个奇耻大辱。但是更糟糕的事情还在后面。在交叉讯问的过程中，加拿大检察总长高级顾问唐·斯科特突然递给坎普斯一份文件："请看看这份文件并告诉法庭这上面的签名是不是你的。"

坎普斯一下子就慌了神："是的，是我的签名。这是一份私人信件并且——"

"没关系，我将在法庭上朗读这一信件。"[19]

这封信是坎普斯写给在伦敦的英国检察总长的。在信中他毛遂自荐地提出，如果特拉斯科特案得以重审，他愿意为被告方作证。法庭上立即传出一阵吃惊的唏嘘声。在那个更为斯文的年代，这种明目张胆地给自己揽活的做法在医学界简直就是不可饶恕的罪行。而坎普斯在试图通过这种方法捞钱的时候被逮了个正着。斯科特像一位击剑手一样对他不断发起攻击，而这位矮胖的伦敦医生只好耐住其火爆的脾气左右抵挡。

在回答交叉讯问的过程中，坎普斯不断地向坐在法庭另一端的辛普森投去恶狠狠的眼光。他确信他的这场奇耻大辱是他的老对手一手策划的。当他在证人席上的痛苦经历终于结束的时候，气得满脸通红的坎普斯狼狈不堪地从证人席跑出了法庭，甚至在经过他的座位时都没有停下来拿走他的公文包。斯科特和辛普森相互交换了一个胜利的微笑，但是他们谁都不愿意透露这个致命的武器是如何落入公诉方手中的。

特拉斯科特案对坎普斯来说绝对是一场灾难，以至于在这位病理

---

18 Simpson，p.288.
19 同上。

学家的传记中对他在加拿大的这场惨败的经历只字未提。*

当这么多的著名法医学专家在渥太华法庭上斗法的时候，特拉斯科特这个本来就不引人注目的小人物就更加容易被人忽略了。这一次他倒是愿意为自己作证，但是一切都太晚了。他已经失去了他最有力的武器——未成年人的身份。人们很难相信一个14岁的孩子会强奸杀人。但是现在作证的被告人已是一个成年人，而不是一个少年儿童。他用经常小得很少有人能够听清楚的声音吞吞吐吐地作出的证言对人们了解案情几乎没有起到任何帮助。他所做的只是对公诉方所提供的证言一律予以否认。

具有讽刺意味的是，像坎普斯一样，特拉斯科特也因为自己所写的一封信而在法庭上被对手抓住了把柄。他在服刑期间曾给假释委员会写了一封信。在信中他请求委员会给他一次机会来“证明我犯了一次可怕的错误并不意味着我还会犯另一次错误（原文如此）”[20]。在法庭上人们问他：如果你是无辜的，那么你为什么要写这些东西？他回答道：“为了能够出去。”[21]

对于一个中立的观察者来说，这一说法并非没有道理。一个人所共知的事实就是，那些捶胸顿足地公开表示忏悔自己罪行的犯人最容易得到假释委员会的同情。因此许多无辜的犯人为了早日获释而往往会承认其所没有犯过的罪行。但是特拉斯科特的实用主义策略却激怒了加拿大媒体。这些媒体本来是特拉斯科特坚定的支持者，而现在它们恶狠狠转而对他发起了攻击。

但是特拉斯科特还没有彻底失败。有一个人对他的忠诚从来就没有动摇过。

---

* Robert Jackson, *Francis Camps* (London: Hart-Davis, MacGibbon, 1975).
20 *Toronto Daily Star* (October 6, 1966).
21 同上。

伊莎贝尔·勒布尔代每天晚上出现在电视上报告当天在法庭上所发生的事情，并重申她的一个观点，那就是特拉斯科特案是这个国家良心上的一个污点。她似乎自始至终都无法认识到一个事实，那就是：使加拿大司法制度蒙受羞辱的并不是特拉斯科特的痛苦经历，而恰恰正是她的那些充满歪曲的事实、半真半假的陈词、彻头彻尾的谎言以及荒唐不经的臆测的“宣言”。

这也是审判庭法官的观点。他们以8比1的多数票毫不犹豫地拒绝了特拉斯科特所讲的故事以及为他而提供的那些证词，驳回了其重审请求，并维持了终身监禁的判决。

特拉斯科特回到了监狱，但是他在那里并没有待多久。他于1969年获释，随后改名换姓，重新开始了他的生活，并且还结了婚。大约10年之后他又浮出水面，与他人合著了一本名为《是谁杀死了林恩·哈珀？》* 的书。在引起了媒体一阵短暂的关注之后，他又回到了被历史遗忘的角落。

挥之不去的案件

如果不是在20世纪90年代加拿大发生了一系列引人注目的误判案件，导致高达上千万美元的国家赔偿，并使该国的法律制度受到猛烈攻击的话，那么特拉斯科特很可能就永远待在那个被历史遗忘的角落里了。但是这时司法错误成为了一个热点新闻。2000年3月，在这一背景之下，加拿大广播公司的一个名为“第五等级”的纪实节目决定重新提起加拿大历史上最大的一起疑案。** 此时特拉斯科特已经是一个50岁开外、头发花白的老人了。他自从出狱之后没有任何违法犯

---

* Bill Trent and Steven Truscott (Vancouver：Optimum，1979).

** “His Word against History” (CBC，March 29，2000).

罪的记录。他再次公开露面，真诚地为自己辩护。他的无罪申辩得到了来自两个人的坚决支持：一个是新斯科舍的前首席验尸官约翰·巴特大夫；另一个是来自温哥华的资深病理学家雷克斯·费里斯大夫。他们两位都对用胃容物确定死亡时间这一方法的可靠性提出了质疑。

巴特说道："我想我们从胃容物中所唯一能够确切了解的，就是死者在其最后的一餐中吃了什么东西。我不认为它可以准确地告诉你死亡的时间。"[22]费里斯也同意这种说法："的确没有可以用来确定死亡时间的有效方法。"他补充道："我不认为存在任何可以明确地将史蒂文·特拉斯科特与林恩·哈珀之死联系起来的医学或法医证据。"[23]

显然1966年的审判庭法官们不同意这一说法。在听取了国际著名的法医学专家的证言之后，他们以压倒多数的表决结果支持了赫尔彭、辛普森甚至最终连坎普斯也表达了的观点：佩尼斯坦的结论是正确的。除非发生了能够延迟消化过程的长时间的创伤——但是赫尔彭确信对林恩的攻击是"突然、短暂、猛烈和致命的"[24]——所有医学证据都表明林恩·哈珀是在其吃完最后一顿晚餐之后两小时之内死亡的。

在这个电视节目中最令人吃惊的发展恐怕就是它提供了另一个嫌疑人的名字。这个人就是加拿大皇家空军中士亚历山大·卡利楚克。因为那时他已经死亡，因此该节目的制作人不用担心他会提起侵害名誉的诉讼。该节目将其描述为一个酗酒成性的恋童癖——他的犯罪记录就是在1950年因两项有伤风化的暴露身体的行为而被处以10元罚款。在林恩被杀害的那段时间他正在1小时车程外的另一个空军基地工作，但是他有时也会造访克林顿镇。并且他在林恩·哈珀死后曾经

22 *the fifth estate* (March 29，2000).
23 同上。
24 Helpern，p.151.

卖掉了一辆汽车。

虽然在渥太华国家档案馆保存的一份有关卡利楚克的报告清楚地表明此人在人格方面有着各种问题，但是在这份长达九百多页的报告中没有任何迹象表明他与林恩·哈珀的死有任何牵连。而至于那辆曾令该电视节目大惊小怪的汽车，后来被证明是一辆淡黄色的庞蒂亚克，而不是灰色的雪弗莱。

在这些令人失望的发现之后，该节目不可避免地指责政府掩盖真相。根据阴谋论者的说法，军方当时愿意使用任何手段来保护其成员。但是有关加拿大皇家空军为了保护一个杀人的恋童癖而陷害一个14岁学生的说法实在是太荒诞了，根本不值得加以评论。没有人知道在林恩·哈珀被杀害时卡利楚克是否在克林顿，而那个炎热的晚上特拉斯科特就在县公路上却是一个记录在案的事实。

我们不难想象这一悲剧当时是如何发生的。所有的证据都表明，那天晚上史蒂文·特拉斯科特急于将一个女孩引诱到劳森灌木丛中去。如果他只是想去看一些新生牛犊的话，他完全可以自己去或者和其他男孩一起去。但他却要和一个女孩一起去。这使人们很难避免得出一个结论，那就是他当时脑子里所想的不是牛犊，而是性。接连两天时间他一直缠着要乔斯林·戈代特陪他去，当她在最后一刻取消了这一计划之后，史蒂文恰好碰上了林恩·哈珀。

人们知道林恩很喜欢史蒂文，并且很可能对这个大男孩邀请自己去看牛犊感到很高兴。她甚至可能看出这只是一个借口。劳森灌木丛是否为那些对性充满好奇心的青少年常去约会的地方，这一点只有当地人才知道，但是接受“第五等级”节目采访的一个人暗示这很有可能。当年只有11岁的阿伦·德宁说，在林恩失踪的那天晚上，“‘屠夫’·乔治走到我面前停下来说道：‘特拉斯科特和哈珀在那个灌木丛中。’

他的意思是说，史蒂文和哈珀在那个灌木丛中，试图去做一个14岁男孩想做的任何事情”[25]。在将林恩骗到那个灌木丛中之后，史蒂文很可能试图与她发生性关系。正如前面所提到的，由于尸体被发现时已经腐烂，因此无法判断这是否为林恩的第一次性经验。她也许奋力反抗并因此而遭到杀害。她也许并没有反抗。犯罪现场几乎令人毛骨悚然的整洁状况、仔细摆放的衣物、身体上没有擦伤等等迹象肯定暗示着某种程度的顺从。暴力可能是在后来才发生的：正当他们俩在那里又搂又抱的时候，突然一个女孩的声音透过浓密的灌木丛从100码远的地方传了过来。

“史蒂文！史蒂文！”——这是乔斯林·戈代特在寻找她的“约会伙伴”。

林恩突然感到史蒂文欺骗了她，因此变得非常愤怒。她开始奋力挣扎，也许还尖叫了起来。为了掩盖她的叫声，史蒂文将她的衬衣拉上来盖在她的脸上，然后用它紧勒她的脖子。他并不是想杀死她，而只是想让她停止尖叫。但是没想到这个女孩突然一下就瘫软了。在仅仅几秒钟的时间内这个14岁的学生就变成了一个杀人犯。

史蒂文感到惊慌失措。他往尸体上扔了一些树枝，然后就跑往其藏自行车的地方。在此过程中他的腿被铁丝网剐破。几分钟之后他就骑着车飞奔在了炽热的柏油马路上，朝着基地的方向前进。在他的身后，一个12岁的小女孩已经成为了各种食腐动物的攻击目标。

勒布尔代说，这完全是胡说八道，年轻的史蒂文根本就没有实施强奸和谋杀的时间。即使我们接受勒布尔代所坚持的5分钟的时间框架——而这是一个几乎得不到任何证据支持的假设——有这一点时间其实就足够了。一个人完全有可能在几秒钟之内就被勒死。辛普森在

---

25 *the fifth estate* (March 29，2000).

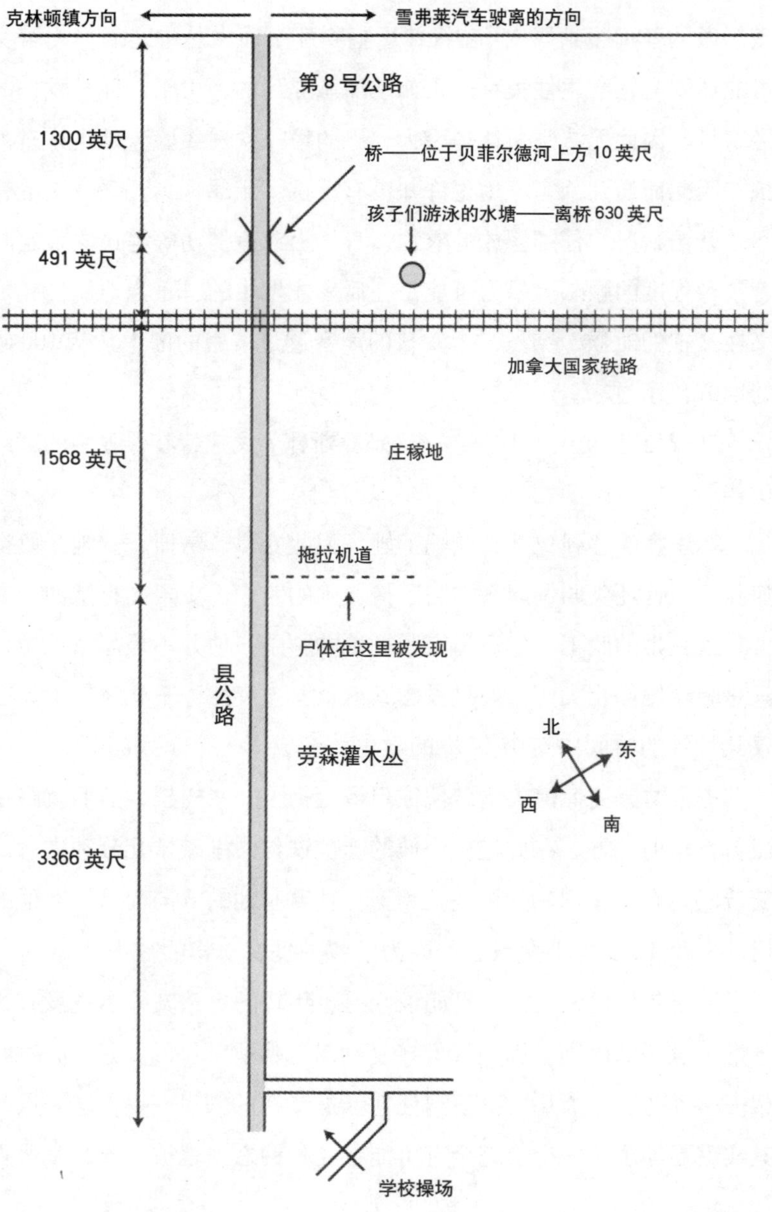
克林顿镇方向
雪弗莱汽车驶离的方向
第 8 号公路
1300 英尺
桥——位于贝菲尔德河上方 10 英尺
孩子们游泳的水塘——离桥 630 英尺
491 英尺
加拿大国家铁路
1568 英尺
庄稼地
拖拉机道
尸体在这里被发现
县公路
劳森灌木丛
北
东
西
南
3366 英尺
学校操场

县公路地图

他的自传《四十年的谋杀》* 一书中写道："用手或带子迅速猛掐或猛勒一个人的颈部可以像空手道中的斜劈一样迅速将其杀死——致死原因是由反射迷走神经所引发的心跳骤停。"[26] 有许多人在不经意将别人掐死或勒死之后，呆若木鸡地抱着已经毫无生气的躯体，完全不能相信人的脖子竟然会如此致命地脆弱。强奸有时也可能短暂得令人吃惊。

但是特拉斯科特在法庭上毫不畏惧的表现又如何解释呢？勒布尔代抗议道，这难道不是问心无愧的证据吗？可悲的是，她并不是第一个被这种无辜的表情蒙蔽的人。

1921 年 7 月，一位名叫哈罗德 · 琼斯的 15 岁威尔士少年被指控谋杀了年仅 8 岁的弗雷达 · 伯内尔。后者在琼斯所工作的种子店里受到性攻击和勒颈之后死于休克。琼斯在法庭上充满阳光的镇定表情使得天平向着有利于他的方向倾斜。他最终被判定无罪。报纸和当地群众都不相信这个如此年轻和讨人喜欢的少年会犯下如此残暴的罪行。在审判结束后他们举行了庆祝游行。满脸灿烂笑容的琼斯站在一辆撒满鲜花的卡车上缓缓经过他家乡站满欢呼人群的街道。两个星期之后，人们在琼斯家的阁楼里发现了 11 岁的弗洛伦斯 · 利特尔的尸体。她遭到了强奸并被用刀捅死。这一次琼斯供认了他的罪行。在随后的审判中他也承认了杀害弗雷达 · 伯内尔的事实。他被匆忙地判处了终身监禁。

正如琼斯所显示的，有些儿童不仅有能力杀人，而且还有能力愚弄成年人。如果不是因为他当时的年龄的话，那么史蒂文 · 特拉斯科特现在只不过是一个早已被人遗忘的强奸杀人犯，而伊莎贝尔 · 勒布尔代也不会写出这本书来将一个冷酷无情的青少年犯罪的悲剧演变为

* London：George G. Harrap & Co.，1978.

26 Simpson，p.45.

一场“司法不公”的闹剧。幸运的是，在我们身边还有很多头脑冷静的人来反驳他们的谬论，并揭露这场支持特拉斯科特运动的本来面目——一场歪曲事实的运动。

第十章

李·哈维·奥斯瓦尔德(1963年)

Lee Harvey Oswald

一个精于算计的傻瓜

在历史上，没有任何一起谋杀案像约翰·F·肯尼迪遇刺那样受到人们如此详尽的分析，也没有任何一起犯罪曾经引起法医学界如此激烈的争议。来自1963年11月那个可怕的日子的每一项证据都被人们翻来覆去地研究并放在各种各样的显微镜下仔细察看过。对该案的各种研究人员总共提出了多达60个与刺杀肯尼迪有关的人或组织。其中包括——以下名单不分先后次序——中央情报局、纳粹极端主义分子、J·埃德加·胡佛、得克萨斯州疯狂的石油开采商、黑手党、克格勃特务、法国匪徒、共济会成员、前以色列总理本—古里安、各种各样的流浪人员、林顿·贝恩·约翰逊（而约翰逊本人则一直怀疑是菲德尔·卡斯特罗下令刺杀了肯尼迪）以及其他几十个嫌疑人。难怪哥伦比亚广播公司在1998年开展的一项民意调查[1]显示，75%的美国人不相信李·哈维·奥斯瓦尔德当时是单独行动的，68%的美国人确信政府掩盖了该案的真相。考虑到在过去几十年中层出不穷的有关该案的各种阴谋理论的书籍、文章和电影，以上这些百分比并不算高。

从这一悲剧发生的那天开始，该案就一直为对事实的歪曲、隐瞒和彻头彻尾的谎言所困扰，几乎每天都有新的误解产生。它们中的大多数都迎合了公众的一种可以理解的渴望，那就是得到一个对这一完全是非理性的行为的理性的解释：世界上最强大的国家的一位充满魅力和活力的总统竟然会被一个无名之辈用一支只值20美元的步枪干掉了。这太难以置信了，肯定只有一个像迷宫一样复杂的阴谋才能够推翻这位美国鼎盛时期的总统。

以下就是对该案的一个简要的介绍：

1963年11月22日下午12点30分，美国第35任总统约翰·F·肯尼迪在其车队经过得克萨斯州达拉斯市街道时遭受多处枪伤。当时坐在总统敞篷轿车前座的得克萨斯州州长约翰·康纳利也在这次伏击中受到了重伤。枪击发生后，该车队立即驶往附近的帕克兰纪念医院。在那里，一个医疗队竭尽全力也未能挽救这位总统的生命。

在刺杀发生45分钟之后，当地一位名叫J·D·提皮特的警察在达拉斯的郊区遭枪击身亡。半个小时之后，生于路易斯安那州的25岁的库房管理员、前海军陆战队队员李·哈维·奥斯瓦尔德在离提皮特被谋杀现场不远的一个电影院中被逮捕。一开始他只是被指控谋杀提皮特，但是当天晚上他又成为谋杀总统的主要嫌疑人。在整个周末，警察一直重复着有关以上事实的声明。在接受媒体短暂采访的过程中，奥斯瓦尔德坚称自己是无辜的，并且说他将在受审时证明这一点。

1 CBS (May 6—7, 1998).

他永远也没有得到这样的一个机会。11月24日，在处于警察关押期间，他被达拉斯的一个名叫杰克·鲁比的小流氓开枪打死。

10个月后，一个在最高法院首席法官厄尔·沃伦主持下负责调查肯尼迪被刺杀事件的委员会提交了调查报告。该报告的结论是：肯尼迪总统为奥斯瓦尔德一人所刺杀，没有证据表明奥斯瓦尔德和鲁比这两个人中的任何一个是谋杀总统阴谋的一部分。

如果沃伦报告的目的是消除公众的疑惑的话，那么它就彻底地失败了。在该报告公开之后，人们就立即对其调查结果的合法性提出了怀疑。有关政府掩盖真相的批评声越来越大。随着人们对于阴谋的怀疑日益加深，各种说法也越来越离谱，报告中极小的一些矛盾之处都被放大了1 000倍，成为外部力量干涉调查的证据。而大多数人则将矛头指向了华盛顿。

人们对政府机构权力的这种迷信有点令人莫名其妙，并且也是与历史事实不相符的。如果椭圆形办公室使用了其所有的行政权力和影响都未能掩盖在华盛顿一座公寓中发生的一起小小的入室盗窃案的话，*那么它怎么会有能力掩盖如此重大的一起总统谋杀案呢？其实政府没有这么聪明，而人们对政府也没有那么忠诚。如果真的发生了这种事情，那么迟早会有人把事实真相捅出来的。

在这里我们没有足够的篇幅来讨论目前所流传的各种各样的阴谋理论。但是我们可以对已知的（虽然不能说是无可争辩的）事实进行检查，以确定李·哈维·奥斯瓦尔德在刺杀肯尼迪总统的过程中是否有同谋。

手段、动机和机会是任何重要的刑事调查都必须具备的三个要件。如果一个嫌疑犯具备这三个条件，那么就很有可能将其定罪；如

* 指水门事件。——译者注

果有充足的证据来证明这三个要素，那么你几乎可以肯定将其定罪。所以下面我们就上述这三个要素逐个进行分析，看看它们与奥斯瓦尔德之间的关系。

手段

肯尼迪总统是在其轿车从得克萨斯中小学教科书仓库大楼（下称教科书大楼）旁经过的时候被高速步枪所射出的两发子弹杀死的。教科书大楼是位于休斯敦街和榆树街交叉口、俯瞰迪雷广场的一座高大的砖结构楼房。在枪击发生后的混乱之中，在现场的警察跑进了这一他们根据直觉认为最有可能是枪手所在地点的楼房。在该楼的第六层他们发现了一把带望远瞄准镜的6.5毫米马尼力切尔—卡尔卡诺连发步枪。在枪的旁边，一些箱子被叠放在窗户边上作为狙击手的支架。从该窗户向下可以清楚地看到迪雷广场。在地板上有3颗用过的子弹壳，这有力地支持了大多数目击者有关子弹是从该楼的较高的楼层射出的印象。后来对这把意大利造步枪的序列号的检查揭示，它是该库房的一位名叫李·哈维·奥斯瓦尔德的雇员于1963年3月12日用“A·希德尔”这个假名通过邮购的方式购买的。根据以上证据，任何理性的陪审团都可以得出奥斯瓦尔德有实施刺杀的手段的结论。

机会

在谋杀发生那天，人们看见奥斯瓦尔德提着一个很长的包裹走进那座大楼。他说包裹中装的是窗帘杆。尽管警察对该楼房开展了仔细的搜查，但是他们从来就没有找到这些窗帘杆——在其他任何地方也没有找到。因此我们可以得出一个符合逻辑的结论，即该包裹中所装的是被拆卸的马尼力切尔—卡尔卡诺步枪。尽管有人声称奥斯瓦尔德在枪击时不在现场，但是他没有不在场的证明。他的一位同事在枪击发生前35分钟在该楼房的第六层看见了他，并且他的主管和一名警察在枪击发生90秒钟之后也在二楼的餐厅中看见了他。但是在枪击发生的那段时间内，他的去向是一个谜。正如任何一个辩护律师都会指出的，这意味着在该楼房中没有一个人能够确定地证明，奥斯瓦尔德在那个关键的时刻就在该楼的六层。但是他在枪击发生时很可能就在该楼中，因此有机会实施这一犯罪。

动机

尽管法律并不要求证明动机，但是明显的动机是针对被告人最有力的证据。所以公诉人都希望能够对陪审团说："甲之所以杀死乙，是因为……"在该案中，我们无法找到很明确的动机。尽管奥斯瓦尔德曾经对资本主义和美国殖民主义的各种罪恶公开地大加斥责，但是从来没有人听到他对肯尼迪个人进行过威胁。这足以使许多人怀疑他是否参与了刺杀。但是这些持怀疑态度的人应该听一听英国前北爱尔兰国务大臣汤姆·金——他本人曾经多次受到恐怖主义威胁——有关恐怖主义威胁的评论："如果他们真的想杀死你的话，他们是不会事先打个电话告诉你的。"[2]

在没有公开表达的动机的情况下，公诉人可能会强调奥斯瓦尔德的自恋和变态的人格。他曾于1959年叛逃到苏联，但是却又在1962年回到了美国。除了这一怪异的事件外，在他的经历中还有许多可以让精神病医生大做文章的事情：在青少年时期，奥斯瓦尔德曾经两次

---

2 *Times* (March 16, 2001).

用刀子威胁他的熟人；在海军陆战队服役期间，他为了避免调动而向自己的手臂开枪；在苏联，他与一名妇女结婚之后反复对她实施虐待。1963年4月，他的暴力倾向有了质的飞跃。在购买了那把步枪仅一个月之后，他就试图枪杀达拉斯的一名激进的右翼分子——埃德温·沃克少将。这件事情在肯尼迪被刺杀后才为人们所知。

如果在刺杀发生前奥斯瓦尔德的行为表明他愿意使用极端暴力的话，那么他在迪雷广场事件发生之后的行为表现出他在突然意识到自己所实施的灾难性的行动后精神完全失常的各种典型的特征。一个本来只会高喊空洞口号的家伙突然采取了果断的行动，接着就稀里糊涂地干了一系列使自己的罪行暴露无遗的愚蠢的事情。

在枪击发生几分钟后奥斯瓦尔德就离开了那座楼房。他后来说，那是因为他的工头比尔·谢利告诉他"那天在这座楼房中已经没有什么活可做了"[3]（谢利坚决地否认他曾经这样说过）。奥斯瓦尔德这个如此关心政治的人——别忘了他是个可以用枯燥的说教喋喋不休地将他身边的熟人烦得发疯的马克思主义鼓动家——却对眼前所发生的如此重大的政治事件表现出了奇怪的无动于衷的态度。他毫不理会达拉斯市中心的混乱场面，径直回到了他所租住的房子里，抓起了一把手枪，而后又走了出去。他似乎毫无目的地游荡了大约1英里的路程，于下午1点15分左右来到了第十街和帕顿街的交叉路口。在那里他被当时正开着一辆警车经过的提皮特警官拦住。那时警察广播频道已经开始播放迪雷广场枪击事件嫌疑犯的特征描述，提皮特认为奥斯瓦尔德符合这些特征。他走出警车并开始对其进行讯问。在经过几句短暂的问话之后，奥斯瓦尔德突然掏出手枪开了火。提皮特受到了致命伤，倒在了地上。有两个人目击了枪击过程，另外有7个人看到凶手逃离

3 *Warren Commission Report* (Washington, D.C.: U.S. Government Printing Office, 1964), p.182.

现场。所有这9个证人都肯定地指认奥斯瓦尔德为凶手。

一刻钟之后人们看见奥斯瓦尔德在听到警车的警笛声之后鬼鬼祟祟地躲进一家商店的门厅内。在危险过去之后，他从商店的门口走了出来并躲进了附近一家名叫得克萨斯剧院的电影院。他在电影院中的反常举止促使人们立即打电话报了警。在警察赶到之后，奥斯瓦尔德企图再一次开枪袭警，但是在经过一番挣扎之后他被制服并被逮捕。

在看守所里，奥斯瓦尔德做了一连串对他自己不利的蠢事。他摆出一副军营律师的姿态，其行为举止时而自负，时而荒唐。他撒了一连串可笑而又毫无必要的谎言，并被一一当场揭穿。但是他的确成功地使出了一个绝招。那天晚上，当他被带出来与媒体见面的时候说了一句著名的话——“我是个当了替罪羊的傻瓜”，然后就被匆忙地带走了。奥斯瓦尔德是个有着操纵媒体记录的自我推销专家，知道应该对媒体说什么。他仅仅用这短短的一句话，就为上百个阴谋理论奠定了基础。

除了这句话之外，当时没有任何迹象显示他是与其他人合谋刺杀总统的，或者这起谋杀是一个精心策划的行动。事实恰恰相反：整个刺杀事件充满自发性，而那些有关奥斯瓦尔德“不够聪明”，因此没有能力单独实施刺杀总统的行动的说法是毫无根据的。整个谋杀行动的策划、实施和掩盖都做得十分拙劣。

法医学证据

如果该案能够到达审判阶段的话，那么公诉方的主要证据就是奥斯瓦尔德在用于谋杀的武器上所留下的指纹。该指纹位于一个很难够到的地方——那把马尼力切尔—卡尔卡诺步枪枪管的下方。这意味着，只有在步枪处于被拆卸状态的时候才能在这个部位留下指纹。因此人们推测，这枚指纹是奥斯瓦尔德在组装步枪时留下的。由于枪托的木头非常粗糙，因此无法提取那里的指纹。

由于丢弃在现场的用于包裹步枪的包装材料以及窗户边两个被堆在一起的箱子上都留有奥斯瓦尔德的指纹，因此可以排除合理怀疑而确定，他当时就在作案现场。

这把步枪提供了另一个重要的线索。在步枪枪托片和木托之间的缝隙中有一小撮深蓝、灰黑和橙黄色三种颜色的棉线。联邦调查局实验室下属毛发和纤维试验科的保罗·斯通博侦探检查了这些纤维，并将其与奥斯瓦尔德在被捕时所穿的衬衫上的纤维进行了比较。它们是相一致的。斯通博说道：“我毫不怀疑这些纤维可能来自这件衬衫。”但是他谨慎地补充道：“但是，我们无法排除这些纤维来自另一件相同的衬衫的可能性。”[4]

调查人员非常想知道奥斯瓦尔德最近是否使用过枪支。为此他们求助于石蜡试验。这一有争议的试验最早于1933年在美国使用。在试验中，首先用熔化的石蜡刷在嫌疑人可能开过枪的手上，形成一层很薄的“手套”。在这一石蜡“手套”冷却后将其从手上取下，然后用二苯胺——一种用以检测在开枪之后从子弹火药中产生并附着于皮肤上的硝酸盐和亚硝酸盐的试剂——的酸溶液进行处理。如果在石蜡中有蓝色的片状物，那么测试就呈阳性。

对奥斯瓦尔德的测试结果相互矛盾。在他的双手检测到了硝酸盐，但是他的脸颊上却没有，这表明他曾经开过枪，但是并不是顶在肩膀上的步枪。沃伦报告的批评者们得意洋洋地声称，这一测试结果证明奥斯瓦尔德与肯尼迪刺杀案无关。不幸的是，它实际上并不能证明这一点。由于硝酸盐在我们的环境中无所不在——化肥、烟草、尿、

4 *Warren Commission Report*, p.592.

化妆品，甚至某些食物中都含有这种化合物，因此在石蜡测试中假阳性和假阴性的结果非常普遍。这使得一位专家宣布："实际上，石蜡测试没有特异性，因此没有科学实用价值。"[5]

将奥斯瓦尔德，并且只将奥斯瓦尔德与这支步枪联系起来的最后一个证据就是购买该枪的一张邮购单。该邮购单上显示，该枪包括邮费在内的总价格为20.95美元。来自财政部和联邦调查局的文件鉴定专家以毫不含糊的口气作证说，邮购单上用印刷体书写的文字以及信封上的文字都是出于李·哈维·奥斯瓦尔德之手。

如果奥斯瓦尔德真的像有些人所声称的那样是被人阴谋陷害的话，那么看来大部分陷害工作都由他自己承担了。

开枪的次数

阴谋论者相信，在迪雷广场有不止一个刺客，当时那辆总统轿车正处于致命的交叉火力之下。为了仔细审查这种说法，我们首先需要确定当时究竟开了几枪。沃伦委员会总共询问了200个左右的证人。大概每19个人中有18个人认为当时开了3枪。只有5%的被调查者认为他们听到了多于3声的枪响。而这很可能是由广场周围建筑物产生的回音所造成的。这很可能也是导致2%的证人认为枪声是从不同方向传来的原因。

1979年，专为调查肯尼迪等谋杀案而成立的参众两院刺杀事件调查委员会得出了一个引起轰动的结论：根据新的声学证据，肯尼迪被刺杀时在迪雷广场很可能有两名枪手。这一证据来自当时所录的一段录音带。刺杀事件发生时，在总统车队中驾驶一辆摩托车的达拉斯警

5 Vincent J. M. Di Maio, *Gunshot Wounds: Practical Aspects of Firearms, Ballistics, and Forensic Techniques* (New York: Elsevier Science Publishing, 1985), p.267.

官H·B·麦克莱恩所佩戴的对讲机麦克风正处于打开状态。根据调查委员会所聘用的专家的意见，在当时其所使用的那个通讯频道的录音的一个片断中某些脉冲信号可能是步枪枪声所造成的。虽然由于录音带上的背景杂音，这些声音是人耳所无法分辨的，但是摄谱仪分析确定了这些脉冲信号的声波形式。

这听起来很令人兴奋，但是这种兴奋没有持续多长时间。科学家们很快发现，在该录音带上存在着“过分录音”的问题。[6]上面所提到的这些声音所发出的时间实际上比人们原先所想象的要晚。国家科学院弹道声学委员会得出一致结论：“被认为是枪声的那些声音脉冲信号是在总统被枪击并且车队接到前往医院的命令大约一分钟之后所录的。有两个枪手的说法并没有得到可靠的声学数据的支持。”[7]

在这方面最好的证据——在教科书大楼第六层地板上所发现的3个用过的子弹壳——为3次枪响的说法提供了强有力的支持。

枪声的来源

如果说大家已经就枪响的次数达成了广泛一致的话，那么关于这些枪声的来源却总是充满了争议。每个证人有关枪声方向的印象似乎主要取决于他当时所处的位置。大多数证人都本能地认为枪声来自他们的附近：那些位于迪雷广场上坡那一路段的人趋向于认为枪声来自教科书大楼方向；而那些位于相反方向的地下通道附近——也就是那个臭名昭著的长满杂草的圆丘——的旁观者则认为枪声是从那里传来的。由于在对那个长满杂草的圆丘仔细搜查之后没有发现任何用过的子弹壳，并且在场的人都一致认为所有枪声都来自一个方向，因此大

6 *Science* (October 1982).
7 同上。

量的证据表明，当时只有单独的一个狙击手，其位置就在教科书大楼。

这种观点不仅与那些声称看见一个枪手在图书大楼六层开枪的证人的证言相符，也为对总统轿车的法医学分析所证明。调查者在该轿车层压挡风玻璃的内侧表面部位发现了与挡风玻璃外侧的一系列裂纹相对应的铅的残留痕迹。挡风玻璃所遭受的损坏的物理性质表明，它是一块“高速飞行”[8]的子弹碎片从后面击打挡风玻璃内侧所造成的。联邦调查局的工作人员在康纳利夫人所占据的左侧可折式座位的下方发现了 3 块小的铅碎片。通过摄谱比较，所有这些金属碎片“都具有相似的金属构成，但是无法确定其中两块或多块碎片来自同一颗子弹”[9]。

如果有第二名枪手从不同的角度开枪的话，那么根据逻辑，在轿车上应该可以看到其所造成的损坏。但是没有找到任何这样的损坏。因此只有两种可能：或者这个枪手所打的每一枪都未击中目标，或者他或她根本就不存在。

尸检

很少有证据能够比一具被谋杀的尸体更具有说服力。如果能够对其进行恰当的解释的话，那么它可以告诉我们很多东西。如果受害者是死于枪伤，那么它可以告诉我们谋杀所使用的子弹的类型以及枪与受害者的大致联系。如果体内留有子弹或子弹碎片的话，那么它往往还可以帮助我们确认谋杀所使用的武器。即使我们承认，将肯尼迪总统的遗体从达拉斯运走的行为是明目张胆的违法行为——事实也的确如此，谋杀发生的那天晚上在马里兰贝瑟达海军医院所进行的尸检也

---

8 *Warren Commission Report*, p.77.

9 同上。

对约翰·F·肯尼迪总统的尸检是历史上最具争议的尸检之一（图片来源：美国国家档案馆）

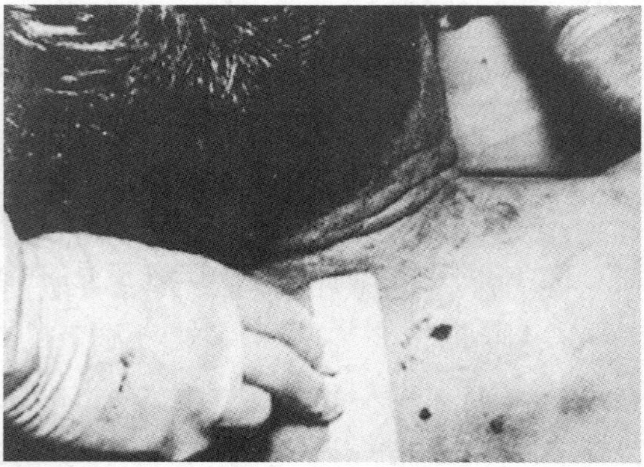

是非常谨慎和周详的，因为负责尸检的法医专家小组肯定认识到，他们的行为将会受到历史无情的检验。他们没有发现任何与有关只有一个枪手的推理相矛盾的证据。

肯尼迪总统被两颗子弹击中。第一颗子弹从他的上背部进入他的身体，从其前颈部下方穿出，并将他的领结削掉了一小部分。然后这个子弹显然进入了康纳利背部右侧，顺其右胸向下运行，从其右乳头下方穿出。该子弹在受到层层阻碍之后破坏力逐渐减弱。它穿过康纳利的右手腕并进入了他的左大腿，在那里它只造成了一些表面伤。

第二颗直接命中的子弹被证明是致命的。它打在了肯尼迪头的右下部，造成了一个15毫米长、6毫米宽的进入伤。该伤口6毫米的宽度要小于子弹6.5毫米的直径，这是由于子弹穿过之后，伤口的皮肤收缩所造成的。该子弹在对肯尼迪的大脑造成灾难性的损伤之后穿出了他的头部并留下了一个很大的伤口。

枪伤专家、武装部队病理学研究所伤口弹道病理学研究室主任皮埃尔·A·芬克上校向沃伦委员会详细介绍了子弹击中肯尼迪总统头颅时所发生的情况。当子弹从一个点进入颅腔并从另一点出来时，它会对总统的头颅造成斜角效应。芬克上校说道："我认为肯尼迪总统是从后面被击中的。子弹从他后脑进入头颅，然后从头颅右侧穿出……他是被从后上方飞来的子弹击中的。"[10]

芬克的这一结论得到了在贝瑟达海军医院对肯尼迪进行尸检的3位医生的肯定。在肯尼迪头颅中的所有子弹碎片都位于头颅中心线的右侧，这就排除了子弹从头颅右前侧进入的可能性。他们一致认为，"子弹从总统后脑勺进入，然后从其头部右侧一个很大的伤口穿出"[11]。

有些人说奥斯瓦尔德的同谋通过某种方法接触到了总统的遗体，并且对其巧妙地做了手脚，从而骗过了这3位验尸官。这种离奇的说法根本不值得评论。肯尼迪和康纳利所受到的枪伤都是呈从上向下的运行轨迹，这毫无疑问地证明子弹是从总统轿车的后上方射过来的。

弹道学证据

那把马尼力切尔—卡尔卡诺步枪虽然不是最高质量的步枪，但是其子弹出膛速度为每秒钟2160英尺，足以轻松完成这一刺杀任务。联邦调查局的试射证明，正是这把步枪——而不是任何其他枪支——发射的子弹杀死了肯尼迪并重伤了康纳利。

人们还将这支步枪与1963年4月10日在达拉斯发生的一起悬而未决的谋杀未遂案联系了起来，虽然这种联系还不能被完全确认。在这起案件中，有人通过窗户向杰纳勒尔·沃克少将的家中开了一枪，差点击中他的头部。后来发现的奥斯瓦尔德所写的一封信表明，这颗子弹正是他发射的。不幸的是，从犯罪现场所找到的那颗子弹损害太

---

10 *Warren Commission Report*, p.86.

11 同上，p.87。

严重了，因此无法将其与杀死肯尼迪的那颗子弹进行精确对比。当人们问联邦调查局弹道鉴定专家罗伯特·A·弗雷泽，这颗子弹是否可能是从那把马尼力切尔—卡尔卡诺步枪中发射的时，他所能够回答的就是："那把枪的大致膛线特征……与在那颗子弹上所发现的膛线特征属于同一类型。"[12]没有任何显微特征或其他证据表明，那颗6.5毫米口径的子弹不是从奥斯瓦尔德所拥有的那把马尼力切尔—卡尔卡诺步枪中发射的。

"神奇的子弹"

这是历史上最臭名昭著的也是受到人们最肆无忌惮地利用的子弹。人们在帕克兰纪念医院从康纳利的担架上找到了这颗西部子弹公司所制造的6.5毫米子弹并对其照了相。考虑到它对两个人体所造成的巨大的伤害，这颗子弹乍看起来其完好程度令人称奇。但是就像肯尼迪刺杀案中许多其他事物一样，事实往往比人们想象的要平淡无奇得多。这颗子弹的另一张鲜为人知的照片显示，该子弹远非完好无缺。其基部已经弯曲扁平，子弹核心部分的材料也露了出来。

这颗子弹的相对完整状态可以通过以下事实加以解释：这颗全金属包裹的子弹穿过了肯尼迪颈部的软组织，打了个滚，然后从侧面击中康纳利的肋骨，接着打穿他的手腕，最后打在他的大腿上。但是到了那个时候其速度已经很低，不足以对子弹造成进一步的损害。

虽然"一颗子弹理论"受到了那些坚持康纳利是被第二位刺客所射出的完全不同的子弹打中的人的诅咒，但是它更符合事实。让我们

---

12 *Warren Commission Report*, pp.183—187.

再回顾一下事情发生的经过。没有人否认击中肯尼迪总统的第一颗子弹是从其后上方打过来的。当这颗子弹以每秒1 800英尺的速度从总统的喉咙穿出的时候，它仍然具有巨大的破坏力。这样一个飞行物是不可能就此人间蒸发的。它肯定还会打到什么地方。但是在轿车中找不到任何表明子弹与之撞击的地方——没有凹陷的地方、没有擦划过的痕迹、也没有弹孔。因此，除非这颗子弹在击中总统后突然转了一个90度的弯，从轿车挡风玻璃的上方飞了出去，否则它唯一的去处就是从背部进入康纳利州长的体内。沃伦委员会强调了这一点："在肯尼迪总统被击中颈部时他和康纳利州长的相对位置表明，同一颗子弹很可能穿过了他们两个人的身体。"[13]

最后一颗也是最具破坏力的子弹在肯尼迪的头颅中留下了40个金属碎片。通过摄谱仪比较发现，它们与在轿车前部所找到的子弹碎片相符。由于所有这些碎片都可以追溯到这把马尼力切尔—卡尔卡诺步枪所发射的子弹上去，因此没有弹道学证据表明，在刺杀肯尼迪总统的过程中使用了任何其他枪支。

如果有确凿的证据证明奥斯瓦尔德购买和使用了杀死肯尼迪的那把步枪，那么人们经常重复的有关当过兵的奥斯瓦尔德枪法太差，几乎在20步之外都无法打中一个谷仓，所以根本没有能力实施这一刺杀行动的论点又该如何回答呢?

奥斯瓦尔德糟糕的枪法曾经被一些人用来大做文章。在海军陆战队服役期间，尽管奥斯瓦尔德通过了两次军方的技能测试，但是他被认为是一个平庸的射手。有一个战友曾经说过："如果你让我在全美国的人中选择一个人来用枪打我的话，我会选择奥斯瓦尔德。我见过这个家伙打枪。他绝不可能掌握在达拉斯实施刺杀肯尼迪行动所需的

---

13 *Warren Commission Report*, p.105.

刺杀发生后第二天在警察局拍摄的李·哈维·奥斯瓦尔德的头像（图片来源：美国国家档案馆）

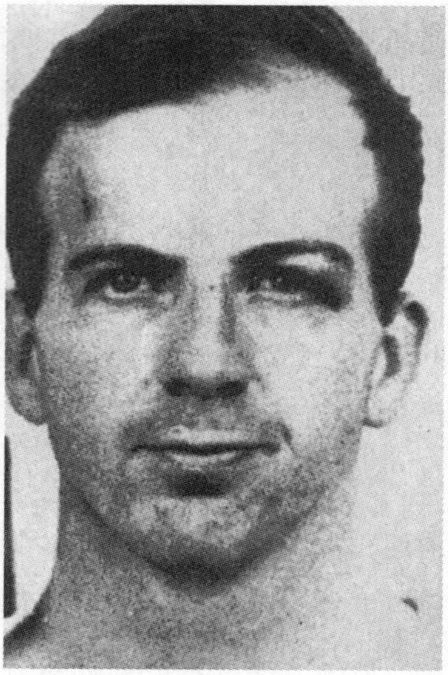

枪法。”[14]

但是刺杀肯尼迪的行动究竟有多难呢？在第一颗子弹发射的时候，总统轿车正以大约每小时11英里的速度经过教科书大楼。即使目标移动如此缓慢，并且刺客使用了4倍望远瞄准镜，他还是完全没有打中目标。不管是出于什么原因——最可能的原因就是挡在枪手和目标之间的一根树枝，这颗子弹偏离了方向，并且永远也没有被找到。然后，当总统轿车缓缓驶下这一条街道的斜坡，朝着枪手视野的右边开过来的时候，他开了第二枪和第三枪。在他打最后也是射程最远的一枪的时候，从枪手所在的窗口到目标间的距离也只有88码。即使这一刺杀行动相对来说很容易，但是刺客所射出的3颗子弹中只有1颗打中了他所预期的目标（肯尼迪总统的头部）。这正是一个枪法平庸、紧张不安的枪手所应有的表现。这是一次业余和笨拙的刺杀行动，是

14 *Henry Hurt*, *Reasonable Doubt* (New York: Holt, Rinehart, & Winston, 1985), p.99.

对那些有关这是一个“熟练的雇佣杀手”所为的说法的嘲讽。在这么近的距离内，一个专业杀手只需一枪就可以将肯尼迪总统的脑袋打碎。

如果我们接受这一思路的话，那么大多数阴谋理论就会不攻自破。很难想象，一个阴谋团伙可以狡猾到用几个月的时间来为奥斯瓦尔德的刺杀行动作准备而不留下自己的任何蛛丝马迹，但是他们却又愚蠢到将希望寄托在这样一个枪法如此糟糕、已经有过一次失败的刺杀尝试经历的枪手身上。

扎普鲁德尔电影胶卷

很少有谋杀案会被记录在电影胶卷上留给子孙后代。如果谋杀发生时不是亚伯拉罕·扎普鲁德尔正拿着他的家用摄影机站在迪雷广场靠近地下通道附近的话，那么真不知道那些阴谋理论要把我们误导到什么地方去呢。扎普鲁德尔在那天所捕捉到的这段令人毛骨悚然的影像至少可以保证有关这一刺杀事件的讨论在可信的范围内展开。

联邦调查局在检查了扎普鲁德尔的那个贝尔和豪威尔414PD型号8毫米盘式胶卷摄影机之后，他们确定它的拍摄速度为每秒18.3帖。通过对这一盘电影胶卷的每一帧画面进行编号，就可以计算出总统轿车通过迪雷广场那一短暂旅程的时间进程。这被证明是具有关键意义的。

根据有关这一刺杀事件的早期报道，第一颗子弹击中总统的颈部，第二颗子弹击伤州长，第三颗子弹击碎了总统的头。但是电影胶卷显示，大概在第160帧和第161帧的时候，肯尼迪突然向他的右边看去，好像被一个突然发出的声音所吸引。在半秒钟之内，总统轿车上的每一个人以及后面一辆负责安全保卫的汽车上的两名秘密警察都专注地向他们的右侧看去。这很可能是他们对完全偏离总统轿车的第一颗子弹的反应。这就将我们引入另一个令人疑惑的领域。

根据大多数位于迪雷广场上的目击者的估计，这3颗子弹是在5—6秒的时间内发射的。这一时间之短，足以使人们提出一个合理的问题：奥斯瓦尔德是否有能力在这么短的时间内连发3枪（即使是一个熟练的枪手也不能在2.3秒的时间内给那把行动迟缓的马尼力切尔—卡尔卡诺步枪重新上膛然后再发射）？然而，众所周知，人们判断时间流逝的能力是很不可靠的。在处于精神压力的情况下更是如此。对电影胶卷的逐帧分析表明，射击的“机会窗口”实际上要比大多数人想象的大。

正如我们前面看到的，该电影显示，第一颗未击中目标的子弹是在第160帧的时候发射的，这远远早于在轿车上的人被子弹击中的时间。遗憾的是，我们无法精确地确定肯尼迪第一次被击中的时间。我们所可能确定的就是，在第210帧和第225帧之间的某个时间，肯尼迪总统受到了某种伤害。在电影中，肯尼迪的身影在第210帧被一个路标挡住，在第225帧重新出现在视野中。第225帧显示总统身体向前弯曲，双手紧抓他那被子弹击伤的颈部。10帧——也就是半秒钟——之后，康纳利在被子弹击中背部后也显示出极为痛苦的迹象。很可能是对击伤肯尼迪的那颗子弹的延迟的反应。中央神经系统对突然受到的创伤所作出的反应是完全难以预料的。正如沃伦报告所指出的：“根据专家的意见，在某些情况下，受害者可能甚至不知道他身体的什么部位被击中了，或者他是在什么时候被击中的。”[15]

而最后的那颗致命的子弹则不存在这种不确定性。在第313帧的地方肯尼迪的头被打爆了。使用简单的算术——（313 － 225）÷

15 *Warren Commission Report*, p.97.

18.3=4.8——我们可以计算出在击伤肯尼迪的子弹和打死肯尼迪的子弹所发射的时间的间隔至少有5秒。即使是奥斯瓦尔德这样笨拙的枪手，这个时间也足够他用来重新给枪上膛、瞄准和射击了。我们还应该记住，人们说他笨拙，根据的是海军陆战队的高标准。更重要的是，使用和上面相同的算术公式，我们可以计算出整个伏击过程的持续时间：（313 − 160）÷ 18.3=8.4秒，远远长于大多数目击者所估计的时间。

扎普鲁德尔的电影提供了很多有用的信息。它使得调查人员能够确定枪手在打中肯尼迪之后是否能够在教科书大楼六层的视野中看到肯尼迪总统倒下。1964年5月24日，一辆模拟总统轿车的汽车驶过榆树街，车上两个替身分别站在总统和州长的位置。位于教科书大楼六层那个窗户口的一位侦探用装在马尼力切尔—卡尔卡诺步枪上的望远瞄准镜追踪这辆汽车——就像那名凶手据说在11月22日所做的那样。通过细致的安排，他们使通过那支步枪望远镜所拍摄的描绘“刺客的视野”的电影与扎普鲁德尔的电影完全同步。当电影胶卷走到第160帧的时候，刺客可以清楚地看到目标在其下方缓缓驶过。他开了一枪，但是没有打中目标。当他赶忙重装子弹的时候，在第166帧和第210帧之间，总统轿车被一颗橡树的枝叶挡在了他的视线之外。在第210帧的时候他第二次开枪，打中了总统的背部。又过了5—6秒钟，他最后一次扣动了扳机，并造成了灾难性的后果。

这是扎普鲁德尔电影中最具争议性的一点。因为总统在受到最后一次枪击的时候，他的头部似乎猛烈地向后甩了一下，所以许多人争辩说，子弹是从前方打中肯尼迪的头部的。不幸的是，这只不过是好莱坞所制造的一个神话。在好莱坞电影虚假的枪击场面中，中枪者往往因受到子弹的巨大撞击力而被向后甩了出去。这些人显然是好莱坞电影看得太多了，他们忘记了在现实生活中这种事情实际上是不会发生的。受到枪击的人往往会原地倒下。虽然子弹的撞击力量可能是非常巨大的，但是这种力量持续时间非常短暂，肯定不足以造成动作片导演所喜欢的那种就像是从大炮口被射出的那种效果。

在第一次受到枪击的时候，肯尼迪总统的神经系统已经遭到了破坏。他的一些软组织被子弹撕下并被推进了他的脊椎之中，因此他头部所受到的枪击立即造成了大规模的神经系统损害，包括对脊椎中神经的刺激，并引发了神经—肌肉痉挛。

在扎普鲁德尔的电影中，没有一帧图像支持有关在迪雷广场的花岗岩石或绿化带中隐藏着一个刺杀小组，等待总统通过时对他开枪的说法。也没有任何证据可以反驳有关所有的子弹都是由躲在位于轿车的后上方的教科书大楼六层“狙击手藏身处”的一名枪手所发射的说法。

如果这个案件可以进入审判阶段的话，那么以上这些证据足以将奥斯瓦尔德100次送上电椅。但是令人难以置信的是，直到现在仍然有些人相信奥斯瓦尔德完全没有参与肯尼迪总统的谋杀案，并且他真的是一个“做了替罪羊的傻瓜”。持这种观点的人等于是相信那些陷害奥斯瓦尔德的人所设的陷阱是如此巧妙，以至于连马基亚韦利也不得不对之大加赞赏：这些阴谋分子首先具有非凡的预知能力，他们在刺杀事件发生6个月之前——也就是总统前往达拉斯的行程远没有确定之前——就将奥斯瓦尔德这个具有心理变态的孤僻怪人安排在俯视迪雷广场的那座大楼中工作；然后他们还诱骗他购买了刺杀肯尼迪总统的那把步枪；伪造了一张他端着这把步枪的照片；设法将他的指纹留在谋杀武器以及“狙击手藏身处”；确保他在枪击时没有不在场的证据；让他在达拉斯市中心处于一片混乱之时若无其事地走出教科书大楼；然后，当他们的“替罪羊傻瓜”毫无理由地枪杀一名警官并在试图枪杀另一名警官时被逮捕，从而进一步勒紧套在自己脖子上的绞索的时候，坐在那里为他们难以置信的好运而举杯庆贺。

当然，这样荒唐的一系列事件根本没有发生。不管是作为一个单独的刺客还是作为一个邪恶的团伙的成员——尽管那些相信这一说法的人们写了几百万字的东西，但是没有一星半点可信的证据可以用来支持这种阴谋理论——奥斯瓦尔德都与肯尼迪总统之死有着无法摆脱的干系。

他具有谋杀肯尼迪总统的手段和机会，并且还很可能有着没有公开表达的目的。他决心要成为一个“人物”。他过去的各种怪癖行为——包括在冷战高峰时期叛逃到苏联和他在新奥尔良大街上充满挑衅的支持古巴的游行——都表明他是一个不甘心默默无闻的人。但是他又没有出人头地所需的才能。这个能力低下、心理变态、因为自己的“巨大天赋”得不到社会承认而感到愤愤不平的家伙，正是人们所说的“手里拿着枪的疯子”的典型写照。因此他选择使用暴力一点也不值得奇怪。令人震惊的是他所制造的暴力事件的规模。许多遭受挫折或希望得到“承认”的变态者都会选择持枪对他们的办公室或教室进行扫射，但是他们中很少有人会选择拿起一个带望远瞄准镜的步枪去刺杀美国总统。

第十一章

Jeffrey MacDonald

杰弗里·麦克唐纳（1970年）

致命的修正

对于杰弗里·麦克唐纳，没有人持中间态度。每个人都有他的见解。对于《致命的修正》这本书的无数忠实读者而言，麦克唐纳就是那个在精神崩溃后杀死自己的家人，然后在电视节目上和主持人说俏皮话逗趣的心理变态的军医。而对于他的大批支持者——其队伍还在日益壮大——来说，他是糟糕的法医工作和压制证据行为的受害者。他因为政府所策划的一个阴谋和军队的陷害而不得不在铁窗中度过其一生。

如果你要相信以上这种说法的话，那么你首先必须接受这样一种观点，即军方为了挽救一个退休中校的充满幻觉的吸毒女儿而不惜陷害一个医术精湛的大夫，这似乎不大可能。但是对于麦克唐纳的支持者中的那些极端分子而言，没有什么是不可能的。

在1970年最早赶到犯罪现场的军方侦探、现在已成为当地一个警察局长的约翰·霍奇斯说道："有些人就是拒绝承认明明摆在他们面前的事实。他们就是无法相信，一个与他们具有相同素质的人竟然会做出这种事情。"[1]

这句话说中了麦克唐纳案的要害。那些愤怒的阴谋论者也许是一群势利眼：他们热衷于支持的是那些来自上层社会的并且——如果可能的话——具有一定资格的专业人士。在其内心深处，他们中的大多数人都不会有多大热情去帮助像迈克尔·雷·格雷厄姆这种衣衫褴褛的流浪汉——后者因为一起显然不是他实施的谋杀案而在路易斯安那的死囚牢中被关了13年。当他于2000年被从安哥拉监狱释放时，几乎没有引起人们的任何关注。但是只要一提起麦克唐纳这个身材高大、长着一双蓝色眼睛、在普林斯顿受过教育、戴着绿色贝雷帽的医生的遭遇，你就会发现他们立即就变得义愤填膺了。

并不是所有人都对此感到惊讶，因为在寻求支持和捐助方面，麦克唐纳总是具有迈达斯*一样的天赋。1979年，在他飞回北加利福尼亚接受审判之前，长滩警察联合会还为了帮助他筹款支付其律师费用而举办了一次每道菜100美元的豪华晚宴，并把他请为嘉宾呢！

如果你读一下名为《麦克唐纳辩护最新消息》的不定期通报或者浏览一下众多的支持麦克唐纳的网站，你可能会相信，麦克唐纳的确是落入了一个穷困潦倒而又诡计多端的作家的魔掌。后者为了挽回自己衰败的命运而处心积虑地将发生在麦克唐纳身上的悲剧变成了一本畅销书。

事实并非如此。

---

1 *Fayetteville Observer* (February 17, 2000).

* 传说中的佛里几亚国王，他贪恋财富，曾求神赐给他点物成金的法术，于是酒神狄俄尼索斯把点金术传给他。结果他手指点到的东西都变成了金子，以至于无法生活，于是再次向神祈祷，一切才恢复原状。——译者注

无论麦克唐纳受到他的文学合作者怎样的恶毒攻击或者误导，《致命的修正》一书对审判结果并没有产生任何影响。事实上，当陪审团认定这个26岁的军医杀害了他的所有家庭成员之时，那本书的初稿还没有写出来呢。

在1970年2月那个潮湿阴冷、细雨朦胧的夜晚所发生的事件使整个国家处于震惊之中。整个事情是从布拉格要塞急救中心所接到的一个电话开始的。电话中，一名男子喘着粗气，用脆弱的声音嘟囔着说有人被刀捅了，然后就提供了一个地址。

当时的时间是凌晨3点42分。

几分钟之后，位于城堡街544号的那座复式小红砖房看起来就像一个炸了窝的蚁穴，到处都是忙碌的军警。他们中的大多数人都被他们所看到情景惊呆了：在主卧室中，身怀六甲、浑身肿胀的科利特·麦克唐纳四肢摊开趴在地板上，她所穿的一件粉红色睡衣被鲜血染成了深红色。她两腿叉开，头部和脸部被砸得血肉模糊。在她的胸部盖着一件被扎得千疮百孔、沾满血迹的蓝色睡衣。在她的身边，一动不动地躺着一个只穿着一条蓝色睡裤的男人。他的头枕在她的胸部，一只胳膊搂着她的脖子。在离他们不远的地毯上，扔着一把削皮用的小刀。在尸体上方的床头板上，有一个用鲜血写成的“猪”字。

杰弗里·麦克唐纳上尉呻吟着说道：“去看看我的孩子，我刚才听到他们在哭。”

在走廊的另一头，人们发现了更多的令人惨不忍睹的场面。在两个不同的卧室中，麦克唐纳家的两个女孩——五岁的金伯利和两岁的克里斯滕——都被砍成了碎片。

麦克唐纳家除了一个人之外全部被杀害。而这唯一的幸存者显然也需要立即送医院进行救治。在他被用担架抬走之前，麦克唐纳急促不清地讲述了他在起居室中遭到一群嬉皮士攻击的怪诞经过：攻击者中有两名白人男子、一名黑人男子和一名长着金色长发、头戴一顶大软帽、脚穿长筒靴、手里拿着一枝蜡烛的白人女子。在整个过程中她不断唱着："……迷幻药妙极了……杀死这些猪。"[2]

在听到那些凶残的嬉皮士之后，对该案的调查工作立即升温。仅仅6个月前，一群自称为"曼森家庭"的嬉皮士就在好莱坞对电影明星大开杀戒，造成7人死亡。他们也在一个犯罪现场用血写下了"猪"这个字。是不是这一噩梦又重现了？

第一个来到城堡街544号的军队刑侦科的威廉·艾弗里警官这时已经面临着他自己的噩梦了：当时这座房子更像一个地铁站，而不是"被保护的犯罪现场"。他亟需在一片混乱中维持某种秩序。当时已有十几名军警在这座房子和他们的吉普车之间跑来跑去，每次都要走过门前那块被雨水浸湿的草地；房中的家具被移来移去；电话都被挪了位置；门和其他物体的表面被擦得干干净净；人们毫无顾忌地在从一个房间走到另一个房间。后来他发现，有人还竟然把麦克唐纳的钱包揣进了自己的腰包！在这种情况下，有多少证据被销毁、污染、移动和破坏？艾弗里一想到这个问题就不禁打了个冷战。

尽管如此，他还是在这一片混乱之中发现了一些反常的迹象。

首先，当军警赶到的时候，这座房子处于一片黑暗之中。艾弗里感到这很奇怪。打电话求助的人为什么连灯都不开呢？

然后就是那个起居室。考虑到麦克唐纳曾在这么狭小的空间内与三个持械的男性攻击者进行过殊死的搏斗，这个起居室看上去简直过于整洁了。一张被推翻的咖啡桌、几本被弄乱了的杂志、一个被打翻了的空花瓶、撒落在地毯上的花瓶中的东西以及在房间的角落发现的溅有一小块血迹的一副眼镜——这就是表明这个小房间内曾经发生了

2 Joe McGinnis, *Fatal Vision* (New York: Signet, 1984), p.15.

麦克唐纳家中那个整洁得让人感到阴森恐怖的起居室，麦克唐纳声称曾在那里与凶手展开过殊死搏斗（图片来源：*Federal exhibit*: United States v. MacDonald）

一场生死搏斗的迹象。

艾弗里摇了摇头，陷入了沉思。

奇怪的现象不仅仅出现在犯罪现场。麦克唐纳被紧急送往沃马克军医院。在听说了麦克唐纳家所发生的情况后，急救室大夫估计他肯定遭受了严重的创伤。但是令他们感到震惊的是，他们只发现了他胸部有一个只需用纱布包扎的小伤口、在额角有一个没有被磕破皮的包，以及一些不需要缝合的轻微扎伤。唯一令他们担心的是肺活量的减少，这预示着他的右肺可能有部分塌陷。而随后的诊断证实了这一点。

在接受治疗期间，麦克唐纳更为详细地叙述了受到攻击的经过。他说当时他正躺在起居室的沙发上睡觉，突然被科利特痛苦的叫声吵醒。当他的眼睛适应了当时漆黑的环境之后，他看到三个男人正站在他的面前。其中的一个黑人用一块木头砸了他一下，然后麦克唐纳就与他们展开了一场恶斗，直到他精疲力竭，在雨点般的打击下失去了知觉。

过了一段时间，他苏醒了过来，发现自己的伤口还在流血。他摇摇晃晃地从一个房间走到另一个房间。直到这时他才意识到这场攻击是多么的可怕。他试图一个一个地挽救他的家庭成员的生命，但一切都是徒劳。他使用了最后的一点力气跌跌撞撞地跑到电话旁边，给急救中心打了电话，然后就倒在了他妻子血肉模糊的尸体上。

躺在病床上的麦克唐纳时而谵妄，时而清醒。但是他始终坚持一点："一定要告诉军警和刑侦科的人，我从我妻子的胸部拔出了那把刀，并把它扔在了地上。"[3]

上午6点，在镇静剂的作用下，杰弗里·麦克唐纳终于进入了昏睡状态。

当麦克唐纳在医院休息的时候，在城堡街544号的法医调查工作仍在继续。在后门的外面，调查人员发现了一块2.5英尺长的木头，据说上面还挂着两根蓝色的细线。在大约20英尺开外的灌木丛下面躺着一把刀子和一把冰锥。它们都被擦干净了。不管在麦克唐纳案中有多少有争议的地方，大家都同意一点：以上这三样东西，再加上在主卧室中发现的那把削皮刀，就是该案中所使用的谋杀武器。根据联邦调查局的调查结果，所有这些东西都来自麦克唐纳的家中。

当科利特的尸体被从卧室地板上抬起的时候，人们在她躺着的地方看到一些蓝色的线头。这很奇怪。根据麦克唐纳的说法，他是在发现科利特的尸体后才将他的睡衣盖在她身上的。那么这些线头怎么会跑到她的身体下面去了呢？在主卧室中一共发现了81根蓝色的线头，

3 Joe McGinnis, *Fatal Vision*, p.21.

包括在写着血字的床头板下面的那两根。在沾满鲜血的床单和被子中间还发现了外科医生所戴的那种橡胶手套的一段手指部分。它被撕破了。好像是在匆忙之中从手上脱下来的。也许它就是那个在床头板上写下“猪”这个字的人所用过的。

在克里斯滕的卧室的地板上有一个像是一个成年人从尸体边走开时留下的光脚的脚印。

与邪教谋杀有关？

但是使调查人员心跳不已的还是他们在起居室中发现的东西。在凌乱的杂志中有一份详细介绍曼森谋杀案的最新一期《时尚先生》。他们怀疑，麦克唐纳是不是受到这篇文章的启发才编造了一个嬉皮士邪教实施谋杀的故事。

在沃马克医院，麦克唐纳继续给他的故事添枝加叶：当这三个男性闯入者举着刀子和冰锥向他冲过来的时候，他设法将他的睡衣从头顶脱了下来——他对细节已经记不清楚了——然后将其缠绕在一只手上，并用它来抵挡对手凶狠的进攻。一些攻击被他挡住了，但是另一些则没有。

那些没有躲过的攻击在他的“左胸部附近……留下了类似针刺所造成的那种刺伤”[4]。这与其他家庭成员所遭受的屠杀形成了鲜明的对比。所有这些都引发了一个问题：为什么这些疯狂的凶手会允许麦克唐纳活下来？他是这场屠杀的唯一目击者。他可以认出他们来。然而他却活了下来，而且几乎没有受到什么伤害。

在这一不可否认的可疑的背景下，调查人员的工作有了一个非常

4 Fort Bragg army report (February 20, 1970).

明确的方向。甚至在麦克唐纳离开医院之前，刑侦科的官员已经谨慎地告诉联邦调查局，他们应该停止寻找那些嬉皮士——所有证据都指向麦克唐纳。他们甚至已经准备提起指控了。

没有人知道为什么当时刑侦科的人会感到如此自信。简单地说，他们处理案件的方式造成了灾难性的后果。他们的问题还不仅仅停留在犯罪现场。重要的证据不断丢失或被销毁。麦克唐纳所穿的那条睡裤本来是公诉人的一个关键的证据，但是它却被沃马克军医院的一个粗心的勤杂工给烧掉了；一个实验室技术员试图从卧室中取出那块留有带血的脚印的地板，结果却将那块地板完全毁掉了；令人难以置信的是，在科利特指甲中发现的皮肤碎片以及在克里斯滕指甲中发现的蓝色线条后来都不翼而飞了。

在该案调查的各个方面都存在问题。一个指纹专家发现在犯罪现场的房子中所拍摄到的五十多枚指纹照片都模糊得无法辨认。他回到被封锁的那个房子中再次拍摄这些指纹的照片，结果却发现那里80%的指纹已经被潮湿的空气破坏得无法使用了。由于许多无法辨认的指纹都已经消失，任何一个有点头脑的辩护律师都可以轻易地推翻公诉人有关该房间中没有入侵者的声称。

尽管如此，刑侦科的调查人员还是在麦克唐纳所讲述的故事中发现了足够的疑点。除了上面已经提到的那些之外，这些疑点还包括：

1．麦克唐纳声称他从其妻子胸部拔出来的那把削皮刀上没有任何指纹；

2．麦克唐纳曾打电话求助，但是他声称他所用过的那两部电话上没有任何血迹，甚至没有指纹；

3．他声称他被扎后倒在了过道中。但是他所倒下的地方却没有任何血迹；

4．在房子的各个地方都可以找到来自他所穿的那套蓝色睡衣的纤维，但是唯独在那个他声称与凶手搏斗的起居室中却没有找到这样的纤维；

5. 在《时尚先生》杂志上涂有麦克唐纳的血迹。另外在一副眼镜上还有一小块他的血迹。除此之外，在他声称与凶手展开殊死搏斗的起居室中再也找不到他的任何血迹了。

而恰恰是这些血迹最能够说明问题。

尽管这样的可能性很小，麦克唐纳家庭中每个成员的血型都不一样。这就使得调查人员能够追踪受害者尤其是杰弗里·麦克唐纳在房子中的活动情况。这个房子中只有两个地方发现了比较多的麦克唐纳的血迹，其中一个地方就是厨房中装有外科手术所戴的胶皮手套的橱柜前面的地上，另一个地方就是卫生间中的洗脸池中——调查人员怀疑麦克唐纳在杀害他的家人后就是在那里扎伤自己的。

在确认麦克唐纳就是凶手之后，调查人员面临着一个令他们感到困惑的问题：这起凶杀案似乎完全没有动机。麦克唐纳的背景中没有任何杀人冲动或精神紊乱的迹象。没有任何理由可以解释他为什么会突然决定杀死自己家中的所有人。军方确信它能够克服这一明显的难题，于是在5月份宣布麦克唐纳被指控犯有3项谋杀罪。

按照军法第32条所举行的听证揭示了军方在法医调查方面是多么的无能。辩护方将军方的刑侦科调查人员描述为一群像拱顶石警察*一样的蠢货，是刑事侦查部门的耻辱。麦克唐纳的律师伯纳德·西格尔将公诉方的专家证人批驳得体无完肤。西格尔迫使一个当时在犯罪现场的医生承认，他曾经将科利特的尸体翻了个身，因此他自己可能就是尸体下面所发现的那些蓝色线头的来源。另一件使公诉方感

* 美国旧时无声系列喜剧电影中一群乱追乱搜、胡乱工作的愚蠢警察。——译者注

到大为丢脸的事情就是，一根公诉方认为来自麦克唐纳衣领上的毛发竟然被西格尔证明是来自他们家的一匹小马驹的身上！

随着公诉方的问题一个又一个地被揭露出来，主持审判的瓦伦·V·罗克上校觉得他已经听够了。在一份不公开的报告中他得出结论说，针对麦克唐纳的指控是“不真实的”[5]。他建议警方在搜捕那个嬉皮士团伙方面作出更多的努力。在公开场合，军方的态度可没有那么谦和。他们除了宣布撤销针对麦克唐纳的所有指控之外，什么也没有说。这是一个令他们感到非常尴尬的180度的大转变。

麦克唐纳立刻申请光荣退伍，急于远离布拉格要塞。谁能够责怪他的这种做法呢？大多数受到谋杀调查人员的无情拷问的人都希望忘记所发生的悲剧并开始重建其破碎的生活。

但是麦克唐纳却并没有这么做。自从谋杀发生之后，他就一直坚持着写日记，以便将来发表。他在日记中记录了哪些杂志和报纸对他表示了同情、电视节目是如何报道他的以及诸如此类的事情。现在他制作了一份向各大媒体和出版社的编辑广为散发的格式信，建议以他自己的故事为素材写一些轰动性的文章或书。

杰弗里·麦克唐纳打算发一笔大财。

如果不是他有一次说漏了嘴，那么他还真的可能会因此而大发一笔横财呢。在与科利特的继父弗雷迪·卡萨布的一次电话交谈中，麦克唐纳夸口说，他和他在军队中的一些朋友已经找到了那个嬉皮士团伙中的一名成员并且将他杀死了！这当然纯属胡编乱造。麦克唐纳后来声称，他编造了这个故事是出于对卡萨布的同情，是为了让他对这件事情有个“了断”[6]，使这个可怜的人能够继续他的生活。但他这么做的结果是将这个原本对他表示坚决支持的岳父变成了他的一个不共

5 McGinnis，p.197.
6 “Family Killers”，*Court TV* (1999).

戴天的仇人。

对此麦克唐纳根本就没有注意到。现在他已经成为一个小有名气的人物了。1970年12月15日，他穿着时髦的衣服，留着新潮的鬓角，轻松地走进了迪克 · 卡维特主持的电视节目，从而也走进了美国的千家万户。在节目中麦克唐纳大谈他自己所遭受的伤害，而对他被杀害的家庭成员却没有表现出丝毫的同情。他的这种自鸣得意、念念不忘报复的心态在这个电视节目中暴露无遗。卡维特在让他讲述了那个悲剧发生的经过之后问道："最初负责此案调查的那些人都到哪里去了？"

麦克唐纳立即跳起来回答道："喔，他们中的大多数人都被调走了。这就是军方处理问题的方式：如果某个人闯了祸，他们要不就是授予他一枚勋章，要不就是把他调走。"

在观众中有一些人哧哧地笑了起来。卡维特在他的椅子上不安地挪动着身体。麦克唐纳继续大放厥词。他开玩笑地说，谋杀发生的那天晚上他正在观看由这个节目的竞争对手约翰尼 · 卡森主持的一个名为"今晚"的电视节目。他还自我陶醉在对事实的夸张性描述之中。他说道："军方也不想一想，我怎么可能会在自己身上造成23个伤口，其中有些还可能是致命的伤口呢？"[7]

在整个电视节目中，麦克唐纳就像是一个没有经验的斗牛新手，对着一个垂死的公牛大肆嘲弄，而根本没有意识到或者全然不顾这样做的危险性。像这样在公开场合羞辱军方可不是一个聪明的做法。而他有关曾受到"可能是致命的"伤害的可笑说法也不可能让那些了解真相的人对他产生任何好感。在家中观看这一毫无品位的电视节目的弗雷迪 · 卡萨布气得时而浑身发抖，时而大汗淋漓。麦克唐纳这位来

7 *Dick Cavett show* (December 15, 1970).

自布拉格要塞的“乌鸦嘴上尉”很快就会发现，对于斗牛士来说，受伤的公牛往往是最致命的对手。

尽管这时麦克唐纳已不是一个军人，因而不受军事法庭的管辖，但是军方在卡萨布的敦促下重新开始了对这起谋杀案的调查。这需要很多时间。但是到了1974年7月，他们已经收集了足够的证据使麦克唐纳接受大陪审团的审判。

麦克唐纳毫不掩盖他对这次审判的蔑视态度。他在法庭上不断抛出各种各样的谎言、半真半假的陈词以及相互矛盾的说法。最后，他那仅仅掩藏在表皮底下的傲慢和敌意终于爆发了。他狂怒地冲着大陪审团和审讯者咆哮道：“把你们那些该死的证据都塞进你们自己的屁股眼里去吧！”[8]

大陪审团没有理会麦克唐纳这一发自内心的建议，而是对他提出了正式的起诉，指控他犯有3项谋杀罪。

大把的钞票和糟糕的记忆

将这个案件提交到法庭上去审判需要好几年的时间。而在此期间麦克唐纳从几十位相信他无辜的支持者那里筹集到了巨额的辩护基金。他还专门接受了一段时间的催眠术治疗，以帮助他回忆起那个可怕的夜晚所发生的事情。不知应该归功于催眠专家高超的技艺还是麦克唐纳极易受到暗示的心理，反正以下就是他所回忆起来的在9年前的那个晚上自己被击昏之前，在那个漆黑的房间里所发生的仅仅持续了短短几秒钟的遭遇的所有细节：

8 McGinnis, p.464.

这两个白人男子中较高的那一个肌肉发达，两眼茫然无神。在他下巴上有一个大约八分之三英寸大小的坑。另一名白人像是意大利人，长着油腻的头发、黄鼠狼似的眼睛、细长的脖子和瘦弱的下巴。他穿着一件灰色的圆领长袖运动衫。由于长期吸食毒品而变得非常消瘦。那个黑人凶手身材矮胖，长着厚嘴唇，头发卷曲，鼻孔向外翻。他的脖子很粗，很可能穿的是“16—17号衣领的衣服”[9]。那个女孩长着散乱的金色头发和尖下巴，鼻子上有个疙瘩。

非常令人惊叹的细节。也许这就是为什么麦克唐纳在1979年7月——也就是谋杀发生九年半之后——最终在北卡罗来纳州法庭上面对公诉人时显得如此放松和自信吧。

这次审判中的法医学证据还是像上一次那样混乱、相互矛盾、令人疑惑，只是这次公诉方有了一个更为有力的证据——麦克唐纳的蓝色睡衣上衣。麦克唐纳声称，他曾将此睡衣绕在他的双手上，以此抵挡凶手的进攻。联邦调查局的一位名叫保罗·斯通博的分析员在对这一说法重新进行了检验之后发现，这件睡衣上的48个洞都是平整和呈圆柱形的。它们只可能是在这件睡衣呈静止状态时所造成的——根本不可能在麦克唐纳用它来抵挡对方乱捅乱扎的情况下造成的。

对于麦克唐纳来说更具破坏力的是，随后当这件睡衣被斯通博以某种方式折叠之后，人们明显地可以看出，其上面的48个洞很可能是用那把冰锥在睡衣上猛扎21下所造成的，而凑巧的是，科利特身上的伤口正好也是21个。其含意是显而易见的：有关闯入者的说法纯属胡编乱造。不管是出于什么原因，科利特是被她暴怒的丈夫用那件睡衣盖着反复捅扎而死的。而后者为了掩盖其罪行而编造出了一个嬉皮士的故事。

---

9 McGinnis, p.498.

法庭上的律师喜欢制造一些戏剧性的场面。在这次审判中，两位公诉人布赖恩·默塔和詹姆斯·布莱克本决定当庭重现一下麦克唐纳所声称的受攻击的情景。默塔将一件睡衣缠绕在自己的双手上，以此来抵挡布莱克本用一把冰锥所发起的一系列攻击。为此默塔的手臂被扎出了一个轻微的伤口。但是他们的表演证明了两点：那件睡衣上所有的洞都是呈不规整的锯齿状，而不是像麦克唐纳的那件睡衣上的洞那样呈平滑的圆柱状。其次，默塔的手臂被扎伤了，虽然伤势并不严重。然而当麦克唐纳在沃马克军医院接受检查时，在他的手臂上没有一处防卫伤。

仅仅利用了一项证据——那件睡衣——以及有关在搏斗过程中所发生的情况的非常具有争议的演示，公诉人就奇迹般地将他们所犯的所有法医学错误一笔勾销了。这真是一个最高水平的法律魔术。

而辩护方也点燃了一颗他们希望会产生神奇效果的樱桃烟花弹，但是结果却发现这是一颗点不着的哑弹。

多年来海伦娜·斯托克雷一直是唯一一个可能与麦克唐纳声称实施了谋杀的嬉皮士团伙有着某种联系的人。在谋杀发生时她虽然只有18岁，但是已经为警察当了很长时间的报信者了。这个退休中校的女儿疏远了与她自己家庭的关系并混迹于费耶特维尔的吸毒人员之中。她的熟人说她是一个成天沉迷于幻觉的吸毒者、急于讨好别人的小狗崽，一个善于说别人爱听的话的女孩。她所讲述的有关那个晚上的故事也是一天一变。有时候她说自己是一个头戴假发、手举蜡烛、嘴里唱着“迷幻药妙极了”的“嬉皮女神”；而有时候又说她从来就没有见过杰弗里·麦克唐纳这个人。但是在她所讲述的各种不同版本的故事中，有一个细节一直没有变，那就是她每次都承认那天晚上她服用了墨斯卡灵——一种很强的致幻剂。这并不奇怪，因为斯托克雷大多数醒着的时候都处于毒品所导致的昏昏沉沉的状态之中。

当面对着出庭作证的现实——以及因作伪证而受到刑事指控的危险——的时候，斯托克雷一下子变得小心谨慎起来。她在证人席上声称她根本就不认识麦克唐纳，并且以前从来就没有见过这个人。这对于麦克唐纳阵营来说是一个巨大的挫折。然而更糟的事情还在后面。在过去几年中，斯托克雷胡编乱造的那些故事一直是辩护方乐观主义的源泉。但是当法官拒绝接受那些据说听到斯托克雷承认实施谋杀的证人的证言时，麦克唐纳获得无罪判决的机会一下子就变得十分渺茫了。

接着他们又遭到了一个最惨重的失败，这一次完全可以说是麦克唐纳咎由自取。在1970年，他在接受军方调查人员讯问时被录了音。现在公诉方当庭播放了这段录音。在讯问过程中麦克唐纳时而躲躲闪闪，时而无动于衷。但是他始终保持着一副傲慢的态度。在一段充满自恋的陈述中，麦克唐纳是这样赞美自己的："我聪明，有进取心，工作勤奋……上帝！我是一名医生呀！"[10]他接着补充道："我有着一位美丽的妻子，她很爱我……杀了她对我有什么好处呀？"[11]听到这句话之后，那名侦探将一张照片扔到了麦克唐纳面前的桌子上。

当麦克唐纳看到照片上那名年轻女子的脸之后，他的傲慢态度一下子消失得无影无踪。演戏结束了。麦克唐纳远非他自己吹嘘的那个模范丈夫，而是一位到处拈花惹草的花花公子。他在与其妻子结婚后曾与一连串的女人通奸，而照片中的这个女人只不过是最近的一个而已。麦克唐纳被打了个措手不及，他嘟囔着说："你们这些家伙调查工作做得比我想象的还要彻底呀。"[12]

一位陪审团成员后来说道："在我听到（那盘录音带）之前，我

---

10 McGinnis，pp.149—150.
11 同上，p.151。
12 同上。

从来没有怀疑过他是清白的……但是他的这段话彻底改变了我的观点。”[13]

有关审判的记录很少能够包括所有情况。你必须亲自去法庭旁听才能够了解全部细节。陪审团会注意到很多细微的东西，如诉讼方的表情、反应以及相互作用，而这些是从来不会被包括在法庭记录中的。大多数陪审员认为麦克唐纳在证人席上的表现极为糟糕。在接受交叉讯问的时候，他用尽了哄骗、推托的伎俩，给人留下了极坏的印象。每当被要求解释某个难以解释的事实或陈述时，他总是摆出一副无所谓的样子耸耸肩。所有这些本来都是可以避免的——他完全可以行使保持沉默的权利。正如公诉人布莱克本所说的：“你付了钱，你就得冒风险。而麦克唐纳选择了作证。”[14]

在麦克唐纳作证之前，陪审团成员之一弗雷德·桑希尔就像其他人一样，由于对军方一团糟的法医证据感到震惊而准备认定麦克唐纳无罪。他说：“我们真的是推定他无罪的。”但是在听了麦克唐纳作证之后，所有的怀疑都被排除了。“他听上去实在太假了。”[15]

为了加强起诉书中最薄弱的一个环节，公诉方提出，麦克唐纳在男女关系方面的不检点行为可能就是谋杀的动机。当时科利特由于怀孕而失去了吸引力，因此麦克唐纳想为找其他女人而扫清障碍。这种说法并不十分令人信服，但是它的确为陪审团考虑作案动机时提供了一点启发。

陪审团用了六个半小时才作出决定。

有罪。

1979年8月29日，麦克唐纳被定罪并被判处连续3个终身监禁。

---

13 McGinnis, p.511.

14 “Family Killers”, *Court TV* (1999).

15 同上。

看起来历史对麦克唐纳终于有了定论。但是后来又发生了一件美国司法历史上最古怪、最离奇的事情。

杀人凶手为保护自己的名誉而提起了诉讼

1984年麦克唐纳以违反合同和欺诈为由对《致命的修正》一书的作者乔·麦金尼斯提起了诉讼。《致命的修正》是一本描写布拉格要塞谋杀案的很有价值的书。该书起源于1979年在麦克唐纳和麦金尼斯之间所订立的一份合同。麦克唐纳同意向麦金尼斯独家提供该案的各种细节，使他能够写一本详细介绍这一谋杀案的书。作为回报，他可以得到该书收益中的很大一部分。麦克唐纳在钱的问题上是非常精明的。他知道自己这个故事的商业价值，并且他要拿到属于他的那一份收益。在该书的内容方面，他们同意，麦克唐纳应该被描绘成为一个“受到坚如磐石的庞大军事机构的陷害而处于困境中的前雇员”。

但是事情并没有朝着他想象的方向发展。当《致命的修正》这本书于1983年出版的时候，麦克唐纳震惊地发现，他在书中并没有受到自己所期望的礼遇，而是被描绘成了在毒品的作用下残忍杀害自己家人的变态狂。对于这种背信弃义的做法——麦金尼斯后来也承认，有关麦克唐纳吸毒的说法纯属一种推测——麦克唐纳大呼卑鄙。他声称这位作者滥用了他的特权。

没有人真的怀疑麦金尼斯不曾竭力为麦克唐纳涂脂抹粉。已出版的文献表明，直到麦克唐纳被判定有罪之前的那一刻，他还一直在为麦克唐纳打气鼓劲，并对他的清白无辜表达着坚定的信念，从而得以不断从他那里获得重要的第一手资料，使他能够写出一部让麦克唐纳永远受到公众诅咒的书稿。这一计策取得了成功。麦金尼斯的书一炮走红，给他带来了滚滚财源。但同时这本书也给他带来了一场官司。

随后进行的民事诉讼漫长而又充满火药味。各位专家证人就记者对他的采访对象——即使这个采访对象是一个被判定犯有3项谋杀罪的杀人犯——所应遵守的道德和义务以及知识分子的诚实究竟应该在这一交易中扮演什么角色等问题展开了辩论。麦金尼斯说，他在签署合同的时候完全相信麦克唐纳是无辜的，但是后来在研究了相关证据并且——更重要的是——在与麦克唐纳密切接触之后，发现自己原来的观点是错误的。如果我们可以相信他的这一说法的话，那么他在这种情况下是否应该将自己的怀疑深埋在心中，还是像最初计划的那样继续将麦克唐纳描写为一个无辜的受害者？或者这种做法是否构成事后从犯？这些都是与事实无关而纯粹取决于主观判断的棘手问题。

当这一诉讼被提交到由6名成员组成的陪审团手中时，案件陷入了僵局。5名成员认为麦金尼斯欺骗了麦克唐纳；1名成员认为没有。1987年8月21日，法官宣布审判无效，从而结束了这一僵局。双方决定不再重新提起这一可悲的诉讼，而是通过协商解决了这一纠纷，由麦金尼斯支付麦克唐纳32.5万美元。这也正是麦克唐纳最初所要求得到的数额。

麦克唐纳的支持者们在狡猾程度上可以说与麦金尼斯不相上下。他们抓住了这次审判不明确的结果大做文章，把这么一个协商解决的民事纠纷描绘成一个巨大的胜利，是真理战胜了歪曲报道。尽管随后陪审团的6名成员都表达了他们的一致意见，那就是这起民事诉讼丝毫没有改变麦克唐纳的有罪判决，但是那又怎么样？杰夫医生的“乐队彩车”又开动了起来。现在他们找到了另一只替罪羊——卑鄙无耻的乔·麦金尼斯。现在他们所需要做的只是从城堡街544号这团法医学乱麻中再找出一两根相互矛盾的线索。

死硬派阴谋理论者所遵循的第一条规则就是：只要找到足够反常之处，而不管它们是多么微不足道，就足以在人们的心中播下各种怀疑和猜测的种子；

他们的第二条规则是：再抛出一个有关公诉方可能有不正当行为的丑闻，然后就可以坐等这些猜测和怀疑生根发芽，到处滋生蔓延了。

从一开始，公诉方的一个有力的论点就是，没有一星半点的事实证据可以支持麦克唐纳有关在那天晚上有四个人闯入了他家中的说法。但是，有人根据《知情权法》所获得的文件*表明，公诉方不仅知道某些可以支持麦克唐纳这一说法的证据，他们还做了一件最值得诅咒的事情，那就是隐瞒了这些证据。

在这方面最恶劣的一个例子就是在起居室中科利特的梳子上发现的一根长22英寸的人造金色头发。麦克唐纳曾经声称，当时在起居室中一名长着金色头发的女人曾经唆使该团伙的其他成员行凶。在麦克唐纳的受审期间，联邦调查局犯罪实验室的法医学调查员迈克尔·马隆作证说，这根莎伦纤维来自一个洋娃娃，而不是假发。但是联邦调查局自己的一份文件却明确声称，莎伦纤维曾被用来制造假发（顺便提一下，1997年司法部在一份报告中批评了美国这个顶级法医学实验室处理证据和有关问题的方法。而马隆也在这一报告中被点了名）。

在麦克唐纳受审期间，伯克利大学名誉法医学教授约翰·桑顿博士曾就那件被刺破的蓝色睡衣为辩护方出庭作证。在判决作出之后，他仍然保持着对该案的兴趣。他说道："在审判过程中，联邦调查局唯一的新证据就是那件由斯通博所折叠的睡衣上衣。我想即使联邦调查局本身都对此感到怀疑吧。"[16] 他补充道，后来联邦调查局经调查发现，睡衣上有7处刺破口被刺的方向与斯通博所声称的相反："对麦克唐纳来说，用这件睡衣上衣所作出的情景演示是唯一一件具有破坏力

---

* 见 Fred Bost and Jerry Potter, *Fatal Justice* (New York：W. W. Norton, 1995)。
16 Noguchi, p.83.

的证据。但是其被刺穿的方向意味着，事情并不是像他们演示的那样发生的。”[17]

其他令人不安的矛盾之处也浮出水面。在克里斯滕带血的指甲缝中曾发现了一根蓝色纤维。公诉方以此证明麦克唐纳与这起攻击之间的联系。他们说，克里斯滕在与其父亲的殊死搏斗中在他的睡裤上折断了自己的指甲。公诉人没有披露的是，在克里斯滕的指甲中还发现了一根根部完好的褐色毛发。而在金伯利的指甲中也找到了一根根部未被破坏的、虽然与在克里斯滕的指甲缝中所发现的那根不相同，但却与之类似的毛发。由于这些毛发从来就没有被与麦克唐纳或任何其他人的毛发进行过比对，因此它们被麦克唐纳的支持者们炫耀为第三方参与凶杀的证据。他们认为，这些毛发很可能是这两个惊恐万状的孩子从她们的攻击者的头部扯下的。

事实真的是这样吗？

在结束其短暂生命的这场疯狂的攻击开始的时候，克里斯滕很可能正在那个黑暗的房间内熟睡。当时这个两岁的小女孩可能作出什么样的反抗？她能够从这个陌生的攻击者的头上揪下一根头发来吗？

调查人员对金伯利的死开展了仔细的法医学研究。他们估计她当时被其父母的打斗声吵醒并走进主卧室，想看看究竟发生了什么。在那里她亲眼看见暴怒的父亲将科利特杀死。当金伯利试图前去帮助被击倒的母亲的时候，她被使劲地推到了一边，头部猛烈地撞击在了门框上，以至于她的一些脑浆都溅在了那上面。她立即失去了知觉。从她在走廊上留下的血迹来看，她好像被抱到了她自己的房间内，然后在那里被用刀捅死。我们很难想象，一个陌生的攻击者会费心去做这样的事情。

17 Noguchi，p.83.

尽管如此，金伯利的指甲缝中也有一根不明的褐色毛发。这些毛发是从哪里来的呢？一个可能的答案就是，它们与这起攻击无关，只不过是孩子们在日常活动的过程中在指甲中积累下来的杂物。

这当然只是一种假设，丝毫不能作为原谅公诉方在证据披露方面缺乏透明度的可耻的做法的原因。

如果单独地来看这件事情，我们可以争辩说，麦克唐纳的支持者们将一些微不足道的不一致之处无限地放大了。但是所有案件中的证据都是累积在一起的。这里一根难以解释的纤维，那里一根毛发，再加上一些有争议的血迹，这些微不足道的细节在一个有经验的律师手里很快就会累积起来，形成有力的证据。

与此同时，麦克唐纳继续在全国电视网上频繁露面。广播公司不惜使用重金从俄勒冈的谢里登矫正监狱中购买昂贵的卫星电视转播权，因为有关麦克唐纳谋杀案的故事对观众来说总是很有吸引力。麦克唐纳本人谈起这个话题来总是滔滔不绝，将自己描绘成一个军方策划的阴谋的受害者。

与过去相比，他现在头上添了许多白发，身体也消瘦多了。他喜欢强调在谋杀发生的时候费耶特维尔（离布拉格要塞不远的一座城市）是多么的危险。他自己曾经得罪了很多吸毒者并受到了他们的威胁。如果真的是这样的话，那么他在那个2月份的晚上对他家的安全状况所抱的乐观态度真是令人称奇：他在明知攻击者可能从未上锁的后门直接进入其怀孕的妻子所在的主卧室的情况下，在起居室的沙发上安然入睡。不仅如此，闯入者在进入了一个陌生的黑暗房子中后，悄悄走过主卧室，沿着走廊走过孩子们的卧室，穿过麦克唐纳正在睡觉的起居室，进入厨房，在那里选择了两把小刀和一把冰锥，然后再返回主卧室去举行他们的邪教屠杀仪式。而在整个过程中，麦克唐纳竟然丝毫没有被吵醒。

直到屠杀开始的时候他才醒来。

而这一假设的事情发展经过又引发了另一个问题：如果这一嬉皮士团伙到麦克唐纳家中的目的是实施谋杀，那么他们为什么自己不携带武器呢？

海伦娜·斯托克雷在1983年去世之前为这一问题提供了一个可能的答案。她说，当时他们闯入麦克唐纳家只是想吓唬一下他，让他以后不敢再坚持其众所周知的反对毒品的立场。但是后来他们的暴力行为悲剧性地失去了控制。

在此之前，斯托克雷就声称自己曾经戴过一个金色假发。但是这一声称从来就没有被证实过。这一次她模糊的幻觉又一次为麦克唐纳提供了一根救命稻草。而麦克唐纳的支持者们则不失时机地利用这个可怜的女人大做文章。

他们为使麦克唐纳获释而作出的“寻找圣杯”的努力仍然在继续着。1999年，他们申请用最新的DNA技术对该案中的大多数原始证据进行重新鉴定。该申请的结果到目前为止还没有下来。他们还提出了一些不无道理的法律问题（他们完全可以声称，由于公诉方的不当行为，麦克唐纳没有受到公正审判）。

他们的这一论点在1993年12月得到了强有力的支持。那时麦克唐纳案的公诉人之一詹姆斯·布莱克本因贪污、提起虚假诉讼以及伪造法官签名而被判处3年监禁。这肯定应该算是杰弗里·麦克唐纳受到一名无赖检察官陷害的最终证据了吧？

当然这并不能证明这一点。在捞了三十多年的救命稻草之后，麦克唐纳的支持者们产生了一种绝望的情绪。也许糟糕的法医工作在麦克唐纳被判入狱方面起到了一定的作用，而良好的法医工作还可能使他获得自由，但是最终使麦克唐纳锒铛入狱的还是他自己的傲慢。

如果说这个世界上有人因为贫嘴而把自己“说”进监狱的话，那么这个人就是杰弗里·麦克唐纳。就像许多幻想自己有多么了不起的傻瓜一样，他喜欢和别人分享这种幻想。他的那张乌鸦嘴一刻也闲不住：他在犯罪发生时稀奇古怪的胡言乱语、他给弗雷迪·卡萨布所打的怪异的电话、他在受讯问时在录音带上留下的极端傲慢的态度和彻头彻尾的谎言、他对大陪审团的辱骂、他在《致命的修正》这本书上的一败涂地以及他在证人席上灾难性的表现——一句接着一句的蠢话源源不断地从他口中滚滚而出。

任何人都没有必要去陷害杰弗里·麦克唐纳，因为麦克唐纳自己已经出色地完成了证明自己有罪的工作。

Lindy Chamberlain

第十二章

林迪·张伯伦
(1980年)

澳大利亚的法医学噩梦

诗人罗伯特·弗罗斯特曾经说过："一个陪审团由12名成员组成，其任务就是对诉讼双方谁拥有更好的律师这一问题作出裁决。"[1] 如今弗罗斯特的这一讽刺性评论也适用于专家证人，因为对于刑事审判这样一个深奥的问题来说，法医学证据的质量固然重要，而这种证据展示的方式也很重要。专家证人千差万别：有些能言善辩，其展示证据的方式极具说服力；而另一些则没有这种能力。这可能对他们证言的内容没有什么影响。但是一个很容易受到影响的陪审团将会如何看待这些证据，那就是另一回事了。

并非巧合的是，大多数能言善辩的专家证人为公诉方作证。他们中的大多数受雇于公诉

1 *Times* (London) (December 5, 2000).

机构，有着稳定的工作。可供他们利用的是几乎无穷无尽的资源以及最新的技术。另外他们还可以经常在那些轰动性的案件中出庭作证，使自己成为媒体关注的焦点。这对于他们的自我感觉以及他们在专业领域中的地位来说都是大有好处的。这些经常出现在头版头条新闻中的法医学超级明星可不用在一个狭小的独立实验室中勉强度日。

但是他们这种优越的地位也有一个缺点，那就是人们会指望他们永远不犯错误。一旦他们犯下一个错误并且这个错误被别人发现的话，那么他们的可信度就会一落千丈并且——正如在这一个法医学界希望永远忘记的案件中所揭示的那样——也许他们永远也不会再得到人们的信任了。

对于犯罪侦查工作而言，如果说搞得一团糟的犯罪现场是最大的忌讳的话，那么搞得一团糟的法医工作就是第二大忌讳。而两者凑在一起的结果则肯定是一场司法大灾难。糟糕的证据处理工作往往导致犯罪者逍遥法外或者无辜者遭受牢狱之灾。如今相关的程序得到了改进，而执法机构也认识到媒体的冷酷无情，因而情况也有所好转。

在通常情况下，犯罪现场非常明显：被翻得乱七八糟的房子、遭到抢劫的人、一动不动地躺在地上的谋杀受害者。在这种情况下，调查人员可以非常顺利地开展其工作。但是正如下面这个案子所揭示的，如果犯罪现场一开始就不是像上面所描述的那个样子，那么又会怎么样呢？

每个国家都有其自己的“世纪之犯罪”，但是这些犯罪很少发生在一个国家国宝的阴影之下。在澳大利亚这个国家的中央有一块“艾雅斯巨石”，土著人称之为“乌鲁鲁”。这是从这个国家荒芜的平原上拔地而起的一块周长5英里、高1600英尺的巨大红色岩石。它每年吸引着成千上万的旅游者前来参观。

在1980年8月17日来这里参观的游客中有一对来自昆士兰州的

澳大利亚最糟糕的法医学灾难的发生地：艾雅斯巨石（“乌鲁鲁”）

三十多岁的年轻夫妇，林迪·张伯伦和迈克尔·张伯伦。他们整个白天都在游览巨石。随着黑夜的迅速降临，他们开始在野地里生火准备晚餐。他们的长子——6岁的艾丹——就坐在离他们不远的地方。而他们另外的两个孩子——4岁的里根和他的9个星期大的妹妹阿扎莉娅——正躺在他们家的帐篷中睡觉。

大约晚上8点钟左右，迈克尔突然听到一个叫声。林迪立刻跑过去查看他们的孩子。她看到一条澳洲野狗从他们的黄绿色帐篷的口盖中退了出来，边走边摇着头，好像口里正叼着什么东西，然后它就像幽灵一样消失在黑夜之中。虽然澳洲野狗在艾雅斯巨石附近并不罕见，但是它们通常只在营地的周边游荡，寻找食物，很少会去打扰游客。

林迪爬进帐篷。她看见里根仍然在他的床上熟睡。在他的旁边，阿扎莉娅的摇篮向一边微微倾斜，被子也被弄歪了。

摇篮里面是空的。

林迪惊慌失措地从帐篷中跑了出来，大叫：“野狗叼走了我的孩子！”[2]

几分钟之后，整个营地都乱作了一团。公园管理人员对附近地区展开了搜查，手电筒的光柱不断划过黑暗的荒漠。他们中的大多数人都暗自怀疑这个婴儿是否还能够被活着找到。其他宿营者证实，那天晚上的早些时候在营地附近的确出现过野狗。他们还在张伯伦家的帐篷周围指出了野狗的足迹。在那个可怕的夜晚，张伯伦一家一直在焦急地等待。天亮了，但是阿扎莉娅仍然不见踪影。

这时张伯伦家的帐篷已经被封锁起来，但是还没有人想到要对帐篷内部进行照相。只是到后来理性的思考战胜了狂乱的冲动之后，人们才试图保护现场。即使是一个粗心的人也可以在帐篷里看到类似于野兽攻击儿童所造成的那种血迹。在帐篷侧壁离地面仅仅几英寸的地方有一处看上去像是喷溅的血迹。但是仍然没有人对此进行照相。

几天之后，很明显阿扎莉娅已经不可能被活着找到了。张伯伦一家爬进了他们的黄色托拉那舱盖式汽车，开始了孤独的500英里的旅途，回到了他们位于昆士兰州一个叫做伊萨山的矿山小镇的家中。

又过了几天之后，他们的噩梦演变成了一场悲剧。多谢一个电视节目的报道，他们听说在离营地2.5英里的地方的一个已知的野狗窝旁边发现了一堆婴儿的衣物：一件沾满血迹和尘土、被撕破了的连衫裤以及一件衬衣和一双毛线鞋。这些都被确认为阿扎莉娅在她失踪的那天晚上所穿的衣物。只有她所穿的一件柠檬色边缘的短外衣没有被找到。在电视节目中，一名警官赤着手拿着那些衣物，把它们举到摄

---

2 John Bryson, *Evil Angels* (New York: Viking Penguin, 1985), p.40.

像机镜头前面，向人们展示在连衫裤和衬衣领口上的血迹。看来在阿扎莉娅失踪后长达8天的时间里，当地警方在证据处理方面的知识丝毫也没有长进。

公共舆论已经开始对张伯伦夫妇采取了敌对的态度。澳大利亚这个国家的人民生性多疑，许多人都觉得“野狗盗窃婴儿”的说法太怪诞了，以至于难以接受。这听起来更像是只有小孩子们才相信的那种大灰狼之类的故事。另外，当地也从来没有发生过类似的事件的记录。没过多久，这种怀疑就转变成了恶毒的谣言。根据其中最荒唐的一个谣言，均为基督复临安息日教会忠实信徒的张伯伦夫妇（迈克尔还是该教会的一名牧师）杀死了他们的低能婴儿，然后编造了一个野狗的故事来掩盖真相。

而在幕后，人们所关注的已不仅仅是谣言了。

警察对张伯伦夫妇的说法深感怀疑。这个婴儿的衣物看上去不对劲：为什么在连衫裤上只有那么一点点血迹？为什么这些衣物没有被撕成碎片？那件外衣到哪里去了？它是否真的存在？一只野狗怎么可能叼走一个10磅重的婴儿？为什么没有找到任何遗骸？

一名犬类专家为以上的一些问题提供了可能的答案。他说野狗从来不储藏食物。它们在找到食物之后就会将其吃得一干二净，包括小型哺乳动物的皮毛，甚至鸟类的羽毛都会被吃掉。婴儿的重量对于成年野狗来说也不成问题。有众多的记录显示，野狗曾经叼走过一只重达25磅的沙袋鼠。

但是以上这些解释丝毫不能够缓解媒体对张伯伦夫妇的敌意。尤其是被认为在张伯伦家处于支配地位的林迪，更是受到了媒体的恶毒攻击。这主要是由于她的性格所造成的。在悲剧发生之后，林迪·张伯伦并没有在公共场合哭哭啼啼地表现她的悲痛心情，而是始终保持着一种沉着镇定的态度。这与媒体有关一个痛失孩子的母亲应该如何表现的成见格格不入。为此它们让她付出了沉重的代价。

公共舆论很快就被媒体这种敌视的态度所左右，结果随着陪审团调查日期的临近，有人开始对林迪发出死亡威胁。

陪审团调查开始于1980年12月15日，主要是听取科学证言。法医牙科专家肯尼思·布朗博士曾经对野狗开展过一系列试验。他认为阿扎莉娅的连衫裤上的那些洞不是由野狗牙齿所造成的，而更像是剪刀或者刀子所造成的。在阿德莱德动物园开展的一次试验更加深了这种怀疑。在这次试验中，他将一块肉包裹在一个婴儿连衫裤中扔进野狗圈。当饥饿的野狗撕咬这一包裹时，它们在连衫裤上留下了不规则的牙痕。这些牙痕与在艾雅斯巨石附近发现的衣物上的那些痕迹完全不同。

如果对其孤立地加以考虑的话，那么以上这些试验结果可能的确具有重要的意义。但是如果将其与警方在处理犯罪现场过程中所犯的一系列严重错误——如没有对现场拍摄足够的照片、赤手摆弄证据、缺乏彻底的法医学试验等等——联系在一起考虑的话，那么它们就没有什么价值了。

考虑到公众对该案的强烈的兴趣，验尸官丹尼斯·巴里特采取了一个不寻常的步骤：同意在电视上公布其调查结果。他以简明扼要的语言否定了警方草率提供的大多数科学证据。然后他对张伯伦夫妇说道："在过去的几个月中，你们受到各种猜测、怀疑以及也许可以说是在这个国家中前所未有的恶毒谣言的攻击。"[3]巴里特说，这是我们这个民族的一个耻辱。他宣布了他的裁决："我认定阿扎莉娅·钱特尔·洛伦·张伯伦……死于野狗的攻击……我还认定，这个孩子的父母以及他们的其他孩子对这起死亡事故不负有任何责任。"[4]

---

3 John Bryson, *Evil Angels*, p.244.
4 同上。

林迪和迈克尔·张伯伦离开了法庭。他们感谢上帝，现在终于能够忘记这个悲剧，重新开始他们的生活了。但是像验尸官巴里特所作出的这种强烈的抨击是任何一个政府都不能接受的，北部地方政府也不例外。

政府发起反击

他们的反应像闪电一样迅速。在对该案的陪审团调查中遭到惨败之后，肯尼思·布朗博士感到他自己的名声受到了损害。于是他带着阿扎莉娅的衣物飞到了英国。在那里，他将这些衣物交给了曾经是他的老师的伦敦医院附属医学院教授、国际领先的病理学家詹姆斯·卡梅伦进行检验。

卡梅伦是本书前面所提到的那个肆无忌惮的冒险家弗朗西斯·坎普斯的一个学生。当坎普斯于1972年退休之后，卡梅伦很轻松地取代了他的地位，成为伦敦大学法医科学教授，并且很快在这个无论在过去还是在现在都极具竞争性的行业内建立起了自己的名声。卡梅伦不像他的前任那样整天将自己关在停尸房中。他的一个口号就是“团队精神”。在他的身边聚集了他称之为“团队”[5]的一批法医学专家，其中包括其他的一些病理学家、一个法医牙科专家、一些技术员以及一个摄影师。另外还有一个固定的秘书专门为他们提供服务。卡梅伦竭力鼓吹一个说法，那就是他自己只是这个团队的一个代言人。现在他和他的团队承担了破解这个来自澳大利亚内地的迷案的任务。

他们最终提供的是一颗法医学炸弹，它足以使有关当局有理由向北部地区最高法院提出申请，要求宣布第一次陪审团调查的结果无效

5 Tullett，p.13.

并且重新审理该案。这一申请得到批准，于是1981年12月14日，对该案的第二次陪审团调查开始了。

人类有很多奇怪的天性，其中的一个就是：一个专家来自越远的地方，他在人们眼中就越显得权威，在法庭上尤其如此。由于某种原因，如果一名证人来自大陆的另一端，或者像在本案中那样来自世界的另一端的话，那么他们的证言总是远比来自本地某个试验室的证言更有分量。正当澳大利亚公共舆论在"野狗婴儿案"上已经出现一边倒的情况的时候，有关著名的卡梅伦教授不远万里从伦敦飞到澳大利亚为北部地区政府作证的消息的确令反林迪阵营的人们感到欢欣鼓舞。然而，尽管在媒体上大出风头的是卡梅伦，但是对林迪·张伯伦来说，最具破坏力的证言却出自一个离她近得多的来源。

乔伊·库尔是悉尼健康委员会的一名法医生物学家。她经常在涉及血液和其他体液的问题上为新南威尔士州的警方提供帮助。当警方将张伯伦家的汽车送到悉尼接受仔细的法医学检查的时候，库尔显然就是他们所要找的科学家。为了听取她的证言，陪审团调查被从达尔文的法庭转移到了离法庭5分钟车程的一个汽车修理厂内。在那里库尔正围绕着那辆黄色托拉那转来转去，准备向公众揭示她在车中所找到的东西。

血迹！

按照库尔的说法，这辆车的前座附近到处都是血迹：在前座的托座、栓孔和折页上、在地毯上以及在两个前座之间座椅板的一个口袋中所发现的一把指甲剪刀上都沾有血迹。她还在迈克尔·张伯伦照相机包的拉链上也发现了微量的血迹，而调查人员长期以来一直怀疑这个照相机包曾经被用来运送被谋杀的阿扎莉娅的尸体。

活泼而有自信的库尔在作证时带着高度的热情，那副样子就好像牧师在布道一样。她说，那些血迹是婴儿的血，肯定是从一个不到6个月的孩子身上流出来的。

她向大家指出了在仪表板和挡风玻璃上发现更多血迹的一些区域。最令人感到不祥的是，她在司机座位前的搁脚空间上方的顶棚上发现了看上去是从动脉中喷溅出的血液的证据。这意味着阿扎莉娅是在仍然喷溅着鲜血的时候被塞在仪表板下面的。

正当辩护律师惊诧得目瞪口呆，而在场的记者们则幸灾乐祸地在他们的本子上快速地作着记录的时候，库尔开始了一场极具戏剧性的表演。就像舞台上的魔术师一样，她拿出从这辆汽车座椅上弄下来的一块塑料碎屑并将其放在一张滤纸上。当她往上面倒了一种用于鉴定血迹的邻位联甲苯胺溶液的时候，滤纸首先变成了淡蓝色，然后就变成了鲜明的深蓝色。

瞧！库尔已经证明这上面有血迹了。

库尔满怀胜利的喜悦离开了汽车修理厂，带着属于张伯伦夫妇的其他一些物品去进行测试。她将在稍后向法庭报告她的测试结果。

当陪审团调查在法庭重新开始的时候，大人物出场了。这个大人物就是詹姆斯·卡梅伦博士。虽然当时他由于在几个轰动性的误判案件出具了不真实的证据而声名狼藉，命运也已经在走下坡路了，但是他仍然是一位受到世界各地执法机关咨询的专家，并且他寻找轰动性案件的能力仍然不减当年。法庭一下子就被他迷惑住了。卡梅伦是一个彻头彻尾的职业证人，这一点从他作证的方式上就可以很明显地看出来。他以轻松和绝对自信的口吻描述了他对其所收到的衣物和一个野狗头骨所作的一系列试验。在给一名与阿扎莉娅大小和体重相似的儿童穿上连衫裤之后，他发现自己很难相信这个孩子的身上有足够的裸露的皮肤使野狗能够咬住她的脖子而同时又不会对连衫裤造成相当程度的损坏。他认为这件连衫裤颈部所受到的损坏“是由诸如剪子或刀之类的切割工具所造成的。但是经过更为仔细的检查，它们看上去更像是由剪子所造成的。”[6]由于衣物上缺乏血迹、唾液和人体组织，他倾向于认为阿扎莉娅之死是由人而不是狗所造成的。

卡梅伦接着讨论了一个具有争议的问题，即衣物上是否显示了被拖曳的迹象。尽管存在有案可查的相反的证据，卡梅伦还是像几乎所有其他人一样认为，野狗不可能有力量叼走一个10磅重的物体，而只可能将其拖走。只有在衣物上有摩擦、磨损的痕迹的情况下，林迪·张伯伦的说法才站得住脚，但是他却在衣物上找不到任何摩擦、磨损的痕迹。

他能够找到的是血迹。通过使用紫外线荧光照相技术，他向法庭展示了一系列给人留下深刻印象的幻灯片，突出显示了连衫裤上的血迹。他根据这些幻灯片推断说，血液是从一个地方围绕着脖子流淌的，而不是像在受到狗的攻击时那样从不同的地方流出来的。

卡梅伦就像一名训练有素的演员一样掌握着他的提供证言的节奏，到了这个时候他认为可以让自己的演出达到高潮了。

在连衫裤袖子下方的部位他发现了看上去像是一个血手印的痕迹。卡梅伦说这是一个年轻的成年人留下的手印。这一声明引起了法庭上一阵唏嘘声。张伯伦的律师和验尸官看了那些凌乱的黑色印记之后都声称，他们看不出任何类似于手印的东西。但是卡梅伦却不耐烦地指出，外行的人很难发现那些对于一个专家来说一目了然的东西。

最后，卡梅伦以一段戏剧性的夸张表演结束了他的作证。他高高举起了那件连衫裤，声称：“这个婴儿的死亡是由切割工具所造成的，很可能是围绕颈部切割所造成的。她主要的动脉肯定被切断了。”[7]他的意思是说，至少阿扎莉娅的喉咙被割断了，但是也不排除她的头整

6 Bryson，p.308.
7 同上，p.310。

个被切下来的可能性。

随着一名又一名专家不断地出庭作证，人们很快发现，并不是所有的表演天才都来自国外。在澳大利亚，没有人比新南威尔士大学的马尔科姆·蔡金教授具有更多的纺织品方面的知识了。并且他在传递这些知识方面也极具天赋。他被要求检查阿扎莉娅的衣服。通过将这些衣服与在阿德莱德动物园所作的试验以及他自己用剪刀剪过的一件衣服进行比较，蔡金向人们展示，阿扎莉娅衣服上的那些洞与他自己试验中的那件衣服的洞更为相似。他认为，在那件连衫裤上四个不同地方的破损看上去像是一把尖利的剪刀所造成的。他用一个装在工具上的野狗牙齿不断插入包裹着一只刚刚被杀死的兔子的布上，以模仿野狗对纺织品造成的损坏。即使当这个野狗的牙齿隔着这块布插入尸体三分之一的深度时，它也没有能够刺破这块织物。这一试验的意义非常清楚：野狗的牙齿只会撕破织物，而不会刺破织物。

伯纳德·西姆斯曾经是一名牙医，现在是卡梅伦“团队”中的一名成员。他告诉法庭说，虽然他的工作主要涉及人的牙齿，但是他有过一些处理狗撕咬肉体或衣物的证据方面的经验。他认为澳洲野狗具有犬类典型的牙齿结构。他基本上重申了蔡金的证言：那件连衫裤上的破损与在阿德莱德动物园的试验没有什么相似之处，并且没有任何证据——无论是牙印还是唾液——表明阿扎莉娅曾经与犬类家族的任何成员有过接触。

与卡梅伦一样，西姆斯对体型小于丹麦大猎犬的任何犬类能够叼着一个10磅重的婴儿跑如此长的距离而没有留下任何在地上拖曳的痕迹的说法表示严重怀疑。西姆斯认为一只野狗像林迪·张伯伦所说的那样叼走这个婴儿的可能性几乎为零，因为野狗的下颚不可能张得那么开。

当陪审团调查因圣诞节而暂时休庭的时候，对于林迪·张伯伦来说前景已经不容乐观了。政府方面提供的法医证据在一开始的时候看上去微不足道，但是它就像一个正在滚下山坡的雪球一样，每滚动一次就增加一分重量，最终造成了一场即将吞没林迪的雪崩。

新年的到来并没有给张伯伦夫妇带来多少喘息的机会，当听证重新开始的时候，乔伊·库尔带着她的一大堆最新测试结果回到了法庭。她发现了更多婴儿的血迹，这次是在那个照相机包中发现的。

张伯伦夫妇的一名律师安德鲁·柯卡姆要求库尔对她用于探测血迹的邻位联甲苯胺进行解释。他想知道这一试剂是否会与血液之外的其他物质发生反应。库尔解释说，血液反应“非常非常独特，尤其是在有经验的操作员手中更是如此。另外，我认为我自己算得上是一个有经验的操作员。”[8]但是在柯卡姆的追问之下，她承认该试剂也会与奶或者婴儿的呕吐物发生相同反应，并且由于缺乏足够的材料，她没有对这些物质进行过试验。

柯卡姆问道：“所以在这种情况下，你就假定这些痕迹一定是血迹吗？”

库尔立即反驳说：“我没有假定，我报告说该试剂与血液发生了反应。”[9]好斗而又精力旺盛的库尔就像屹立在台伯河桥头上的霍雷修斯*一样坚守阵地，随时准备击退来犯者。

政府方面的论点可以概括如下：林迪·张伯伦，不管出于什么原因——他们所能够想到的最可能的原因就是产后抑郁症——谋杀了她9个星期大的婴儿。谋杀很可能是在她家的汽车上实施的。然后她将尸体藏在了她丈夫的照相机包中，寻找时机将其丢弃在了荒漠之中。最后她跑回到营地编造了一个野狗的故事。

---

8 Bryson，p.317.

9 同上。

* 古罗马传说中的英雄，在与伊特拉斯坎人的战斗中保卫了台伯河桥。——译者注

既然这么多著名的法医学专家都对林迪的说法提出了怀疑，那么有没有可能这么多的专家都犯了错误呢？

丝毫不值得奇怪的是，验尸官格里·高尔文认为这不可能。他将案件提交到法院进行正式审判。从艾雅斯巨石事件发生的那个晚上开始，警方从来就没有掩饰过他们的怀疑：林迪是阿扎莉娅失踪案的最大嫌疑人。她在实施犯罪之后才让她的那个唯命是从的丈夫帮助她掩盖真相的。起诉书也反应了他们的这种猜测：林迪被指控犯有谋杀罪；而迈克尔则被指控在事后协助犯罪。

被指控谋杀

在许多方面，随后进行的审判都被一种必然的感觉所左右。由于所有的证据都已经被公布，每个人都知道审判的结果将会是什么。卡梅伦和他的一班人马又一次从伦敦飞抵澳大利亚，而库尔也还像她在陪审团调查时一样口若悬河。但是当被问到她为什么没有将原始的测试样本带到法庭上的时候，她说话有些结巴了。

她承认说："它们已经被销毁了。"但是随后又补充道："这是我们实验室的标准程序。"[10]

随后，库尔在和一些记者一起喝酒的时候抱怨林迪·张伯伦在法庭上注视她的那种眼神："她真是……一个巫婆。我感到她的眼睛似乎要在我的后背上烧出洞来了。"[11]然后，当她新结识的记者朋友们举杯庆祝她的生日的时候，她又露出了灿烂的笑容。

辩护方奋力反击。他们的明星证人是墨尔本大学的弗农·普鲁克汉教授。具有极深资历但是性格暴躁的普鲁克汉对卡梅伦提出的每一

---

10 Bryson, p.428.

11 同上，p.432。

项证据，尤其是那个手印作出了针锋相对的反驳。他竭力克制住自己，不在话音中流露出鄙视的情绪："我无意冒犯卡梅伦教授……但是即使发挥最大的想象力，我也无法看出那是个手印。"[12]他认为，那个所谓的手印只不过是由不规则流淌的血液所造成的。

丹·康奈尔博士说起话来也像普鲁克汉一样的尖刻。他是将库尔用于探测所谓的婴儿血液的交叉电泳筛选技术引入澳大利亚的人。康奈尔对库尔的能力提出了尖锐的批评，他大胆地声称："她根本不知道自己在做什么。"[13]

辩护方的专家们提出了很多有说服力的论点。然而，尽管他们都具有很深的资历，但是他们却缺乏流利的口才。而他们的对手都是在法庭作证席上的老手，深知如何操纵那些极易受到专家证人影响的陪审团。在对抗式司法制度这一严酷的现实世界中，出庭作证就像是推销产品一样。而在这个案件中，公诉方的专家证人个个都可以称得上是超级推销员。

1982年10月29日，两位被告均被认定有罪。林迪·张伯伦在失去了女儿之后又失去了自由：终身监禁。而对她的丈夫的量刑则轻得令人吃惊：他被判处18个月的缓刑，并在缴纳了500澳元的"良好表现"保证金后获释。

因此，在没有尸体、没有凶器、没有犯罪动机，而只有一大堆极为可疑的科学家证言的情况下，北部地区法院就将林迪·张伯伦关进了监狱中某个被人遗忘的角落，并且希望再也不会有人提到有关野狗婴儿的案件了。

但是他们错了。

---

12 Edward W. Knappman, ed., *Great World Trials* (Detroit: Visible Ink, 1997), p.409.

13 同上。

辩护方已经开始反攻了。由一个默默无闻的实验室分析员所带领的一些为数不多的张伯伦夫妇的支持者们确信，林迪·张伯伦受到了陷害。在他们中间没有法医学超级明星，只是一群决心将这一迷案查个水落石出的具有奉献精神的科学家。莱斯·史密斯在学术方面并没有什么高深的资历，他只是新南威尔士州一家食品公司的雇员，曾获得过一个应用科学的学位。但是基于自己的学识，他对林迪所受到的有罪判决深感不安。

他的两个同行，罗兰·伯尼特博士和肯·查普曼也有相同的感受。他们在其分别所属的微生物学和化学领域都是资深的科学家。

让他们三位尤其感到不安的是公诉方证人反复强调的一个说法，即犬类的牙齿只会撕裂而不会切割纺织品。史密斯对此并不是那么肯定。他用自己的宠物狗——一只名叫苏茜的科里牧羊犬进行了一系列实验，以测试这一论点的真实性，并且邀请伯尼特和查普曼作为观察者并指导他的照相技术以及书面报告的撰写。在几个月的时间内，他不断向苏茜投喂包裹在毛巾布内的肉块，并且一丝不苟地记录了实验的结果。这些结果表明，有时苏茜的牙齿会撕裂这块布，而有时它会很干净利落地咬穿这一织物，从而在其上面留下那些让公诉方科学家如此深信林迪有罪的清晰的切割口。尽管史密斯作了很多尝试，但是他始终无法用剪刀制造同样的破损。

现在他需要查看从艾雅斯巨石附近找到的那些衣物。在经过几个月的软磨硬泡之后，史密斯终于在1984年9月被允许接触阿扎莉娅的那件连衫裤。这条连衫裤上的破损之处与他用狗所作试验中那块织物上的破损是如此之相似，以至于史密斯简直无法相信当时公诉方专家竟然会声称阿扎莉娅衣物上的那些破损是剪刀所造成的。

接着，史密斯将其注意力转向了从阿扎莉娅衣服上找到的、现在仍然被保存在两个玻璃片之间的动物毛发。维多利亚自然保护部的汉斯·布伦纳曾经与别人合著过一本名为《哺乳动物毛发鉴定》的教科书。他曾经主动向北部地区当局提出愿意对这些毛发进行鉴定。令他感到震惊的是，当局竟然拒绝了他的帮助。所以现在他很高兴能够帮助史密斯。通过使用显微镜对取自那件连衫裤的两个样本进行检查，他发现了6根犬类的毛、两根人类毛发和一根无法确认的纤维。布伦纳说，毫无疑问，那些犬类的毛来自一只澳洲野狗。

但是那些血迹，尤其是在副驾驶座搁脚空间上方顶棚上的那些"从动脉喷射出的血迹"又如何解释呢？

史密斯长期以来一直为这个问题所困惑。张伯伦夫妇怎么可能将一个被切断喉咙，正在向四处喷射着鲜血的婴儿放置在这么一个地方呢？库尔的笔记中曾经提到，她在张伯伦夫妇车上有血液喷溅的地方发现了沙子。这使史密斯陷入了思考之中。是不是在汽车的制造过程中的某些东西造成了这种喷射状的痕迹呢？他检查了40辆与张伯伦夫妇的那辆汽车相同型号的汽车。

其中至少有5辆车在其搁脚空间的顶棚上显示出几乎相同的喷射状痕迹。

公诉方科学家认为是血液喷射造成的那些痕迹，实际上是用高压注入车轮拱罩的消音材料的残留物。这些残留物从地板的一个很小的排水孔喷到了搁脚空间上方的顶棚上。对喷射到车轮拱罩和底板上的喷涂材料的化学分析显示，这是通用汽车公司在其"霍尔敦"牌汽车上所使用的一种名叫"杜菲克斯HN1081"的充满沙子的消音材料。所有这5辆汽车以及张伯伦家的那辆车都显示了相同的喷射角度，并且都有相同的排水孔。那些消音材料就是通过这个排水孔喷射到汽车顶棚上的。

现在剩下的问题就是弄清库尔是如何在张伯伦家的汽车内发现她所声称的婴儿血红蛋白的。

在重新检查这一证据的时候，史密斯得到了一系列科学家的帮助，其中包括纽卡斯尔大学生物科学系主任巴里·贝彻教授。当贝彻教授在林迪·张伯伦的审判中为辩护方作证的时候，他成了“优越资历综合征”的受害者。当时他作证说，库尔似乎没有完全理解她用以检测张伯伦家汽车的胎血红蛋白测试技术的基本原理。这招致公诉方的猛烈的攻击。他们带着轻蔑的口气指责贝彻是一名脱离法医分析实践和日常工作、对专业领域仅有一知半解的学院书生，而不是一位从事真正的科学实验，并获得真正的结果的真正的科学家。而这也正是在整个审判过程中公诉方一直坚持的一个基本的信念：他们的专家比辩护方的更为优越。

这种无礼的指责深深地伤害了贝彻的自尊心。在审判结束后，他拜访了生产库尔所使用的抗血清试剂的厂家——位于德国的贝林维尔克公司。该公司确认他使用的试剂与库尔所使用的属于同一批产品，从而证明他对库尔的批评是正确的。他还从贝林维尔克公司得到了一份署名声明。根据该声明，该公司不能保证其生产的抗胎血红蛋白血清试剂只与胎血红蛋白发生反应，因为它也可能与改变了特性的成人血红蛋白产生非特异性反应。

另一个对库尔的测试方法感到严重担忧的人是西澳大利亚农业部的实验室技术员朱莉·弗赖伊。她无法理解库尔如何能够仅仅根据邻位联甲苯胺测试的微弱反应就得出在样品中存在人血的结论。弗赖伊认为，这种测试，尤其是像库尔那样在不可见的痕迹上所进行的测试，只能揭示过氧化物酶反应。除了血液之外，奶或蔬菜等很多物质都会发生这种反应。如果不作进一步测试，根本就不能得出存在人血的结论。

弗赖伊的同事们赞同她的这一观点。生物化学家鲍勃·霍斯坎博士开始查阅教科书中有关邻位联甲苯胺测试方面已知的问题。答案立即呈现在他的眼前：教科书中明确警告，微量的重金属，尤其是铜，可以引发类似于血液所引发的过氧化物酶反应。他使用邻位联甲苯胺溶液对许多不同的物质进行了试验，其中对氧化铜的试验结果令人吃惊。该物质与试剂迅速发生反应并且使之变成了明亮的蓝色——典型的血液测试结果。

警钟立即就敲响了。

在悲剧发生的时候，林迪和迈克尔·张伯伦就住在伊萨山——世界上最大的同时含有银、铅和铜矿的矿山！采矿所造成的粉尘颗粒形成了一堆高达数百英尺、覆盖其附近小镇的半永久性的灰色烟雾。在他的报告中，霍斯坎得出结论说，库尔的试验之所以会产生普遍的过氧化物酶反应的结果，很可能是因为张伯伦家的汽车上覆盖着一层含有铜金属的细微颗粒。

1986年5月，贝彻来到伊萨山。他使用邻位联甲苯胺试剂对该地区进行了一些随机的测试。他测试了分别取自一个房门的钥匙、他所入住的公寓的墙壁、一辆汽车的门把、一辆面包车、一粒来自伊萨山矿井停车场的石子以及一块刚刚擦洗过停放在伊萨山的汽车的油鞣革上的尘土以及取自路边的尘土样本。每个样本都立即产生了与血液反应相同的阳性反应。

且不说其他证据，仅仅这些测试结果就足以使人们对林迪·张伯伦的有罪判决产生严重的怀疑，因为针对林迪的最致命的证据就是车中的那些据说是血液的痕迹。但是即使在此之前，另一项具有戏剧性的发现已经使林迪·张伯伦再一次成为媒体关注的对象。

那件失踪的外衣被找到了。

它是1986年2月2日被一名在艾雅斯巨石参观的游客发现的。当时它被部分地掩埋在离阿扎莉娅的其他衣物被发现的地点仅两码远的一片沙土之中。林迪·张伯伦一直坚称阿扎莉娅失踪时就穿着这件小夹克外衣。当时很少有人相信她的这一说法。现在这件衣服被发现了。

在一个星期之内北部地方政府就释放了林迪并宣布即将对此事开展调查。签署这一命令的官员在命令后面附加了以下这一段奇怪的话：“虽然对张伯伦夫人的减刑通常是以其释放后的良好表现为条件的，但是不管调查的结果如何，我都不准备再次将其收监入狱。”[14]

掩盖事实真相的行为被揭露

1986年5月，由特雷弗·莫林领导的皇家调查委员会开始了对野狗婴儿案的调查。在将近两年的时间内，它断断续续地召开了很多次听证会，在很多地方开展了调查，并且听取了很多证人的证言。在这一过程中，该委员会的调查工作始终受到北部地区政府的竭力阻挠。即使到了这一阶段，该政府还是想方设法阻止法医学专家对张伯伦的汽车进行独立的测试。最终，莫林被地方政府无休止的纠缠激怒了，他下令由维多利亚法医实验室对该车进行检查。而这也正是被告方所要求的。

在维多利亚法医实验室，法医生物学家托尼·雷蒙德使用了一种能够探测到极微量陈旧血迹的敏感度极高的试剂。由于血液中的血红素极为稳定，如果这些样品在1981年的血迹测试中呈阳性的话，那么它们现在仍然应该能够呈阳性。

他的测试结果令人震惊。雷蒙德在张伯伦夫妇的车中没有探测到一丝半毫的血迹。后来人们得知，他并不是第一个得出这种结论的人。很多年之前，其他科学家们也对该车进行过血迹测试，并且也得出了阴性的结果。但是他们的测试结果都消失在官僚机构的黑洞之中，因

14 Edward W. Knappman, ed., *Great World Trials*, p.409.

为公诉机构和警察都不愿意将这一信息传递给辩护方。

库尔的测试结果肯定来自车中的其他污染物。照相机包的情况也是如此。现在命运发生了根本性的转变：这次轮到库尔遭受来自官方的猛烈攻击了，而曾经在最初审判中受到恶毒诋毁的贝彻教授则充分享受了一回复仇的快乐。

莱斯·史密斯多年来的辛苦研究也得到了回报。维多利亚法医实验室确认，搁脚空间顶棚上的“喷射状”血迹只不过是消音涂料。当莫林接受了辩护方有关铜矿测试的证据之后，公诉方的证据大厦轰然倒塌。科学曾将林迪·张伯伦送进监狱，现在科学又使她重获自由。

在1988年5月22日提交的报告中，莫林对造成这起冤案的所有责任人，包括警察、公园管理人员、所谓的动物专家以及行为不轨的公诉人员，都予以了严厉的谴责。但是他将最严厉的谴责留给了使林迪·张伯伦遭受3年冤狱之苦的伪科学。他说道：“我的结论是，库尔夫人的所有试验都不能证明这些是阿扎莉娅的血液。现在反思这一事件，我们可以看出，其中一些专家……对于自己就那些在他们专业知识边缘上的问题形成可靠意见的能力过于自信……我认为，提交本委员会的这些证据如果当初能够在审判中被提交法庭的话，那么主持审判的法官就肯定会以相关证据不能支持有罪判决为理由指导陪审团裁定张伯伦夫妇无罪。”[15]

虽然洗清了罪名，但是并没有洗清嫌疑——这就是北部地方政府当时仍然对张伯伦夫妇的看法。因此他们竭力阻止林迪·张伯伦为其所遭受的苦难提出赔偿的要求。最终在1992年，达尔文刑事上诉法院判定张伯伦夫妇获得130万澳元的赔偿金。

值得注意的是，民意调查显示，许多澳大利亚人对这一赔偿表示

---

15 Edward W. Knappman, ed., *Great World Trials*, p.410.

了深深的憎恨。在他们的眼中，林迪·张伯伦仍然是一个披着人皮的恶魔：她杀死了自己的孩子，然后又编造了一个野狗盗窃婴儿的离奇故事。他们嘟囔着说，这不可能，野狗是不会偷窃婴儿的。

这一有关野狗不会攻击婴儿的神话在1998年4月被击得粉碎。当时一位名叫凯西·罗尔斯的13个月大的婴儿正与她的家人在离昆士兰州海岸不远的弗雷泽岛露营。一只野狗攻击了她并试图将其拖走。幸亏凯西的父亲艾伦·罗尔斯采取了及时的行动才避免了另一场悲剧的发生。当时艾伦向野狗猛奔过去，迫使它放下孩子落荒而逃。

但是林迪·张伯伦就没有那么幸运了。她不仅失去了她的孩子，而且她还不幸冒犯了政府当局。后者对她有罪深信不疑，并且似乎准备不惜一切代价来证明这一点。在阿扎莉娅失踪后仅仅几个小时之内，他们就只接受对这一事件的一个解释，并排除所有其他的解释。而他们所接受的这个唯一的解释就是：林迪·张伯伦谋杀了她自己的婴儿。这是一个在世界各地不断重复出现的问题。一旦政府当局认定了一个嫌疑人，那么各种猜测、怀疑和偏见就会相互助长，形成一种可怕的动能。在这种不稳定的情况下，科学本来应该成为我们权利的一种保障，一座保护我们免受情绪化和偏执这两种危险的坚强堡垒。但是在很多情况下它却反而将仇恨的火焰越煽越旺。

林迪·张伯伦所遭受到的正是一场不折不扣的法医学陷害。

Roberto Calvi

第十三章

罗伯托·卡尔维
(1982年)

“上帝的银行家”之离奇死亡

谋杀还是自杀？这可能是法医学上最难回答，也最容易引起争议的问题。尽管我们在惊险小说和无数阴谋网站上读到过各种有关将一个人谋杀后伪装成为自杀的故事，但实际上要做到这一点是非常困难的，往往会留下一些蛛丝马迹。在作了成千上万次尸检之后，一些验尸官似乎已经培养出了一种第六感觉。在遇到将谋杀伪装成自杀的情况，他们凭直觉就会感到“有什么地方不太对劲”。出于同样的道理，尽管有些尸体是在非常离奇的情况下被送进停尸房的，如果他们看到相关证据后凭直觉认为死者并非死于谋杀，并且这一直觉得到一系列试验的支持的话，那么他们会对有关谋杀的歇斯底里的声称置若罔闻。在这方面最离奇也最具争议的一个事件就发生在伦敦市中心，时间是1982年6月18日早晨。这一事件的某些影响至今仍然没有消失。

在7点钟左右，一名职员从南向北匆忙地行走在伦敦的黑牧师大桥上。他无意中向桥下面的泰晤士河望了一眼。令他感到吃惊的是，他看见了一个男人光秃的头顶。他赶忙又看了一眼，结果发现这是一具悬挂在橘黄色尼龙绳上的尸体，而那根尼龙绳则被系在桥下一个临时脚手架上。不管我们称之为现代版的自鸣得意还是英国式保守的极端的例子，这位职员在犹豫片刻之后竟然继续赶路上班去了。他后来解释道，当时他想到电影摄制组经常在伦敦的这个地带拍摄外景，所以他猜想这只是他们为拍摄某个电影场景而布置的一个道具。尽管如此，几分钟之后他还是在工作场所向他的同事提起了此事。他的同事立即拨打了急救电话。

泰晤士河警察局是世界上历史最悠久的一个执法机构。自从其1798年成立以来，它就不断地从伦敦这条水路交通主干道中打捞各种尸体。那天上午7点半钟，该警察局的一艘高速摩托艇开到了黑牧师大桥的下面。当摩托艇上的人从下往上看去，他们意识到这并不是一个塑料做的假人。悬挂在大桥第一桥孔下面的是一个身材肥胖的老年男人，并且已经死亡多时。那根一头系在脚手架第二条横梁上，另一头系在那个男人多肉的脖子上的绳子很长，足以使上涨的河水拍打到他的鞋子和脚腕。当警察割断绳子将他放下来的时候，他们发现他所穿的价格不菲的灰色西服的口袋中和他的裤子的裆部被塞进了大约12磅重的石头。在尸体身上发现了两块表：一块手表停在了凌晨1点52分的地方；而另一块怀表则在凌晨5点49分才停止了走动。他们还在尸体上找到了价值10 700美元的各种现金，以及一个湿漉漉的意大利护照。护照上所使用的名字是吉安·罗伯托·卡尔维尼。

英国移民记录显示，卡尔维尼于6月15日进入该国。但是警方在与意大利使馆核查后发现，意大利并没有签发过这样一份护照。但是护照上的那个伪造的姓名并不能骗过警方——它与一个意大利警方正在通缉的在逃犯的名字太相似了。

第二天，在拥挤的新闻发布会上，一名苏格兰场的官员透露，这名死者不是别人，正是米兰安保信银行行长罗伯托·卡尔维。这一消息使全世界金融市场打了一个冷战。卡尔维是一个神秘莫测的人物，由于他与梵蒂冈有着某种双方都讳莫如深的交易，因此人们给他起了个“上帝的银行家”的绰号。仅仅11个月之前，卡尔维被判定犯有诈骗罪并被处以4年监禁。但是随后他就提出了上诉，并在交了一笔保释金之后被释放，以等候上诉结果。

现在这位62岁的银行家在逃避了自己国家的法律制裁之后，却在伦敦的一座桥下上吊自杀了。

但他真的是自杀吗？

伦敦黑牧师大桥第一桥孔，罗伯托·卡尔维就吊死在这里

以上这些情况不可避免地引起了人们的各种猜想，而那些热衷于散布骇人听闻的阴谋谣言的好事之徒就像一群闻到尸体气息的秃鹫一样在伦敦上空盘旋。说句公道话，罗伯托·卡尔维的生活与死亡的确有许多让人感到怀疑的离奇之处。

与其他现代国家相比，意大利这个国家的运作主要还是建立在关系网和个人的影响之上的。而这种现象在金融行业又最为严重。政府监管不力，贪污腐败横行，每个人都在寻找某种优势。在20世纪70年代，这通常意味着要加入一个名为“普罗帕甘达二团”（P-2）的类似于共济会的组织。自从P-2于19世纪成立以来，它的成员已经遍布统治阶级的各个角落：政府、军方、司法机构、金融界以及意大利权力政治的两个堡垒——天主教会和黑手党。P-2的影响是否真的像它的批评者所声称的那样无所不在，我们无法知道，但重要的是当时在人们心中有这样一种观念，即加入P-2是一个人成功的一种保障，是一把打开无穷无尽的财富和权势大门的金钥匙。毫无疑问，它不可逆转地改变了卡尔维的生活——不管这种改变是好还是坏。

他于70年代初——没有人知道确切的时间——被介绍加入了这个秘密组织。从此之后，他那本来惨淡的银行业生涯突然发达起来。他就像坐了火箭一样迅速升迁，直到坐上了安保信银行行长的宝座。安保信银行是一个重要的天主教会金融机构，与宗教事务银行——即梵蒂冈银行——有着密切的联系。在这两个金融机构之间的一系列合作为双方都带来了巨大的利益，也大大地提高了卡尔维的名声。所以当他的导师、长期担任梵蒂冈金融顾问的米凯莱·辛多纳突然因诈骗而面临监禁的时候，卡尔维很轻松地就取代了他的地位。

在一段时期内一切都非常顺利。卡尔维小心谨慎地在全世界的范围内发展他的金融网络，安保信银行也随之兴旺发达。这位像弥达斯一样善于敛财并像斯芬克斯一样守口如瓶的银行行长得到了教会、黑手党以及P–2组织的支持，成为意大利最有实力的私人银行家。

但是好景不长。不知出于什么原因，卡尔维变成了一个骗子。他开始在国外成立空壳公司，然后就从安保信银行的各个国外分行贷款转入这些公司。几亿美元的资金流进这些空壳公司，然后就永远地消失在这些巨大的、无底的黑洞之中。随着有关这一诈骗案的消息的传播，P–2组织开始采取行动，为卡尔维提供保护，使其免受司法调查。但是这种保护是通过付出很高的代价获得的：安保信银行被迫向P–2组织成员提供不明不白的大额的“贷款”。

卡尔维脚下的冰面变得越来越薄，直到1981年终于出现了一个致命的裂缝。调查辛多纳黑手党关系网的官员在搜查P–2组织头目利西奥·杰利的住宅时发现了一个装有几十个信封的保险柜。在这些信封中一丝不苟地保存了P–2组织贿赂法官、实业家和意大利政府要员的完整记录。在保险柜中还有一份标着“罗伯托·卡尔维”的档案，其中记载了P–2组织为挽救这位骗子银行家而操纵意大利司法系统的详细记录。

当卡尔维被匆忙地押往监狱的时候，他大呼冤枉，声称自己是一个受骗者，一个被这场骗局真正的策划者利用的工具。但是警方无论用什么方法都无法使他说出这些策划者的名字。意大利谣言四起：谁是安保信银行的真正幕后操纵者？是黑手党还是P–2组织？或者还是梵蒂冈？或者还是这三者为骗取投资者数亿美元的资金而共同组成的一个邪恶轴心？

1981年7月20日，守口如瓶的卡尔维被判处4年监禁和1 000万美元的罚金。但是对于以上问题仍然没有任何答案。卡尔维在交出他的护照之后被保释，以等待上诉的结果。

随着压力的逐步增加，卡尔维开始担心他自己的生命。1982年5月15日，他在钱皮诺机场遇到了银行界的一个同行——意大利国民劳动银行行长内里奥·内西。内西对卡尔维压抑的精神状态感到十分震惊。据他回忆，当时这个已经谢顶的银行家呻吟道："每个人都在利用我，我受不了了。"[1]

银行家逃往伦敦

不到一个月之后，也就是6月10日，卡尔维在保释期间逃脱。他手持一份伪造的护照，搭乘弗拉维奥·卡尔博尼的私人飞机逃离了意大利。卡尔博尼是据说与黑手党有关系的一名非法经营者。他本人没有在这架飞机上，而是让一位名叫西尔瓦诺·维托的无名小辈来在路上照料卡尔维。在的里雅斯特和奥地利稍作停留之后，他们于6月15日抵达伦敦。卡尔维住进了位于时尚的南肯辛顿区的一个名叫切尔西·克罗伊斯特斯的酒店公寓。为了避免被人认出来，他到达后所做的第一件事情就是剃掉了自己的胡子。

与此同时，卡尔博尼也带着两个年轻漂亮的奥地利女郎来到了伦敦。她们是克莱恩斯奇格姐妹，一个名叫曼努埃拉，据说是卡尔博尼的情人；另一个名叫米夏埃拉，是维托的女朋友。他们三个住进了希尔顿饭店，而维托仍然和卡尔维待在一起。

从那时起，相关人员对卡尔维的精神状态开始有了不同的说法。卡尔博尼声称，他在卡尔维到达伦敦的第一天晚上去看望了他。当时这个亡命天涯的银行家看上去很放松，只是抱怨那个公寓房间太小。而卡尔维的家人所回忆的情况则完全不同。他们说，卡尔维在和他们通电话的时候明显表现出了惊恐的情绪。他告诉住在苏黎世的女儿离开欧洲，到她住在华盛顿哥哥的家里去避一避："今天或者明天将会

---

1 Rupert Cornwell，*God's Banker* (London：Gollancz，1983)，p.169.

发生一件十分重要的事情，灾难就要降临了。”[2]在和他妻子通话的时候，他表达了更加不祥的预感：“我不再信任和我在一起的那些人了。”[3]

那个狭小的公寓中的气氛越来越紧张。6月17日，卡尔维一整天都在沉思默想。根据卡尔博尼后来的证言，那天晚上他邀请这个心神不宁的银行家出去吃饭，但是卡尔维拒绝了。而维托则决定应邀前往。他将正在烦恼之中的卡尔维独自留在公寓，前去会见卡尔博尼和克莱恩斯奇格姐妹。

当时的时间是晚上11点。

在此之后，没有人承认见到过活着的卡尔维。

当维托于凌晨1点半回到公寓的时候，里面空无一人。卡尔维已经不知去向。在等了整整一个晚上之后，维托开始对自己的安全感到担忧。于是他在第二天上午逃往奥地利。卡尔博尼也逃之夭夭。但是他的逃跑路线有些迂回曲折。他首先前往爱丁堡，在那里乘坐私人飞机前往瑞士，然后他也躲了起来。

与此同时，在伦敦，卡尔维之死在媒体中引起轩然大波。而有关当局希望通过尸检揭开其死亡的真相。

负责尸检的是基思·辛普森教授。出生于1907年的辛普森即使在其职业生涯的最后阶段仍然是英国的首席验尸官，在作证时仍然像以往一样条理清晰，在各种各样的暴力死亡方面仍然是首屈一指的专家，并且仍然拥有巨大的影响力。具有讽刺意味的是，像他这样一个差不多从事了一辈子这种对情感极富挑战性的职业的人，当初选择病理学这个专业恰恰是因为他非常神经质，容易感到恶心。在20世纪30

---

2 Rupert Cornwell, *God's Banker*, p.196.

3 Noguchi, p.255.

年代，刚刚从医学院毕业的辛普森对他的人类同胞的生理疾病产生了一种极度恐惧和厌恶的情绪。他决不愿意去“检查别人的喉咙或臭脚”[4]，而是宁愿去这样一个地方：“在那里我的病人从不向我抱怨。如果他们的症状令我感到困惑不解，我随时可以将他们放回到冷冻柜中，找我的同事们去讨论这些症状，然后再回去继续对他们诊断”[5]。

在其职业生涯的早期，辛普森经常与大人物伯纳德·斯皮尔斯伯里发生冲突。他们两人的性格形成鲜明的对比：自负而又傲慢的伯纳德爵士在“永远正确”的基石之上建立起了一座“斯皮尔斯伯里堡垒”，并且不惜一切代价维护自己的这种地位。而专业水平远远高于斯皮尔斯伯里的辛普森则为人谦逊，从来不羞于承认自己在知识上的不足。在遇到棘手问题的时候，他很乐于征求和采纳别人的意见。随着斯皮尔斯伯里的权威的日益衰弱，辛普森很快就取代了他的显赫地位，尽管在一开始他还没有得到公众的承认。在进行那些注定要成为争议焦点的尸检的时候，总是需要有一个像辛普森那样头脑冷静的人来让过热的局势降一降温。

而在宁静的、充满消毒药水气味的停尸房之外，媒体已经将有关这一案件的各种猜测炒得沸沸扬扬了。人们毫不怀疑卡尔维是被黑手党的刺客所“自杀”的——这是一个黑社会行话，意思是伪装成为自杀的谋杀。他们问道：如果卡尔维真的想要以这种引人注目的方式结束自己的生命的话，那么他为什么要走到离其住所4英里以外的黑牧师大桥去上吊呢？在这条路上有很多的桥可以供他使用。兴奋的记者们向他们的读者绘声绘色地描述了卡尔维要在那座桥下上吊所必须付出的努力，其中不乏虚构和夸张。他们带着嘲笑的口吻说道，只有具有像连环画中的主人公一样非同寻常的敏捷身手的人才有能力越过大

---

4 Simpson，p.318.
5 同上。

桥的栏杆，爬下25英尺高的铁梯，跳到脚手架上，沿着脚手架爬到河面的上方，将绳子的一头系在脚手架的铁管上，另一头系在自己的脖子上，然后再跳入永恒的黑暗之中。也许人猿泰山可以完成以上这一系列高难动作。而一个大腹便便、衣兜中装满石头、裤裆前方还塞着一块砖头的62岁的银行家是绝对做不到的。

这种自杀方式听上去的确非常离奇。但是另一方面，有关这是黑手党所为的说法也很离奇，因为黑手党众所周知的杀人方式是对准头部一枪毙命。而这种有意制造戏剧效果的杀人方式完全不符合黑手党的风格。

那些阴谋论者并没有知难而退，而是提出了新的说法：这的确不是黑手党所为，而是P-2组织按照其秘密仪式上的誓言所指定的方法执行的死刑。根据这一誓言，该组织的叛徒应该“死于不断涨落的潮水之中”[6]。有关共济会牵涉这一谋杀的说法被传得有鼻子有眼。很显然，谋杀卡尔维的刺客之所以选择了将其吊死，是因为绞索象征着在入会仪式上戴在学徒脖子上的一条绳索。他的衣兜中塞满了石头是因为根据共济会的说法，学徒在刚刚入会的时候就像一块未经雕琢的石头，他将在共济会中逐渐被塑造成为一块“有用之材”[7]。

甚至连凶手选择黑牧师大桥作为绞刑架也有着象征意义。众所周知，P-2组织成员在举行仪式的时候都穿着黑色长袍，就像被称为“黑牧师”的多米尼加牧师一样。另外，黑牧师大桥正好位于伦敦市警察局的辖区之内，而该辖区又是共济会产生和发展的温床。该桥还位于坦普尔花园视野之内，这也具有象征意义，因为共济会是由14世纪一个名叫“坦普拉骑士”的组织发展而来的。有关这一案件最荒唐的一个谣传就是，一个身为共济会高级会员的英国皇室成员也参加了这一

6 Noguchi，p.268.

7 Jasper Ridley，*The Freemasons* (London：Constable，1999)，p.273.

处决仪式。这种模糊的说法没有任何事实根据。

还有一些谣言将安保信银行与南美洲的军火交易联系起来。由于卡尔维之死发生在福克兰群岛战争刚刚结束之时，当时黑牧师大桥被粉刷成浅蓝色和白色两种颜色——也就是阿根廷国旗的颜色——是不是也具有某种象征意义呢？

辛普森在与这些猜测完全隔离的解剖室中有条不紊地进行着他的工作。他首先用显微镜仔细检查了卡尔维身体的每一寸肌肤，以寻找暗示着他可能是被谋杀的淤伤或针眼——前者表明其可能遭受过暴力，而后者则表明其可能被注射过药品。那根3英尺长的尼龙绳的一头被用一个简单的绳结系在他的脖子上，其另一头被用两个半绳结系在脚手架上。辛普森特别认真地查看了他的颈部，以确定他是真的上吊自杀，还是在被勒死之后再被吊在脚手架上伪装成自杀的。

用吊死的方法实施的谋杀是非常罕见的。在这种情况下，随着绳套的收紧，几乎总会在受害者的颈部留下一圈完整的勒痕。而在上吊自杀的情况下，绳圈则会在颈部的前方留下一道很深的勒痕，并且绳结也会在颈部留下痕迹。在本案中，这种绳结痕迹出现在右耳的后方。

辛普森在验尸记录中写道："在颈部周围和甲状腺的前上侧以及左侧直至右耳后侧的悬吊处可见一条很深的绳索勒痕。这是一条单一的绳索波纹印迹。在此线以上的皮肤上以及心脏和肺脏上可见窒息淤斑……未发现其他可以引起怀疑的伤痕。在身体上未发现注射痕迹……头部无受伤或青肿……"[8]

基于以上检查结果，辛普森得出结论：他在卡尔维颈部所发现的勒痕是"有意上吊所造成的。没有理由怀疑是他人加害"[9]。

---

8 Noguchi, p.259.

9 同上。

警方完全同意这一验尸结论。在一个活跃的新闻发布会上，负责调查此案的休·穆尔警长对失望的记者们说道："目前没有任何迹象表明这不是一起自杀事件。"[10]他指责媒体过分热衷于追求秘密仪式谋杀的离奇故事，而忽视了大量表明卡尔维是自杀的证据。穆尔指出，在卡尔维生命的最后几个小时内，他很可能已经达到了他心理承受能力的极限，感到自己的整个世界正在倒塌。他此时正亡命天涯，受到警方的追捕，他的职业生涯已经彻底完蛋。他在其生命的最后几天得知，安保信银行董事会已经剥夺了他作为该银行行长的一切权力，并且这个声名狼藉的银行的控制权已经被转移到意大利银行，这意味着它已经无法逃脱毁灭的命运。*由于他的自大和欺诈行为，这个在过去35年曾经是他生命中不可缺少的一部分的银行被人从他手中夺走了。

对于卡尔维来说另一个致命的打击就是，就在那一天，也就是6月17日，他得知曾经为他担任多年秘书的格拉齐雅拉·科罗谢从其米兰办公室的窗户中跳楼自杀，并留下了一个纸条，上面写道："……他（卡尔维）这样逃跑真是太可耻了。他对银行中的每个人以及对这个我们曾经为之感到如此骄傲的群体形象造成了巨大的伤害，为此他应该受到一千次的诅咒。"[11]

穆尔说，卡尔维已经名誉扫地，蒙受了巨大的羞辱。他意识到自己迟早会被抓住，意大利法院几乎肯定会让他在监狱中度过4年漫长的时光。由于无法面对这种羞辱，他决定结束自己的生命。

尽管警方一再表示，所有理性的分析结论都指向自杀，但是媒体对这些结论充耳不闻，而是争先恐后地抛出各种离奇的猜测。它们都就那个臭名昭著的"不翼而飞的公文包"大做文章。卡尔维的妻子声

---

10 Noguchi，p.258.

* 安保信银行在第二年破产，留下了13亿美元的债务。

11 Cornwell，p.191.

称，卡尔维“总是随身携带着”[12]这个公文包。但是现在它却不见了。报纸提出了以下这些问题：在那个公文包中是否装有邪恶的P–2组织或者黑手党甚至梵蒂冈所不愿意被公之于众的秘密文件？是不是在这些组织中有人担心卡尔维即将供出他们，因此决定杀人灭口？

卡尔博尼和维托最终都被警方找到，但是他们的解释并没有消除人们有关这一事件背后隐藏着一个巨大阴谋的怀疑。他们俩都声称，他们都是为了自保才突然逃离伦敦的。卡尔维在他们的帮助下潜逃到伦敦之后突然神秘失踪了，这使他们怀疑自己的生命也受到了威胁。

1982年7月23日，兴奋的记者们聚集到了验尸法庭上。他们手中拿着笔，等待着记录有关P–2组织、黑手党或者梵蒂冈涉嫌卡尔维谋杀案的轰动性的消息。

但是结果却让他们大失所望。

验尸法庭的调查简直是无聊透顶。有将近40名证人出庭作证，其中大多数都是警察。他们作证的目的只是为了满足法律上的要求，而不是为媒体爆料。卡尔博尼和维托甚至都没有出庭，而只是提供了书面证言。只有辛普森提供了卡尔维死亡的唯一具体证据。面对明显表露出失望情绪的记者们，辛普森只是说道：“没有证据表明他不是自己上吊而是被他人吊死的。”[13]他声称，在卡尔维颈部的绳子勒痕以及未在他身体其他部位发现任何伤痕这一事实都排除了他先前被勒死或遭受任何外部暴力的可能性。

在持续了一整天之久的验尸法庭调查过程中，没有爆出有P–2组织或黑手党的惊天动地的秘密，或者任何谋杀的迹象，也没有任何可供媒体大加炒作的东西。甚至连卡尔维的亲兄弟也给有关的猜测泼了

---

12 Noguchi，p.256.

13 *Daily Telegraph* (London) (June 24，1982).

一盆冷水。洛伦佐·加尔维博士给法庭送去了一份声明，证实罗伯托曾经表现出自杀的倾向："1981年7月，他在一阵绝望之中割破了自己的手腕，并且吞下了一大堆安眠药。"[14]他的这一声明使他成为卡尔维家庭其他成员永久的敌人。

调查听证会于晚上7点钟结束。验尸官戴维·保罗博士在暂时休庭之后宣布了他的结论。的确，卡尔维在脚手架上上吊自杀是非常困难。但是用这种方法谋杀他同样也非常困难。保罗问道，别人如何能够将卡尔维这么重的一个人扛下大桥的铁梯，然后隔着那么大的空间把他从桥洞抬上脚手架，并将他吊在那里，而却"没有在他的身上留下任何痕迹"[15]呢？

针对有关卡尔维可能被用小船运到桥下的说法，保罗指出，泰晤士河在这个地方河水非常湍急，"有谁能够使小船静止不动地保持在脚手架下面的那个位置，将卡尔维这样一个大胖子直立着举起来，然后把他吊在一根绳子上"[16]？

在其结论中，保罗向陪审团解释了他们可以作出的三种裁决：自杀、谋杀和死因不详。他说道："如果你们感到作出其他裁决太困难的话，那么作出死因不详的裁决可能是一条很好的出路。但是我想告诉你们，这在过去不是，将来也不会是一个方便和轻松的出路。"[17]

当天晚上10点，在狭小的验尸法庭上，陪审团团长站起来宣布了他们的裁决："陪审团以多数票决定，死者系自杀。"[18]

---

14 *Daily Telegraph* (London) (June 24, 1982).
15 Noguchi, p.261.
16 同上。
17 同上。
18 同上。

卡尔维家乡的人们愤怒了

这一裁决遭致了意大利人尤其是大多数卡尔维家庭成员的大声奚落和嘲讽。他们之所以采取这种态度，主要出于两个原因。首先是宗教方面的原因。卡尔维是一个天主教徒。如果被宣布死于自杀，那么根据天主教戒律，他将不能被埋葬在圣地。其次，卡尔维购买了300万美元的巨额人寿保险。如果他死于自杀，那么保险公司就可能拒付这笔保险金。

1983年3月，三名意大利法医专家在研究了所有案件材料之后得出结论说，卡尔维“可能”是死于自杀。即便如此，反对之声仍然有增无减。而在伦敦，人们也越来越感到不安，以至于在1983年3月29日，伦敦市大法官杰弗里·莱恩采取了一个极不寻常的行动。他以验尸官处理案件过分草率并且阻止陪审团作出死因未详的裁决为由，撤销了原陪审团作出的自杀裁决，并且命令开展新的法庭调查。

新的验尸法庭于1983年6月13日开庭，由一名新的验尸官阿瑟·戈登·戴维斯博士主持。辛普森再次成为明星证人，但是这次他遭到了一个人的猛烈攻击。这个人就是卡尔维家庭聘请的律师，身材矮小、绰号为“银狐”的英国王室法律顾问乔治·卡曼。他很快就表现出英国法庭上最可怕的交叉讯问专家的本色。他以老练的手法迫使辛普森承认，由别人在船上将卡尔维吊到脚手架上的确要比卡尔维自己爬上脚手架上吊更加容易。然后卡曼提出了卡尔维身上没有青肿等其他伤痕的一个可能的原因：难道别人不可能在卡尔维身上某个难以察觉到的地方——如在他头发下面——注射诸如氯乙烷之类无法探测到的药品，使他丧失活动能力吗？辛普森不得不承认这种可能性。但是他补充道：“……我在验尸的时候没有考虑这种离奇的事情……如果有谁认为在卡尔维的头皮上有针眼，那么我请他给我指出来。”[19]

当时将卡尔维的尸体从脚手架上放下来的泰晤士河警察局的唐纳德·巴特利特警官在卡曼的讯问下也不得不承认，在泰晤士河涨潮的时候，有经验的船夫可以使一条小船停在桥下，然后从小船上将尸体吊上脚手架。

这次维托出庭作证了。他说卡尔维在他生命的最后一天备受负罪感和抑郁的煎熬，并且还“咬牙切齿”[20]地说，安保信银行作出了开除他的决定。[21]维托坚决否认卡曼有关他“试图愚弄陪审团”[22]的指责。

在一个训练有素的律师手中，即使是一个极小的矛盾之处也会被放大成为一大团疑云。而卡曼在这方面无疑可以称得上是一位大师了。他一砖一瓦地建筑起了一座怀疑的大厦：卡尔维死亡时的离奇情况、他与黑手党的众所周知的关系、卡尔维死亡前后卡尔博尼对欧洲许多城市的神秘造访，等等。他甚至还非常狡猾地向陪审团提供了他自己的一个阴谋理论：“我从来没有试图暗示，如果卡尔维是被谋杀的，那么卡尔博尼一定与之有牵连。但是卡尔博尼是否知情，则完全是另一回事情。”[23]

这些耸人听闻的说法达到了预期的效果。1983年6月27日，陪审团作出了死因不详的裁决。卡尔维的家人长长地出了一口气。他们感谢法庭“为卡尔维家族洗清了自杀的耻辱”[24]。至少在英国，罗伯托·卡尔维的神秘死亡被正式宣布为一个“悬案”。

---

19 Cornwell, p.204.
20 *Daily Telegraph* (London) (June 15, 1983).
21 同上（June 23, 1983）。
22 同上（June 24, 1983）。
23 Cornwell, pp.248—249.
24 *Daily Telegraph* (London) (June 28, 1983).

这为卡尔维的家人将其遗体运回意大利扫清了障碍。卡尔维最终被运回到靠近瑞士边境的一个名叫德里佐的风景优美的小山村，并被埋葬在该村墓地中卡尔维家族教堂内。

但是卡尔维之死所引发的争议却丝毫没有减弱。1984年8月，该案引起了前洛杉矶县首席验尸官、绰号“明星们的验尸官”的托马斯·诺古基博士的好奇心。当他在英国参加一次会议的时候，诺古基见到了该案的第一位验尸官保罗博士。后者向他披露了有关卡尔维之死的一些未曾公开的细节。

保罗说道：“他的鞋子上沾有泥土。如果真像他们所说，他是从市区的一条街道直接走到那座大桥的梯子上去上吊自杀的，那么他的鞋子怎么会沾有泥土呢？……更重要的是，他的衣服在胸部以下都是湿的。如果他要上吊的话，那么他为什么要跳到齐胸深的水中去呢？”[25]

保罗分析说，卡尔维那天离开他的公寓时还没有想到要自杀。这就可以解释他为什么会走到4英里以外的黑牧师大桥。但是当他在黑夜中漫无目的地游荡的时候，绝望逐渐在他的头脑中占据了上风。当他走到维多利亚河堤的时候，这种绝望的情绪达到了高潮。他最终在冲动情绪中决定自杀。在那个多事之夜他曾尝试过两次自杀，而不是一次。

第一次他在绝望之中往自己的口袋中装满了石头，然后跳下泰晤士河，打算淹死自己。但是他被这一段貌似很深的河水欺骗了——那是离黑牧师大桥东侧仅100码左右的一段多石的浅滩，他跳下去之后才发现水深仅到他的胸部。在这次自杀尝试失败之后，他漫无目的地沿着泥泞的河岸跌跌撞撞地走着，最后来到了那座大桥。在桥下的脚手架上悬挂着一条可能是一个船夫留下用来拴船的橘黄色尼龙绳。于

25 Noguchi，pp.263—264.

是他就产生了上吊自杀的念头。而他身上的湿衣服和鞋上的泥只不过是上一次未遂的投河自杀所留下的痕迹。

如果我们看一看当地的河水涨落表，就会发现保罗的说法可能是有道理的。6月17日晚，泰晤士河涨潮发生在10点59分，这也是人们最后一次见到活着的卡尔维的时候。8个半小时之后，人们发现他吊死在桥下，两只脚悬在水中。而河水落潮发生在早晨6点25分，然后河水又开始上涨。假设维托所说的话是真的，那么处于极度压抑状态的卡尔维有好几个小时的时间走到黑牧师大桥附近，经历其人生中的最后一次危机，最后决定自杀。

我们将这一推论与卡曼的“小船刺客”的说法进行一个比较。如果后一说法要想成立的话，那么凶手必须首先用麻醉药使卡尔维失去知觉，然后在泰晤士河水涨潮的时候用船将他运到桥下，最后再将他吊在脚手架上，把他留在那里自己死去。即使在这个时候，桥上、河中或者堤岸上也很少会空无一人——这毕竟是伦敦的市中心地带。因此采取如此怪诞的谋杀方法的凶手不得不冒着极大的被人发现的风险。他们这么做到底是为了什么？难道就是为了让共济会的成员们对他们的“总设计师”产生巨大的恐惧感吗？这听起来不大可能。我们还应该记住一点，那就是那个夜晚是一年中最短暂的夜晚之一。当时天气很好，大约在凌晨3点半就可以在河边看到第一道曙光了。这进一步缩小了凶手实施谋杀的时间窗口。

卡尔维的家人对第二次验尸法庭的裁决仍然感到不满意，于是他们在意大利法庭继续坚持他们的主张。经过几年的吵闹之后，1998年12月16日，罗伯托·卡尔维的尸体被从坟墓里挖了出来，送到位于米兰的法医学研究所进行检查。在那里，一个三人小组将试图就卡尔维是否被谋杀这一问题作出最终的结论。这个小组的成员之一就是路易吉·卡帕索。他曾经对在阿尔派恩山冰川中发现的一具5 000年前的古木乃伊进行过尸检。

在经过两年艰苦的研究之后，他们于2001年提交了初步报告。三人小组的成员之一安东尼奥·福尔纳里教授声称，通过使用在卡尔维死亡的时候尚未出现的DNA新技术，“专家们没有发现任何与卡尔维被谋杀的说法不符的事实。相反，他们还发现了几个可以支持这一说法的因素。其中包括在卡尔维右手手腕上发现的一道与绳索留下的痕迹不符的很深、很明显的淤伤。这表明在他死亡之前很可能有人抓住了他的手腕。[26]

卡尔维的尸体在经过18年的腐烂之后，竟然还会显示出一道当年被辛普森遗漏的“很深、很明显的淤伤”，这真是太不可思议。尽管如此，卡尔维的儿子，蒙特利尔商人卡洛·卡尔维对这一最新进展感到非常高兴。他说，法医专家小组的这一尸检结果证明他当时作出的对其父亲进行开棺验尸的痛苦决定是正确的：“我们必须尽一切努力证明他没有自杀。在过去18年中我的母亲一直试图为我父亲的死亡找到某种意义。有大量的证据和证言表明我父亲是黑手党下令谋杀的。他在梵蒂冈也有许多敌人。”[27]

与此同时，在意大利各式各样的黑手党流氓阿飞纷纷跳出来声称他们掌握卡尔维死亡的“内幕”，试图以此与政府当局进行交易。其中的一个人名叫马里诺·曼诺亚。他曾经是犯罪团伙成员，后来充当了向政府告密者。据他声称，一个名叫弗朗切斯科·迪卡洛的黑手党毒贩用双手掐死了卡尔维，然后将他的尸体吊在桥下伪装成自杀。他说迪卡洛是受黑手党的指使杀死卡尔维的，因为卡尔维欠了黑手党几百亿里拉的钱。

这种说法根本不值得相信，因为用手扼死一个人会在受害者的颈

26 *Times* (London) (December 10，2000).
27 同上。

部留下与上吊自杀完全不同的痕迹，而在暴力死亡方面具有无与伦比的丰富经验的辛普森是不可能被这种笨拙的伪装所愚弄的。

这也是如今仍在接受意大利警方调查的卡尔博尼的律师雷纳多·博尔佐内所强调的一点。博尔佐内公开发表意见说，他认为意大利法院最终会作出卡尔维死于自杀的裁定。他说，“参加英国第一次验尸法庭调查的都是法医学领域的权威人物，其所得出的结论也是无懈可击的”[28]。

在1982年的那个美丽的夏夜伴随着心神不宁的卡尔维走过维多利亚河堤的究竟是些什么样的魔鬼？他们是只存在于卡尔维的精神世界之中的心魔，还是存在于现实世界之中的杀人恶魔？这一点我们也许永远也无法得知了。但是有一点是清楚的，那就是当时卡尔维本人已经预感到自己的末日即将来临。就在他失踪之前不久，卡尔维在少有的一次接受记者采访时表达了他的恐惧：“在这种气氛下，任何野蛮的行为都可能发生。有许多人将要为此付出沉重的代价。我还不能确定这些人将会是谁，但是真相迟早会大白于天下的。”[29]

如今天下人仍然在等待着真相大白。*

---

28 *Times* (London) (December 10, 2000).

29 *La Stampa* (June 15, 1982).

* 2002年4月，意大利的最终法医调查报告被公布了。正如人们所预料的，该报告得出的结论是：卡尔维之死系谋杀。得出这一结论的根据包括：在卡尔维的指甲缝中没有找到来自装在他口袋中的石头上的尘土的痕迹；在他的鞋子上没有发现来自脚手架铁管表面上所镀有的铜和锌的微量痕迹。截至本书写作之时，还不清楚意大利警方是否会对任何人提出刑事指控。

Colin Stagg

第十四章

科林·斯塔格
（1992年）

心理游戏

在谋杀受害者的等级中——遗憾的是，这种等级的确存在——雷切尔·尼克尔属于最高层次的。她既是一位年轻、性感而又聪明的金发女郎，又是一位热爱孩子的母亲。对于媒体来说她是一块纯金。而对于英国报纸和电视而言最为可贵的是，她那具有感染力的对生活的热爱还被一盘家庭录像带记录了下来。这盘录像带中的一些画面将成为1992年最令人难忘的新闻图像的一部分。像雷切尔这样的女人是不应该被谋杀的。因此当这个23岁的迷人女郎在光天化日之下在温布尔登公园中被人像杀猪一样残忍地杀害之后，这一案件对于调查人员来说成了一把双刃剑。一方面，它引起了媒体的极大关注和公众的同情心，这对于任何谋杀案的调查来说都是很有好处的。但是另一方面，它也使公众对调查人员产生了极高的期望。这是一个警方必须侦破的案件。调查工作只准成功，不准失败。

位于伦敦西南部的温布尔登是一个具有极大反差的地方。在大多数人——不管是英国人还是外国人——的头脑中，这个地名总是与网球赛联系在一起的。每年夏天有两个星期，各个国家的顶级运动员都要聚集在这个绿树成荫的伦敦郊区，参加世界最高水平的网球锦标赛。球迷们也聚集到这里来为他们喜爱的球星加油，大吃草莓和奶油冰激凌，并享受夏日的阳光。他们中很少有人会远离全英网球俱乐部那些覆盖着常春藤的比赛场地，更少有人会意识到，在这些场地西边仅仅几百码的地方有一大片看上去极为荒凉的开阔地。这片面积达 1 100 英亩的荒野就是温布尔登公园。它是伦敦这个高楼林立的城市中一片少有的绿洲，是慢跑、骑自行车甚至骑马爱好者的乐园。在这片荒野上遍布着像迷宫一样的小道。

罗杰·麦克恩对这个公园非常熟悉。他是当地剧院的一名演员，经常骑车上下班。1992 年 7 月 15 日上午 10 点 30 分，当他骑车经过这里时恰好看见一名妇女正站在一片灌木丛边与她的一个刚刚学会走路的孩子玩耍。长着亚麻色的长发、身材柔美的雷切尔·尼克尔——她曾经是一位业余模特——让人看了以后难以忘却。她当时看上去非常愉快，正在与她的儿子亚历克斯和她的宠物狗莫利无忧无虑地嬉戏着。

仅仅 15 分钟之后，一位名叫迈克尔·默里的退休建筑师正沿着同一条小路散步。他在沿着这条蜿蜒的道路走到一片林中空地的时候，看见一名妇女好像在晒太阳。但是当他越走越近的时候，他意识到这不是一幅乡村田园诗中的景象。雷切尔·尼克尔已经死亡。她不仅被谋杀了，而且还遭到了疯狂的性攻击。她一共被刺了 49 刀，头几乎被从颈部割断，裤子被扒了下来，很明显是受到了残酷的攻击。这是一幅非常可怕的景象。再加上紧抱着那具毫无生气的尸体不断呜咽地说着“起来，妈咪，起来，妈咪”[1]的小亚历克斯，那景象就更为恐怖了。不久之后，那个孩子就因惊吓而处于一种恍惚状态，在随后的24小时之内没有说一个字。

具有讽刺意味的是，雷切尔只是在最近才开始到温布尔登公园来游玩的。她住在巴尔汉姆地区。在她家附近的几个公园中，她不断受到一些性变态的骚扰。她之所以来到温布尔登公园，就是希望找到一个能够摆脱这些性骚扰的避难场所。在她的生命中的最后一个上午，她将她的银色沃尔沃轿车停在公园东边的一个标志性的风车附近，然后就带着亚历克斯和那条狗走进了公园深处。

在公园的某个地方她遇到了一名杀手。

如果她是一个妓女或者流浪者的话，那么媒体可能会认为这起谋杀事件根本不值得它们一提。但是正如我们已经看到的，雷切尔对媒体具有非凡的吸引力。令这一事件对媒体更具吸引力的是，小亚历克斯从头到尾目睹了他母亲被谋杀的整个过程。

但是那个孩子究竟看到了什么？他当时刚满两岁，人们不能指望从他的口中得到任何有价值的描述。渐渐地，在有关人员温柔的诱哄下，他终于透露出了他所知道的情况。但是他所能够说的只是他的母亲遭到了一名白人男子的攻击。

对于负责调查此案的54名侦探来说，这点信息实在是太少了。但是它的确与两名证人的描述相符。这两位证人当时在公园中注意到一名形迹可疑的男子。其中一位证人在回旋水塘边上看到了他，并将他描述为年纪大约在20岁到30岁，身高5英尺10英寸，留着棕色短发，身穿白色衬衣和蓝色牛仔裤。几分钟之后，另一名妇女也看到一名身穿白衬衣和牛仔裤的男子在离她较远的一条小溪边洗手，但是她无法

1 “Rachel Nickell Story”, television broadcast (June 27, 2001).

看到这名男子的脸部。第三位证人说，他在谋杀发生地点附近看到了另一名高大并且留着长发的男子。

这名凶手或者极为谨慎，或者不可思议地幸运，因为在犯罪现场没有找到任何有价值的线索。除了受害者的血迹之外没有其他的血迹，没有DNA样本，没有纤维或毛发证据，也没有凶器——侦探们认为杀人凶器是一把带鞘的单刃刀。考虑到这一攻击的疯狂性质，在现场找不到任何线索真是太不可思议了。

负责这一案件调查工作的约翰·巴西特侦探肯定也是这么认为的。因此在没有任何线索的情况下，他决定求助于当时在打击犯罪的斗争中出现的一项最新武器。

在法医科学的最新发展中，很少有像罪案分析人员或像罪案心理分析那样引起如此激烈的争论。有些人对它深信不疑，而另一些人则对它大加诅咒。唯一可以确定的是，这项技术将会继续存在下去，而且很可能还会被用得越来越广泛。该技术的核心是这样一个前提：罪犯总会在犯罪现场留下某些“心理线索”，通过对这些线索的筛选和解释，有经验的分析人员拼凑出犯罪嫌疑人的一个大致形象。不幸的是，这一分析主要依赖于一些回溯性的数据，如谁曾经实施过类似的犯罪，这些犯罪是如何实施的，等等。虽然过去实施的犯罪可能有助于侦破现在发生的犯罪，一个有见识的罪案分析专家应该认识到，人类在作恶方面的创新能力似乎是无穷无尽的。在这一过程中，常识、观察和地理方面的考虑因素像心理学一样重要，因为一个心理分析专家只有在研究了某一特定犯罪的各个方面之后才有可能获得成功。

电影剧本作家往往很会捕捉心理画像的各种戏剧性的可能性。他们通常将罪案分析专家描绘成一个具有几乎是超自然的推理能力的男人——而在现实生活中他们似乎的确也总是男性——一个能够以不可思议的洞察力向一筹莫展的侦探们提供他们所苦苦寻找的犯罪分子的准确心理特征的现代福尔摩斯。但是在现实生活中，事情并没有那么完美。罪案分析只不过向我们提供有关哪些类型的人可能实施某一类型的犯罪的一些线索而已。在这一领域没有任何一成不变或者可以想当然的东西。

而在英国，最著名的罪案分析专家就是保罗·布里顿。

罪案分析专家成为中心人物

体态微胖的布里顿曾经是警察学校的学生，但是后来成为了一名心理学家。在其整个职业生涯中他一直是争议的焦点。有些人，尤其是他的前警察同事们，称他为在打击犯罪这一战线上的一个热心的同盟。但是布里顿也由于极好出风头并且据说还喜欢将他人的功劳据为己有而受到其他心理医生的怀疑和严厉批评。

在本案中，布里顿前去察看了犯罪现场，研究了所有可以获得的文献，对一些数字进行了计算，然后就得出了以下结论：

> 这名罪犯具有中等或中等以下的智商和受教育水平。如果他有工作的话，那么他从事的是非熟练工作或体力劳动。他是单身并且过着相对来说与世隔绝的生活。他与父亲或母亲住在一起，或者独自住在一间公寓房或者卧室兼起居室内。
>
> 他有着某些能够自得其乐的不寻常的爱好或兴趣，其中可能包括在武术或摄影方面的低层次的兴趣。
>
> 他可以很轻松地从其住所走到温布尔登公园并且对该公园非常熟悉。他目前可能不使用汽车。[2]

2 Paul Britton, *The Jigsaw Man* (London: Corgi, 1998), p.247.

对于任何一个稍具暴力犯罪方面知识的人来说，以上这些都是预料之中的事情——具有较高智商、良好的社会适应能力和稳定家庭背景的人很少会去杀害一个陌生人。但是布里顿的以下这些话却使得心理学和精神病学领域的同行们感到大为惊讶和担忧：

> 在研究了原始材料之后，我认为这位罪犯具有基于性变态的人格扭曲。具有这种具体特征的人在一般人群中极为罕见，即使在具有性变态的人群中也只占极小的一部分。[3]

这可真是一潭浑水。根据布里顿的说法，这个杀人犯即使在变态人群中也属于极小的一个群体。其言外之意十分明显：只要能够在本地找到一个符合以上这些特征的人，那么他很有可能就是你们要找的那个凶手了。

美国罪案分析领域的“教父”罗伯特·K·雷斯勒也竭力反对布里顿的这一说法。在案件发生几个星期之后，雷斯勒恰好也来到了伦敦，并且获准阅读了一些案件材料。毫不奇怪的是，他的初步分析与布里顿的分析几乎在每一个方面都相符。但是他不能接受布里顿有关凶手来自人口中一个极小的群体的说法。他说道：“在这一调查中所反映出来的偏差形式并不罕见。在我们的社会中有许多内向、低能的以及一些真正变态的年轻男子都可能实施此类犯罪，这类人的数量是相当可观的。”[4]

但是布里顿对这些批评充耳不闻。他已经为破案确定了方向，现在所要做的就是让警察去找到那个符合他所描述的特征的凶手。他们求助于英国广播电视公司的一个名叫《犯罪观察》的专门有关打击犯

---

3 Paul Britton, *The Jigsaw Man*, p.250.

4 “Rachel Nickell, the untold story, 1994”, television broadcast (September 20, 1994).

罪的电视节目。该节目有着从公众那里获得破案线索的良好记录。当该节目播出了目击者在公园中所看到的那两名男子的电脑画像之后，公众的反应极为热烈。警察接到了八百多个举报电话，其中至少有4个提到了同一个人的名字。

科林·弗朗西斯·斯塔格是一名29岁的临时工，独自住在离温布尔登不到1英里远的一个住宅区内。在此之前他已经接受过一次警方的讯问，因为他的邻居举报说，在谋杀发生的那天上午斯塔格行为十分可疑。他显得非常兴奋，不断地谈论这起谋杀案，并且似乎对这一犯罪的了解程度超出了当时公众所了解的范围。

当侦探们来到斯塔格的公寓的时候，他们发现在他家大门上贴着这样一个警告："基督徒止步，这里住的是一位异教徒。"[5]在房间内，他们发现了大量的淫秽杂志、有关邪教的书籍、一个祭坛、一些神符和蜡烛。这真是一个稀奇古怪的大杂烩。侦探们简直不敢相信自己的眼睛：他们就好像直接走进了保罗·布里顿所描述的世界。

斯塔格于9月19日被逮捕并被关进了温布尔登警察局。他毫不否认他对温布尔登公园的着迷。他告诉侦探，他几乎在其生命的每一天都要去那里。他对那个公园几乎无所不知，能够说出那里的每一片树丛、每一个地坑以及每一个水塘的旧名称。他承认在谋杀发生的当天上午曾经在这一公园中遛过狗。但是他声称自己没有在那里停留多久。他当时突然感到头疼，于是不得不提前回家了。在家中他看了一会儿电视之后就在沙发上睡着了。后来被在空中盘旋的警察直升飞机吵醒了，然后他从当地的一个店主那里听到了这一谋杀的消息。

---

5 "Rachel Nickell, the untold story, 1994", television broadcast.

随着侦探们对斯塔格的私生活的进一步了解，他们对他的怀疑迅速增大。斯塔格坦率地承认他仍然是一个处男，因为他“无论如何都无法使‘它’站起来”[6]。但是他坚决否认自己与雷切尔·尼克尔之死有任何牵连。他否认自己就是目击者在回旋水塘边看到的那个人；他也否认曾经在小溪中洗过手。他说那个小溪受到了污染，已经发臭。

斯塔格说得越多，他把自己的阴暗面暴露得也就越多。他承认在雷切尔死后几天，他决定在温布尔登公园中享受一下裸体日光浴。这使得一位路过的妇女感到非常气愤。她声称斯塔格故意用手电筒照她。9月22日，斯塔格承认自己犯有猥亵暴露罪，并被处以200英镑（300美元）的罚金。当他笑着从法庭中跑出来的时候，他还对着吵吵嚷嚷地追随着他的记者和摄影师们做了几个下流的动作。如果他此时知道案件调查小组正在为他编造什么样的罪名的话，那么他很可能就不会这么得意洋洋了。

应基思·佩德探长的要求，布里顿研究了警察讯问斯塔格时的录音。佩德想知道，在这盘录音带上是否有什么东西可以排除斯塔格的嫌疑。布里顿想了想，然后就发表了以下这段奇谈怪论：

“如果他说自己有着两年以上的幸福婚姻生活和一个孩子的话，那么他的情况就与凶手不符。或者说如果他能够证明自己长期从事一项需要很高智商的职业，或者与某个女人有成功、稳定的关系的话，那么就可以排除他的嫌疑。”[7]

无论我们称这一声明为胡言乱语、狂妄自大、纯粹的愚蠢还是什么更为糟糕的东西，这都不重要。布里顿仅用了这短短的几句话就将举证责任从公诉方转移到了辩护方，从而将英国800年的普通法传统

---

6 Britton，p.260.

7 同上。

抛出了窗外。而对于警察来说，如果斯塔格自己不排除自己的嫌疑，那么他们也不打算替他去排除嫌疑。在两个月的毫无结果的调查之后，雷切尔·尼克尔谋杀案的调查工作到达了一个质变的临界点，即将演变成为一出由政府操纵的捕风捉影的闹剧。

一位名叫朱莉·派因斯的中年妇女拿着一封斯塔格写给她的信找到了警察。那封信是斯塔格对她于1990年11月在一份报纸的“孤独的心灵”栏目上刊登的一条交友广告的回应。很明显，斯塔格不是一个喜欢绕弯子的人。在写给派因斯的第二封信中他就描述了自己的一个性幻想：他正赤身裸体地躺在一个公园里手淫，突然被一位迷人的女士发现。这位女士对此一点也不反感，反而主动上前与他发生了性关系。派因斯女士被斯塔格的这种大胆的下流举动感到极为厌恶。当斯塔格随后打电话给她的时候，她让他滚开，并威胁说，如果他再骚扰她的话，她就要报警了。但很奇怪的是，虽然派因斯声称她对斯塔格的这种行为深恶痛绝，但是她却没有销毁这封信，而是把它保存了两年之久。

正当布里顿思考这封信的内容时，该案的调查人员向他咨询了一个问题。他们想实施一项行动，让一位便衣女警官与斯塔格交朋友，使他充分沉迷于自己的性幻想，从而引诱他透露他与雷切尔·尼克尔之死的关系。他们问布里顿这种做法是否可行。布里顿认为，只要处理得当，这种方法还是值得一试的。调查人员非常高兴。如果斯塔格真的是凶手的话，在没有丝毫证据的情况下，这一行动就是将他送进监狱的唯一机会了。

这一所谓的“埃泽尔行动”于1993年1月19日启动。那天一位名叫利齐·詹姆斯的女警官（不是她的真实名字）写信给斯塔格说，她在访问她的朋友朱莉·派因斯的时候意外发现了他写的这封色情书信。利齐在信中自称为一位“……迷人的金发女郎”。她说她对斯塔格的信“非常”[8]感兴趣，并且渴望与他建立关系。

这封信对斯塔格产生了电击般的效果。在回信中，他气喘吁吁地描述了他自己的各种特点和兴趣。在该信中他对裸体日光浴的痴迷再一次成为中心内容。他还表示希望与她进行亲密接触。

在这一段开场白之后，他们之间的书信中包含越来越多的虐待和受虐、控制和羞辱等性变态的内容。在几次书信来往之后，斯塔格在利齐的不断怂恿下忘乎所以，完全沉浸在幻想之中，而他所幻想的内容也变得越来越恐怖。在一封特别淫荡的信中，他发誓说：“我要摧毁你的自尊，让你永远也无法正视其他的人。”[9]当利齐温柔地表达她的快乐的时候，斯塔格彻底陶醉了。他相信他已经找到了他梦中的女郎。而此时警察们也相信他们找到了他们噩梦中的那个男人。

保罗·布里顿策划了这个心理戏剧，他在警察局里的崇拜者编写了台词，而利齐则是说出这些台词的演员。在布里顿的导演之下，利齐和斯塔格之间的性挑逗不断升级。利齐开始暗示，她曾经有过某种让她感到极为兴奋的怪异的经历。斯塔格的兴趣一下子被提了起来。利齐仍然非常狡猾地挑逗他，直到克服了下一个障碍——电话联系。第一次电话联系发生在1993年4月28日。正如警察们所预料的，斯塔格在一开始的时候表现得比较拘谨，但是他很快就畅所欲言了。他抱怨他的邻居们散布有关他的谣言。当利齐假装不知道地问他为什么会这样时，斯塔格答应在下一封信中告诉她一切。

在收到这封信之前，苏格兰场的官员举行了一次高层会议，以回顾“埃泽尔行动”并决定是否继续这一行动。在布里顿和佩德生动的发言之后，会议只可能作出一个决定：继续。

正如他所答应的，斯塔格在下一封信中解释说，他曾经因为涉嫌

8 Britton，p.330.

9 Britton，p.338.

谋杀雷切尔·尼克尔而被逮捕。他用最清楚的语言否认了自己与此事有任何牵连。在为期28周的“埃泽尔行动”的整个过程中，斯塔格始终坚持这一立场。利齐总是想方设法使雷切尔·尼克尔谋杀案成为他们之间交谈的一个中心内容。但是每当提到这一案件时，斯塔格总是声称自己是无辜的。

随着电话的内容越来越亲昵，布里顿认为已经到了面对面接触的时候了。他选定了一个他认为是最恰当的日子：斯塔格的生日。5月20日两人在海德公园第一次见了面。为了以防万一，一群便衣警察在见面地点周围形成了一道警戒线，利齐身上还装了窃听器。

一场暴风雨浇灭了两人在公园野餐的希望并迫使他们将约会地点改在了一个小咖啡厅。在那里他们非常轻松地交谈起来。过了一会儿，利齐提到了她人生中的那个肮脏的小秘密。她说道，既然现在他们已经见了面，她感到可以信任他，并将自己心中的秘密告诉他了。她脱口说出自己曾经参与了一个邪教仪式，在仪式上他们杀死了一名年轻女子和一个婴儿。这一经历使她感到如此的兴奋，如此的满足，以至于她感到自己无法对一个没有杀过人的男人产生任何亲近的感觉。

斯塔格感到左右为难。他在一生中第一次遇到了一个表示对自己有兴趣的迷人女郎，他感到现在——也就是在他30岁的生日——终于遇到了自己所苦苦追求的机会，一个能够使他失去童贞，成为一个真正的男人的机会。他所要做的只是承认自己杀了雷切尔·尼克尔。但是他没有这么做，而是温顺地嘟囔着说他无法满足利齐这一怪异的愿望，并且重申他没有谋杀雷切尔·尼克尔。这一过度紧张的交谈持续了差不多一个小时，然后斯塔格起身离开了。在临走时他递给了利齐一封信。

这封信在警察的心中点燃了希望的火花。它不仅包含了斯塔格所编造的充满变态的故事——在这个下流的故事中，斯塔格和另一个男人在非常顺从而又快乐的利齐身上发泄他们的受挫感，而且还重复提到了用做性挑逗工具的带血的刀子。

佩德探长带着敬畏的神情对布里顿说道："这与你所说的一样……你似乎已经对斯塔格了如指掌了。"

布里顿谦虚地回答道："没什么。我只不过对性变态有所研究罢了。"他补充说道："你们所要找的这个人是一个极端的性变态。这种变态在人口中的比例极小。"

佩德问道："有多小？"

"嗯，当雷切尔被谋杀的时候，有两个这样的男人出现在温布尔登公园的几率小得令人无法置信。"[10]

保罗·布里顿这个英国最著名的临床法医心理学家已经发话了。从那以后，雷切尔·尼克尔谋杀案的调查工作就有了一个明确的目标：证明科林·斯塔格有罪。

收网

事情的发展就像布里顿所预料的那样。斯塔格仍然不肯承认谋杀了雷切尔，但是比以前更急于吸引利齐。于是他决定再编造一起"谋杀案"来增加自己与之发生性关系的机会。在打给利齐的另一个电话中，他声称自己在新森林中掐死了一个女孩——经调查此事纯属捏造。但是令斯塔格感到高兴的是，利齐似乎对此感到非常的兴奋。她在信中描述了自己的一个性幻想：她和他发生充满暴力的性关系，并且在这一过程中他还拿出了一把刀子。在他们下一次约会的时候，斯塔格建议利齐和他一起度周末，他们可以一起到温布尔登公园去玩。

这正是警方所苦苦等待的联系。但是当利齐开始追问雷切尔·尼

---

10 Britton，p.349.

克尔的时候，斯塔格又在自己身边竖起了一道保护墙，坚称自己与她的死无关。当斯塔格抱怨警方不断对他骚扰的时候，利齐也试图对此加以利用。她兴奋地说道："我真的希望这件事情是你干的——让他们知道你逃脱了惩罚……气死他们！"[11]

这种心理战一个星期接着一个星期地继续着——利齐不断地在斯塔格面前晃动着和他上床这根"胡萝卜"，试图以此诱骗他承认自己杀害了尼克尔。而斯塔格则始终拒绝上钩。最后利齐和他摊牌了。她声称，除非斯塔格是一名杀手，否则她永远也不会和他睡觉："如果你不是那种人，没有做过那种事情（原话如此），那么你永远、永远也不可能满足我！"[12]

这种极具进攻性的挑逗在后来被公开之后，招致了来自心理学界的猛烈的批评浪潮。精神病研究所的格伦·威尔逊博士的批评尤其尖锐："以发生性关系为条件诱使其证明自己具有杀人的天性……这在心理学上被称为'操作制约'。外行人完全可以称之为洗脑。"[13]

但是所有这些批评都是后来发生的事情了。而在当时，布里顿在警察的眼中还是个无所不能的专家，并且他决定增加赌注。这回利齐的台词变得直言不讳，毫不妥协："科林，我坦白地对你说，你是否谋杀了她并不重要——我一点也不在乎。事实上，从某种意义上说，我希望真的是你杀死了她，因为这样我会感到更轻松一些。"[14]她隐含地提到她自己编造的在邪教仪式上杀死一名妇女和一名婴儿的事情，以此来迫使斯塔格承认自己谋杀了尼克尔。

她呜咽着说："如果温布尔登公园的那起谋杀案真的是你干的，那

11 Britton, p.362.
12 "World in Action", television broadcast (September 19, 1994).
13 同上。
14 同上。

该多好呀。如果是你杀了她，那一切就都没有问题了。”[15]

斯塔格回答说：“非常抱歉，但是她不是我杀的。”在她面前他表现得像一条胆怯的小狗，急于给她留下一个深刻的印象，生怕遭到她的拒绝。当利齐谈到她必须通过伤害别人才能够获得快乐时，斯塔格可怜兮兮地嘟囔着说道：“请向我解释一下，因为我以前一直过着很平静的生活。如果我使你感到失望，请不要甩了我。我从来不曾有过这种经历。求求你，求求你详细地告诉我你究竟想要什么。”[16]

尽管斯塔格竭力否认与尼克尔谋杀案有关，但是他的确透露了一件奇怪的事情。据利齐说，在一次约会的过程中，斯塔格俯身躺在地上，以展示雷切尔·尼克尔的尸体被发现时的姿势。他还详细地描述了她两只手的摆放姿势。他说这些都是他在接受警方讯问的时候从警察向他出示的一张照片上看到的。但是讯问时在场的侦探们强调，当时展示给斯塔格的那张照片不可能揭示他所描述的所有的细节。斯塔格知道这些细节只能意味着一件事情：他当时肯定在犯罪现场。

现在调查小组的成员们感到非常沮丧。他们中的大多数人都真的相信斯塔格与雷切尔·尼克尔谋杀案有牵连。即使没有其他证据，他们凭直觉也能够感觉到这一点。但是斯塔格丝毫没有要说出实情的迹象，他们通过这个行动获得供词的希望落空了。在这种情况下，他们已经没有正当的理由继续这场已经持续了7个月之久、耗费了纳税人100万英镑（150万美元）的心理战了。现在是到了收场的时候了。

1993年8月17日，科林·斯塔格再一次遭到逮捕并且被指控谋杀了雷切尔·尼克尔。从随后他受讯问时的录像上看，他面对这一严峻的考验显得异常的镇静。即使当“利齐·詹姆斯”走进审讯室的时候，

---

15 *The Observer* (February 21, 1999).
16 同上。

他也没有改变跷着二郎腿、两臂交叉放在胸前的姿势。不管他对利齐的这种欺骗行为有着什么样的感受，他都将其隐藏在了一连串枯燥无味的“无可奉告”的回答的后面。

斯塔格在接受审判之前被关押了13个月。在此期间他一直保持着这种镇静的态度，而他的辩护小组则了解到了这场针对他们的顾客的心理战的详细经过，并且从法医心理学领域召集到了他们自己的专家。这些专家对他们所发现的情况感到十分震惊。埃里克·谢泼德博士有着三十多年为公诉方和辩护方作证的经验。他称利齐和斯塔格之间的对话录音为“彻头彻尾的淫秽物品……这一切竟然都是一名心理学家所策划的，对此我无论作为一个专业人员还是作为一个个人都感到非常愤怒”[17]。

英国罪犯心理分析的创始人之一戴维·坎特教授也提出了类似的批评。同时他还对那些幕后策划者的动机提出了质疑：“我希望更多地了解利齐和那些向她提供指导的人……因为这样我可以在他们的世界观以及他们所构想出来的这一行动中发现一些非常奇怪的东西。”[18]

成为众矢之的的保罗·布里顿感到自己越来越孤立了。在心理学界几乎找不到一个支持他的这种策略的人。另外人们也对这一行动的合法性提出了质疑。布里顿总是声称“埃泽尔行动”得到了不仅包括苏格兰场，而且包括皇家检控署的高层领导的批准。这些部门的律师都对这一行动进行了审查，并且宣布它是可以被法庭接受的。

就在这时他们听到了一个晴天霹雳。1994年3月，约克郡利兹市法院的一名法官撤销了针对基思·霍尔的起诉。霍尔是一名商人，因涉嫌谋杀其妻子帕特里夏而受到审判。后者于1992年春天失踪后一直

17 “World in Action”.
18 同上。

没有被找到。在与“埃泽尔行动”惊人相似的情况下，一名便衣女警察（她也用了一个类似的名字——利兹）与霍尔交朋友，其目的是从他那里获取信息，最好是让他亲口承认杀死了自己的妻子。霍尔拜倒在了利兹的石榴裙下并向她求婚，而利兹则以他的妻子随时可能出现为由拒绝了他。这时霍尔不假思索地说道，他的妻子不可能再出现了，因为他已经把她掐死并将她的尸体焚毁了。虽然这一口供被用录音机录了下来，但是主审该案的法官仍然认为，根据1984年《刑事证据法》的规定，这一证据应该被排除在外。结果霍尔被宣判无罪。* 尽管遭到了这一挫折，但是皇家检控署认为霍尔案与斯塔格案的情况有着很大的不同，因此决定提出公诉。

这很可能是皇家检控署（在1986年以前称为检察总长办公室）在其一百多年的历史中所作出的最糟糕的一个决定。

激烈的法律争论

主审法官亨利·奥格纳尔用了整整5天的时间听取双方的论点。辩护方声称，斯塔格是一个精心设计的诱捕行动的受害者。这一行动利用了这个孤独、脆弱的年轻男子急于失去童贞的心态。在充分了解了长达七百多页的斯塔格和利齐之间的书信、电话交谈记录和约会录音记录之后，奥格纳尔法官对辩护方的观点表示赞同。辩护律师、王室法律顾问威廉·克莱格不仅要求法官排除来自利齐·詹姆斯的证据，而且还争辩说，来自布里顿的证据也应该被排除，因为这两者有着不可分割的联系。

---

* 有趣的是，这名主审法官在将这一口供从证据中排除之后采取了一个不寻常的行动：授权将其公布于众。许多人将这一行动解释为，该法官虽然根据法律不得不将这一口供从证据中排除，但是他认为它应该被作为证据采纳。

公诉方的律师、王室法律顾问约翰·纳丁勇敢地与辩护方争辩着。但是他知道自己处于弱势。他所能够提出的就是有关雷切尔的双手姿势的有争议的论点。被告曾经将这种姿势描述为合掌祈祷的姿势。纳丁提出，这一细节只有凶手才可能了解，因此这种描述就等于是承认他实施了这一犯罪。

克莱格反驳说，斯塔格所描述的姿势与事实并不符合。雷切尔的双手实际上是在腕部交叉的。并且他对其他犯罪现场细节包括具体地点的描述也错误百出。另外，他还曾经反复声称雷切尔遭到强奸，但是事实上她并没有被强奸。

当奥格纳尔法官决定他不需要听取保罗·布里顿的证言的时候，公诉方担心最坏的情况就要发生了。事实证明的确如此。1994年9月14日，法官撤销了针对斯塔格的所有指控，并且将斯塔格释放。他批评这一便衣行动“考虑不周”，“警方不仅表现出了过分的热情，而且还明目张胆地试图通过最为恶劣的积极的、欺骗性的行为嫁罪于嫌疑人”[19]。至于受害人双手的摆放姿势，他说道：“我不认为……这一个微不足道的证据构成或者可以被看做……有罪供述。”[20]

他说道：“警察和公诉机构为将犯罪分子绳之以法而采取的任何合法的步骤都是值得称赞的——但是必须强调‘合法’一词。”而在本案中，“警方精心炮制了一个持久的计划，通过微妙或者明目张胆的方法操纵被告人”[21]。奥格纳尔法官将大多数最严厉的批评留给了保罗·布里顿。他称布里顿为“操纵这一切的幕后指使者”[22]。

这一来自法官的批评对于公诉方来说是毁灭性的。很少有法官曾经如此严厉地批评过警察或警察所使用的方法。但是我们应该记住奥

19 *Guardian* (Manchester) (September 15, 1994).
20 Britton, p.536.
21 *Independent* (September 15, 1994).
22 “World in Action”.

格纳尔法官的这些批评还得到了其他证言的支持，而这些证言却被大多数媒体忽视了。布里顿有关凶手是一个非常罕见的性变态，因此一个人只要符合他所作出的心理分析，就几乎可以肯定是凶手的说法遭到了坎特教授的冷眼。坎特告诉法庭说，这个凶手似乎是一个性情残暴的人，一旦遇到抵抗就变得狂怒不已——而具有这种人格类型的人太多了。

后来坎特在接受记者采访时进一步阐述了他的担忧："很明显，这一行动非常欠考虑，因为它使无辜的人受到惩罚；它还使警方受到法官的严厉批评并成为人们的笑柄。"[23]

但是英国的右翼报纸却并不这么认为。它们在司法不公这一微妙的问题上的态度总是那么暧昧。在这些报纸上出现了一大批带着话外之音的文章，其目的都只有一个：使读者们相信斯塔格这个孤僻的怪人只是由于法律技术上的原因才逃脱了制裁。这是含沙射影的新闻报道。而负责调查此案的侦探们也以很明显的方式向人们暗示，要是法官能够允许陪审团听取所有证据的话，那么判定斯塔格有罪只是形式而已。

他们忘记了提到一个事实，那就是公诉方正是由于完全没有任何站得住脚的法医学证据或决定性的目击证人证言才不得不寄希望于那些从一个失败的温柔陷阱中捡来的肮脏的垃圾。除此之外他们什么也没有。就像在他们之前的警察一样，皇家检控署也是在绝望的推动下落入了保罗·布里顿的掌控之中，并且为此付出了惨痛的代价。

令许多人感到不安的是，布里顿在决定将斯塔格推到这个怪异的心理闹剧的舞台中心的同时，也将文明社会的一些最低标准推到了边

---

23 "World in Action".

缘。如果斯塔格真的是一个具有杀人倾向的变态狂的话，那么利齐的煽动性的刺激和无休止的挑逗与折磨以及几乎是无可救药的性挫折很可能会使他最终失去控制，导致灾难性的后果。

这场灾难造成了巨大和深远的影响。科林·斯塔格仍然不断受到媒体的骚扰，并且不断与法律发生低层次的冲突。1995年5月，他因在温布尔登公园用斧子威胁一名男子而被判处12个月的缓刑。他在陈述请求宽大处理的理由时说："就因为我是科林·斯塔格，所以每次我外出的时候都可能会遭到别人的殴打。"[24]

1999年9月，前探长基思·佩德——他在从事警察工作20年之后因抑郁和过度劳累等健康原因而于1995年12月退休——因与本案无关的问题而面临腐败指控。而针对他的指控也因关键性证据"不公正"而被法官驳回。[25]佩德认为自己被失望的警方高层领导当了替罪羊。他曾经声称要写一本书，讲述他调查雷切尔·尼克尔谋杀案的经过。他怀疑自己受到的指控是否与他有关出书的声明有关。到目前为止，他的这本书仍然尚未出版。

2001年4月，有人透露，那个化名为"利齐·詹姆斯"的年轻女警察因为在这一闹剧式的程序中遭受到的精神压力而得到了12万英镑（18万美元）的补偿。她在三十几岁的时候就提前退休了，并且得到了一笔"高额退休金"。她声称自己因为执行据称是高度危险的任务而患上了创伤后精神紧张症。但是考虑到科林·斯塔格并非凶手，这种危险显然并不是真实存在的，而只是想象中的。

奇怪的是，在所有相关人员中，受到这一事件影响最小的就是保罗·布里顿。他似乎将所有责任都推托得一干二净："我不对调查工作

24 *Daily Telegraph* (London) (May 5, 1995).
25 *Guardian* (Manchester) (September 2, 1999).

负责。我怎么可能负责调查呢？我只不过是提供一些建议。至于他们如何使用我所提供的信息，那完全是他们自己的事情。”[26]

他的名声，尤其是他在警察中的名声，仍然像以前一样的好，并且他继续向警方提供咨询意见，直到1997年一起严重的道路交通事故使他的脊柱受到损伤，从而在实际上结束了他的职业生涯。由于再也无法在犯罪现场走来走去了，于是他就改行从事有关人质谈判和个人安全方面的教学工作。

但是他仍然无法摆脱科林·斯塔格的幽灵。2000年9月，英国心理学协会宣布，它将就针对保罗·布里顿在“埃泽尔行动”中的职业不当行为的指控举行听证。截至本书写作之时，该调查仍在继续。

罪案心理分析仍然是一个有效和有价值的刑事侦查工具，但是我们绝不能将它看做是一个可以替代实实在在的硬性证据的东西。著名的临床心理学家吉斯利·格维兹永松曾经应辩护方的请求对斯塔格作过三次心理检查，但是却没有发现布里顿声称他通过遥控就可以察觉到的心理变态的任何痕迹。对于这一很容易引起情绪反应的话题，也许我们可以引用格维兹永松的以下这段话作为结语：“警方必须用更具批判性的眼光来看待罪案心理分析，而不能将它当做一种万无一失、百分之百准确的方法来使用，因为很明显它并不是万无一失、百分之百准确的。”[27]

---

26 *Times* (London) (November 2, 2000).
27 “Word in Action”.

第十五章

O·J·辛普森（1994年）

O. J. Simpson

金钱与科学的较量

在绝大多数刑事审判中，公诉方和辩护方最根本的区别就在于资源。而这一区别又最突出地表现在法医科学领域。最高质量的科学分析是极为昂贵的，只有最富有的人才能够支付得起。这意味着在公诉方庞大的得到政府资助的专家证人队伍面前，大多数被告人不得不低头屈服。这种不平等的结果就是，在大多数情况下，在法庭上没有人对科学证言和结论提出反对意见。陪审团趋向于相信专家所说的任何话。

由于法医科学是如此之昂贵，它一般只有在最严重的案件中才会被用到。这就使天平进一步倾斜，因为最严重的犯罪往往是由那些在经济上处于弱势的人所实施的。站在被告席上的富人所实施的往往是一些白领犯罪。而对这些罪行的审判往往不需要科学证言，或者只需要很少的科学证言。

这也就是为什么O·J·辛普森案那么令人感兴趣的部分原因。他是一个腰缠万贯的谋杀案被告。他拥有足够的经济实力，可以使法医学证言的每一个字都受到最为严格的交叉讯问。任何人都不用怀疑，他在这方面花钱得到了充分的回报。但是该案有一个令人始料未及的结果。人们本来是期望法医科学可以避免犯罪侦查工作中的人为臆测。但是在这个案件中他们却惊奇地发现，所有的统计数据、图表、最新的实验室技术、百分比、概率理论以及试验结果都在一个公诉方所完全没有考虑到的因素面前变得不堪一击。我们所说就是人性这个最难以琢磨的因素。

1994年6月12日晚10点20分左右，位于洛杉矶中产阶级居住区的布伦特伍德区南邦迪街的一阵狗叫声打破了星期天夜晚的宁静。将近午夜时分，那只名叫阿基塔的狗爪子上沾着血迹，呜咽着将一些感到迷惑不解的邻居带到了它位于第875号的家门口。人们立即就明白了这个动物悲伤的原因：在那座抹着灰泥的公寓前面的铺砖外围走道上躺着两具几乎是漂浮在血泊中的尸体。

被叫到现场的警察发现一名妇女四肢摊开，脸朝下躺在那里。她被割破的喉咙就像公文夹一样敞开着，她的头几乎被从身体上割了下来。在她的右边躺着一名男子的尸体。他也被人用一把刀割得七零八落。

在一个小时之内警方就确认，那名妇女可能就是这座公寓的女主人，O·J·辛普森的前妻，35岁的尼科尔·布朗·辛普森。O·J·辛普森曾经是橄榄球球星，现在是体育节目主持人和演员。而那位男性受害人的身份则仍然是个谜。

另外，奥伦索尔·詹姆斯·辛普森也不知去向。

在随后的一个小时左右，大量的警察来到了犯罪现场。其中的第十七个——马克·富尔曼侦探将在这次调查中起到关键的作用。就像在他之前来到现场的警察一样，富尔曼没有去动那两具尸体；他仅仅对现场进行了观察。他看到在男性死者的身边散落着一些物品：一串钥匙、一顶暗蓝色针织帽子、一个寻呼机、一个溅有血迹的白色信封。另外，在离尼科尔的尸体几英寸的地方躺着一只沾满血迹的左手皮手套。一串带血的脚印和血滴从犯罪现场一直延伸到房子的后面。

当警察局下达了将这一噩耗当面通知辛普森的命令后，富尔曼自告奋勇地说，他知道辛普森住在哪里。作为当地的巡警，他曾经去过位于犯罪现场北边 2 英里的辛普森家中。

警察经常光顾位于罗金厄姆大街的辛普森家。辛普森有着一副难以控制的暴躁脾气，经常对尼科尔拳脚相加，把她打得鼻青脸肿。感到自己的生命受到威胁的尼科尔经常给 911 打电话，请求警察前来控制她暴怒的丈夫。1992 年她受够了这种家庭暴力，于是就从家里搬了出去。当年 10 月，她与辛普森离婚，结束了他们之间 7 年的婚姻。但是离婚并没有浇灭辛普森疯狂的妒火。第二年的一天，尼科尔又一次叫来了警察，因为她的前夫怒气冲冲地来到了她的新家，猛踢她家的大门，用下流的语言对她进行攻击，并开始砸她的汽车。警察记录显示，在过去几年中，辛普森曾经对他的妻子实施过至少 62 次肉体或精神虐待。

现在她被杀死了。

一批侦探分坐两辆汽车前往在事发地点以北 5 分钟路程之外、位于罗金厄姆街和阿什福德街交叉路口的 O·J·辛普森家。在他家院墙大门之外面对北边罗金厄姆街的方向停着一辆 1994 年产白色福特悍马汽车。该车停靠的方式非常疯狂：两个前轮开到了便道上，而车的后部则横在狭窄的街道上。在多次按动围墙大门上的对讲系统的按钮而没有得到应答之后，富尔曼更加仔细地察看了那辆悍马汽车。然后他叫来另一名警察，并向他指出在驾驶座一侧车门把上看上去像是有血液的痕迹。

由于无法通过电话与里面的人取得联系，侦探们决定进入这所住宅。尼科尔·辛普森就被人杀死在2英里以外的地方，而那辆悍马汽车上又沾有血迹。因此，他们有合理的理由在没有搜查令的情况下进入该住宅。这很可能是另一个犯罪现场。富尔曼爬过该住宅5英尺高的石墙，从里面打开了大门。

侦探们敲打主屋的前门，但是仍然无人应答。于是他们就沿着房子的一侧走到了一排由三个平房组成的客房区。这时一个人出现了。他自称为布赖恩·“卡托”·凯林，是辛普森的一个朋友和客人。在另一个客房中住着阿内尔·辛普森，O·J·辛普森与他的一个前妻所生的女儿。她将警官们带到了空无一人的主屋中。

凯林给警察讲述了一个奇怪的故事。在前一天晚上，他和辛普森在外面吃完晚餐后于9点40分回到了该住宅中。然后辛普森消失在主屋中，而凯林则决定给他的女朋友打电话。在大约晚10点45分，仍然在打电话的凯林听到该建筑物的后面靠近空调单元的地方传来三声巨大的撞击声。他的本能告诉他，可能是发生了一次小型地震，因此他拿起一个手电筒出去查看房子受损的情况。

但是他所看到的只是一辆停靠在围墙大门外阿什福德街上的轿车。这辆轿车是辛普森租来送他去洛杉矶国际机场搭乘一趟飞往芝加哥的“红眼航班”的。几分钟后辛普森出现在大门口。凯林帮助那个名叫阿伦·帕克的司机将几个箱子搬进了轿车的后备箱。但是有一个黑色的袋子辛普森坚持要自己拿着。然后这辆轿车就出发前往洛杉矶国际机场了。

侦探们在听到了这个消息后决定给当时正住在芝加哥一家饭店的辛普森打电话。辛普森在得知这个噩耗后的反应令人感到疑惑。虽然他似乎非常悲痛，但是却没有询问有关他的前妻死亡的任何细节。他说他将搭乘最早的一趟航班赶回洛杉矶。

几分钟之后，单独在房子外面搜查了大约10—15分钟的富尔曼回到房子里。他说他在花园中发现了一样东西。在凯林住的平房后面他发现了一只带血的皮手套。它看上去是右手的，与仍然躺在南邦迪街上花园里的那只手套相匹配。

这是一个不祥的征兆，尤其是与在通往面对罗金厄姆街的西大门的车道上以及后来在悍马汽车后部所发现的血滴联系起来，就更是如此了。在汽车内部驾驶座一侧的门上以及在副驾驶座一侧的仪表板上都发现了红色的痕迹。在从前门到屋子之间的路上又发现了另一串血迹。

早晨7点10分，洛杉矶警察局的犯罪学家丹尼斯·冯和他的实习生助手安德烈亚·马佐拉赶到辛普森家开始收集和记录证据。在那天上午稍后的时间，他们在邦迪街的犯罪现场执行了同样的任务。当时他们根本没有想到自己在这几个小时内的工作将会对自己的生活以及对该案产生深刻的影响。

随着有关谋杀的消息迅速传开，邦迪街已挤满了记者和摄影师。警察在尼科尔的遗体上盖上了一个毯子，以保护其不受望远照相镜头的窥探。这一本来是无害的关照后来却带来了最具破坏力的影响。

直到这时警方才得知那名被谋杀的男子的身份。他的驾驶证表明他是尼科尔·辛普森的朋友、25岁的餐厅服务员罗纳德·戈德曼。

那天晚些时候，从芝加哥返回洛杉矶的辛普森被拘留并被戴着手铐押到了邦迪街。这一做法明显是不恰当的，所以辛普森随后立即被释放了。当负责调查此案的汤姆·范耐特给辛普森打开手铐的时候，他发现辛普森左手中指上缠着纱布。辛普森的解释令人疑惑。他一开始说，他的手指是在洛杉矶割破的，并且这个伤口在芝加哥又开裂了。

但是后来他却说，他的手是在芝加哥那个饭店客房中被卫生间洗脸池中的一块碎玻璃划破的。侦探检查了欧哈尔广场饭店中辛普森前一个晚上所住的那个房间，但是他们没有在卫生间洗脸池中找到碎玻璃。

而辛普森含混的言辞已经使人们确信他有什么东西要隐瞒。

卧室中带血的袜子

出于比较的目的，警方抽取了辛普森的血样并将其交给了当时正在罗金厄姆街收集证据的冯。在冯和他的搭档装入证据收集袋贴上标签的物品中，有在主卧室中发现的一双溅有血迹的天蓝色袜子。

6月14日，欧文·戈尔登博士对两位谋杀受害者进行了尸检。尼科尔手臂上的防卫伤表明她曾经与凶手进行过殊死搏斗，直到她的头几乎被从颈部割了下来。根据那些伤口的角度，冯认为凶手很可能是个习惯使用右手的人，他从后面从左向右割断了尼科尔的喉咙。罗纳德·戈德曼看上去是被人从后面击倒之后疯狂地捅了19刀。

由于在现场只有单独的一串从尸体走向公寓后面的带血的脚印，并且两具尸体上所受到的刀伤都显示了相似的手法，所以侦探们认为凶手只有一个人。

并且这个凶手看来就是O·J·辛普森。在一个星期内，对他不利的证据呈指数增长：

1．他在晚9点40分到晚10点55分之间没有不在场的证明。而尼科尔的狗正是在这一时间段的正中间开始吠叫的。因此侦探们认为这正是谋杀发生的时间。

2．在谋杀发生那天晚上开车送辛普森去机场的司机阿伦·帕克作出了对辛普森具有破坏性的证言。辛普森告诉他在晚上10点45分之前赶到位于罗金厄姆街的住宅。他早到了20分钟，但是一直等到10

点40分才按动了面对阿什福德街的大门上对讲系统的门铃。没有人应答。在随后的10分钟内他反复试图通过大门上的对讲系统与辛普森联系，但是都没有得到回应。在大约10点50分他发现一个身材高大魁梧的黑人男子匆忙地从汽车道上走向这所住宅面临罗金厄姆街的大门。帕克再一次按响门铃，这次一个自称为辛普森的人在电话中作出了应答。他说他正在洗澡，马上就下来。大约10分钟之后辛普森才出现。他手里抓着一个包，浑身是汗。尽管那天晚上天气很凉爽，但是在去机场的整个路上辛普森一直坚持要把车上的空调打开。

3．对在罗金厄姆街发现的手套上的血迹进行DNA比对测试证实，这些血迹很可能是辛普森和两名受害者的血液的混合物。

4．那两只手套被确认为属于辛普森的一副手套。

5．在卧室发现的那双袜子上的血迹被鉴定为属于尼科尔的血。

6．在戈德曼衬衣上和在犯罪现场遗留的编织帽内所发现的毛发被认定为与辛普森的毛发相一致；而在罗金厄姆街发现的手套上的毛发则与尼科尔和戈德曼的头发相匹配。

7．戈德曼衬衣上发现的蓝黑色棉纤维与在辛普森卧室中找到的那双袜子的纤维相匹配。从编织帽上提取的开司米纤维与那只手套的衬里上的纤维相匹配。在辛普森的福特悍马轿车上发现的纤维与在辛普森家发现的手套以及在犯罪现场发现的编织帽上的纤维相匹配。

8．疑凶从位于南邦迪街的犯罪现场离开时留下的一串带血的鞋印上的瓦夫饼图案被认定为是一种意大利产布鲁诺·玛格里牌皮鞋所特有的。这种皮鞋零售价为160美元一双，在美国只有40个商店销售。而12号（辛普森所穿鞋的号码）的这种皮鞋一共只售出了300双。最初辛普森否认曾经穿过这种鞋。但是在1993年9月，一位新闻摄影师在纽约的一个体育场内拍到了辛普森穿着这样的鞋子的照片。

尽管掌握了如此大量的证据，公诉人员还是非常谨慎，因为他们知道辛普森在聘请律师方面拥有巨大的购买力。他们必须要有百分之百的把握。到了6月19日，他们认为有这样的把握了，于是就发出了逮捕辛普森的命令。但这时犯罪嫌疑人却消失了。

接下来发生的事情成为电视新闻历史上最吸引人的一段图像。一辆白色的福特悍马汽车在洛杉矶高速公路上非常驯服地缓慢行驶，在它的后面毕恭毕敬地跟随着一长串的警车。这看上去非常古怪，完全不是好莱坞动作惊险片中的场面。据当时驾驶该车的辛普森的朋友阿尔·考林斯说，辛普森将一把.357口径的手枪对准自己的脑袋，并威胁说如果停车他就要开枪自杀。他当时还带着8 000美元的现金、他的护照以及包括假胡须在内的一套伪装用具。人们猜测他当时正前往机场，准备逃往国外。但是他却被人发现了。

90分钟之后，这种在高速路上的闲庭散步——我们的确不能称之为“追逐”——最终以悍马车缓慢地开回罗金厄姆街而告终。辛普森躲进了他的住宅中不肯出来，特警突击队各就各位，而辛普森的球迷们则挥动着写有“我爱辛普森”的牌子。经过一个小时的谈判之后，这个前橄榄球传奇人物最终向警方投降了。

第二天他就被指控犯有两项谋杀罪。

在加利福尼亚司法历史上很可能没有哪个谋杀嫌疑犯像辛普森那样面临着如此确凿的证据了。地区检察官办公室办理此案的25名律师都确信，这些证据已经是无懈可击了。在通常情况下的确是这样的，但是他们所面临的可绝非通常情况。大多数被告人在银行中都没有几千万美元的存款。有了这么多钱，几乎任何事情都是可能的。

为使辛普森免受牢狱之灾而聚集起来的一个由11名成员组成的律师团被喜欢夸张的媒体称为“梦之队”。 最初该团队的头号人物是以为好莱坞名人处理“棘手问题”而著称的罗伯特·夏皮罗。但是随

沦为阶下囚的O·J·辛普森

着开庭日期的来临，这个油滑的谈判高手发现自己逐渐被排斥到了幕后。甚至连最有经验的谋杀案辩护律师F·李·贝利也慢慢地从媒体的镜头中淡化了出去，因为很明显辛普森获得无罪判决的最大的——也许是唯一的——希望就掌握在两个风格和性格迥异的律师——巴里·谢克和约翰尼·科克伦的手中。

谢克是一个彻头彻尾的现代派律师。办事准备充分、一丝不苟的谢克和他的搭档、也在该案的审判中起着重要作用的彼得·诺伊菲尔德在使用——或者说滥用——DNA匹配技术方面是赫赫有名的。他在法庭演说方面并没有克拉伦斯·达罗或厄尔·罗杰斯那样有才华。他的才能在于给对手的法医学证据挑毛病。他的策略是：首先用一种可以使一屋子的失眠者昏昏欲睡的沉闷、单调的声音讲述一大堆枯燥的专业知识，以麻痹人们的神经。然后他会挑出对方证据中的一个小小的错误，突然发起猛攻。通过没完没了的重复、迂回和遮蔽，他努力将这个鼹鼠窝那么小的错误放大到像珠穆朗玛峰那么大的一团疑云。这自然需要很多时间。但是只要辛普森有能力不断地支付律师费，这个来自布鲁克林的精力充沛的律师是不在乎花费时间的。一句话，巴里·谢克可以尽情地去做他最擅长做的事——用枯燥而又令人疑惑的演讲使陪审团的头脑陷入彻底的混乱之中。

在达到这一目的之后，辩护方就将接力棒传给了约翰尼·科克伦。这个油头滑脑、温文尔雅而又像钉子一样尖利的佃农的儿子本能地知道如何在谢克所打开的突破口上扩大战果。科克伦过去曾将他价值百万美元的事业建立在反对加利福尼亚执法机构中的种族主义的斗争之上。而在本案中面对这一个由8名黑人、两名混合血统的人、1名拉美人和1名白人所组成的陪审团，这个狡猾的政治运动老手又干起了他的老本行。让那些科学家和专家们尽管为法医学问题而没完没了地争吵去吧，科克伦对于这场官司应该怎么打早就胸有成竹了。

早在审判开始之前，辩护方就向一些他们所喜欢的记者透露了他们的策略：辛普森受到了警察的陷害，而这一陷害阴谋是由马克·富尔曼侦探一手策划的。不管怎么说，是他在悍马车上发现了血迹；是他在罗金厄姆街违反规定独自进行搜查的过程中发现了那只带血的手套；他曾经与辛普森打过架，因此可能对辛普森怀恨在心。辩护方放出谣言说，实际上富尔曼是在邦迪街发现了那只手套，然后将它带到了罗金厄姆街去陷害他的老对手。

要使这种说法站得住脚的话，辩护方必须克服一个障碍：富尔曼是在尸体被发现几乎两个小时之后第十七个到达现场的警官。在他之前到达的警官没有一个在尸体旁边看见过第二只手套。

然后还有一个可行性的问题：富尔曼真的会愚蠢到在没有事先了解一下辛普森是否有不在场证明或者是否有其他犯罪嫌疑人进入警方

视线的情况下就试图去陷害辛普森吗？另外，有哪个头脑正常的人会试图去陷害一个腰缠万贯的国际名人呢？

这些都是很难克服的障碍，至少人们认为如此。但是科克伦手里有一张王牌。他知道富尔曼是一个谎话连篇的家伙。没有一个陪审团会喜欢他。

辛普森的火暴脾气

1995 年 1 月 24 日，地区副检察长马西娅 · 克拉克在她的开场白中将辛普森描述为一个妒火中烧的醋坛子、一个被他曾经爱过的女人拒绝了的控制狂和一座随时准备喷发的杀人火山。在 6 月 13 日晚上这座火山终于在布兰特伍德喷发了。辛普森精心策划了这起谋杀案。他用一把刀——谋杀凶器始终没有被找到——在尼科尔的家门口杀死了她。而倒霉的罗纳德 · 戈德曼只是辛普森对他前妻致命的报复的一个附带性的受害者。

克拉克简要描述了针对被告人的主要法医学证据，那一连串从尼科尔的公寓一直流到辛普森家的血迹。她告诉陪审团说："在邦迪街、辛普森的福特悍马汽车以及他在罗金厄姆街的住宅所发现的一连串的血迹是辛普森有罪的铁证。"[1] 另外还有在编织帽上发现的与辛普森头发相匹配的毛发，以及辛普森手上的伤口。这一切听上去都是如此地令人信服。

第二天，科克伦一上来就决定向其对手摊牌。他告诉陪审团说，这位橄榄球传奇人物是一个被想要不惜一切代价获得胜利的公诉方所陷害的无辜的人。他引用了马丁 · 路德 · 金的一句话："发生在任何地方

---

1 Trial testimony (TT) (January 24，1995).

的不公正都对所有地方的公正构成了威胁。”[2]他说：“……本案中所收集到的证据受到了污染和破坏，因此是错误的。”[3]至于那“一连串血迹”，科克伦声称辛普森的一些血液在被侦探将装着他的血样的小瓶送到实验室进行分析之前神秘地失踪了。这些血液——据说有1.5毫升——被弄在了在辛普森卧室发现的那双袜子上。

在他陈述结束的时候，科克伦让辛普森站起来走到陪审席前面。辛普森拖着两条膝盖伤痕累累的腿一瘸一拐地走向陪审席。看他那副样子，好像每迈一步就老了十年似的。科克伦问道，处于这样一种可怜的身体状况的人有可能去杀人吗?

在这番表演结束之后，就该讨论严肃的问题了。

首先是那些警察。科克伦对他们大肆攻击，不仅对他们的品格，而且还对他们的盲目的固执态度提出了质疑。他问带头的侦探汤姆·兰格是否考虑过“O·J·辛普森不是这个案件中的唯一凶手的任何可能性”。

兰格回答道：“绝对没有任何证据显示有其他可能性。”[4]

听到这话之后，科克伦立即抛出了一个名叫费伊·雷斯尼克的人。她是贝弗利山的一位交际花，也是尼科尔·辛普森的朋友。雷斯尼克涉嫌毒品交易是人所共知的。这使科克伦得以提出一个假设，即尼科尔和戈德曼是被毒品贩子杀死的，目的在于逼迫雷斯尼克支付她所欠的毒债。

按照这种说法，某个与辛普森手脚尺寸相同的人在相同的商店购买了与辛普森所买的相同的手套和鞋，然后穿着它们实施了谋杀。这是一个非常荒唐的说法，但是它的确达到了其目的，那就是将水进一

---

2 *Atlantic Monthly* (August 1963).

3 TT (January 30, 1995).

4 同上 (March 6, 1995)。

步搅浑，加强了辩护方有关洛杉矶警方一意孤行地对辛普森实施报复的指控。

当马克·富尔曼出庭作证的时候，贝利对他展开了狂轰滥炸，指责他在罗金厄姆栽赃陷害辛普森。而富尔曼则以温文尔雅的态度反复否认了这一指控。接着贝利又毫不客气地称富尔曼是一个变态的种族主义分子。而富尔曼则仍然以平和的口吻否认了这一指控。

贝利问道："你能够发誓说，你在过去10年中从来没有在对黑人说话的时候或者在提到黑人的时候以'黑鬼'来称呼他们吗？"

富尔曼回答说："我可以这么说，先生。"[5]

这时坐在辩护席上的那一大群律师一定在心中欢呼喝彩。他们知道，仅凭这一句话，富尔曼已经把打开辛普森牢房的钥匙拱手交到了辛普森本人的手中。

但是他们首先要破坏公诉方的专家证人的证据。

于是就轮到巴里·谢克出场了。

他的任务是发现那些犯罪学家所没有做的事情，而不是他们已经做的事情。他仔细检查公诉方的法医学证据的每个方面，对其中的每一个孤立的不正常情况都要大做一番文章。当犯罪学家丹尼斯·冯走上证人席的时候，他根本没有想到他的苦难将持续3个星期之久。冯是一个经验丰富的专业人员，从事这项工作已经11年了，曾经在五百多个犯罪现场开展过调查。但是他对这次所受到的攻击毫无准备。

谢克首先从那条用来遮盖尼科尔的尸体以保护其免遭照相机镜头窥视的毯子开始发难。这一本来是警方为了给死者保留一点尊严而做出的人道主义姿态现在成了辩护方的一根救命稻草。谢克表示他担心这条毯子可能对证据造成了污染。尤其是毯子上可能带有辛普森在以

---

5 TT (March 15, 1995).

前造访这座房子时留下的毛发，并且这些毛发可能会随着毯子被带到了犯罪现场。他问道：使用这条毯子是不是一个“严重的错误”呢？冯说道，那要看那条毯子有多干净。

“既然你不知道那条毯子有多干净，那么将那条毯子从房子中直接拿到犯罪现场的中心地带是否仍然是一个严重的错误呢？”

冯承认说：“我希望警方当时没有这么做。”[6]

谢克继续引诱公诉方证人承认了警方在调查过程中犯下的一系列微小的操作性错误：一张在犯罪现场拍摄的照片显示，一只未戴手套的手正拿着用来装尼科尔眼镜的溅有血迹的信封；冯承认他只从那辆福特悍马汽车上采集了“有代表性的血样”[7]，所以在该车被扣押6个星期之后还可以在该车上看到血迹；另外，这位证人还承认，他曾经将血样暂时放进一些塑料袋中保存。这违反了教科书上的有关指南，因为这种方法可能会导致细菌在样品上生长，从而影响测试结果的准确性。

当谢克指责冯为了掩盖其收到辛普森血样的真实时间而撒谎的时候，辩论进入了白热化阶段。谢克的指责让这位犯罪学家感到有些摸不着头脑。他最终回忆说，他将装有辛普森血样的小瓶交给了他的助手安德烈亚·马佐拉。谢克进一步指控冯将犯罪现场原始清单换成一张复印件，以改变其上面有关其收到血样的时间的记录。虽然这张丢失的原始清单后来在犯罪实验室的记录本上被找到，从而使辩护方有关阴谋陷害的说法不攻自破，但是这件事情已经对公诉方产生了负面影响。

当丹尼斯·冯于4月18日终于从证人席上一瘸一拐地走下来的时候，他感到是那样如释重负，以至于他竟然走到证人席前与辛普森和

---

6 TT (April 5, 1995).
7 同上 (April 11, 1995)。

他的律师们握手告别。对于辩护方来说这是一个很好的戏剧性效果，而且它不用花辛普森一分钱。

在早些时候，谢克曾经对冯让他的助手安德烈亚·马佐拉收集大多数血样证据的做法进行过大肆的攻击。现在轮到马佐拉接受考问了。

讯问她的是彼得·诺伊菲尔德。马佐拉承认她是在没有冯的指导之下收集的血样。但是冯在以前的一次听证中却作出了与此相反的证言。诺伊菲尔德在法庭上播放了一些录像带，以证明马佐拉的证据收集工作做得很糟糕：她将手放在肮脏的小路上，然后用脏手擦拭镊子，并将几个血样标本掉在了地上。马佐拉承认她在收集证据时所犯下的这些错误，但是她否认有人故意篡改证据。和冯一样，她对于那瓶辛普森的血样的说法也含糊不清。这等于是给辩护方有关警察有充足的时间栽赃的指控火上浇油。

谢克和诺伊菲尔德共同释放了一股烟幕，其厚度恰到好处：即模糊了针对辛普森的不利证据，同时又使人们能够透过烟幕看到警方在收集证据工作中所犯下的一些微小的错误。这真是顶级的辩护技巧。

洛杉矶警察局特别调查科犯罪实验室血清室主任、首席化学家格雷格·马西森作证说，凶手从现场离开时留下的血滴与辛普森的血液相符，并指出每200个人中只有一个具有这种血型。他还解释说，那个小瓶中辛普森血样的减少可能是由许多原因造成的。实验表明，在各种法医测试程序中，微小的血液颗粒可能会粘在手套、实验室设备或用来从小瓶中抽取血液的吸量管上。

罗宾·科顿博士是公诉方的王牌证人之一。她是具有美国最先进的DNA测试设备的实验室之一塞尔马克诊断实验室的主任。科顿用了整整3天的时间解释DNA的性质和功能以及用于确认DNA的试验。用来进行所谓的基因指纹鉴定的方法有两种：一种是限制片断长度多态测试（RFLP）；另一种是聚合连锁反应测试（PCR）。与前者相比，后者所需的血液的量较少，并且更加容易操作，但是可靠性没有那么高。

在RFLP测试中有三个单独的步骤：(1) 对来自嫌疑人和犯罪现场的血样进行处理，以产生自动射线照片（X光相片）；(2) 检查这些照片，以确定它们是否有某些片断组相符；(3) 如果有相符的部分，则确定这些相符部分的统计学意义。科顿声称，DNA测试表明，辛普森的血样和凶手在离开南邦迪街的尸体时所留下的血液相符。她说，犯罪现场的这些血迹来自辛普森之外的其他任何人的可能性仅为一点七亿分之一。

她还确认说，在罗金厄姆街辛普森卧室中发现的那双袜子上的血液与尼科尔的血液具有相同的基因指纹。袜子上的血液来自尼科尔之外的其他人的可能性只有九十七亿分之一。这一数字超过了全世界的总人口。

在交叉讯问中，诺伊菲尔德对塞尔马克实验室的概率估计及其DNA数据库进行了攻击。他指出，在过去塞尔马克实验室曾经两次——一次是在1988年，另一次是在1989年——得出过错误的DNA匹配试验结果。这是在早期DNA测试淘金热中一些实验室急于抢占市场所造成的。当时包括塞尔马克在内的一些实验室感到这项新技术可以为它们带来巨大的利益，于是就纷纷采取投机取巧的方法。但是科顿强调，这都是过去的事情了。在最近几年中，塞尔马克实验室通过了一百多次质量控制测试。

加利福尼亚司法部门DNA实验室的测试结果印证了科顿的检测结果。加里·西姆斯作证说，不仅在罗金厄姆街发现的那双袜子上的血迹与尼科尔的血液相匹配，而且从那辆福特悍马车内和在罗金厄姆街所发现的手套上提取的血样都包括辛普森、尼科尔和罗纳德·戈德曼的血液。

如果将塞尔马克和加利福尼亚司法部门的测试结果联系起来加以考虑的话，那么那双袜子上的血迹来自尼科尔·辛普森以外的人的概率就降到了惊人的二百七十亿分之一！

又轮到谢克出场了。他与西姆斯开展了一场有关DNA测试和概率分析的准确性的令人厌倦的讨论。有时谢克的问题是如此的晦涩难懂，他所使用的句子结构是如此之复杂，以至于主审的兰斯·伊托法官问西姆斯说："你能够理解在他的问题中所涉及的各种因素吗？"

西姆斯叹了口气说道："大概能够听懂一半吧。"[8]

如果那些专家听起来都那么费劲，那么那些陪审团成员能够听懂的机会又能够有多少呢？这时他们已经被与外界隔离了133天。不得不连续几个小时地听着那些专家讨论有关概率和PCR与RFLP之间的细微区别等令人头脑麻木的问题，很明显，他们变得越来越困惑了。最后伊托法官决定批准组织他们出游一次，让他们观看一部名为《西贡小姐》的电影，并乘坐古德伊尔飞艇，以鼓励他们的士气。

这次休息对于陪审团来说非常受欢迎，但是也非常短暂。他们很快又回到了单调无聊的法庭程序，听着公诉方的专家一个个走上证人席，在受到谢克交叉讯问的无情敲打之后，再一个个走下证人席。他们每个人都在努力保持自己头脑的清醒。

公诉方也表现出了疲劳的迹象。在早些时候他们一直在为某些程序上的错误而与辩护方纠缠不休。现在他们决定改变策略。他们认为，与其让辩护方指出他们的错误，还不如自己主动承认这些错误。于是当洛杉矶县验尸官拉克希玛南·塞斯亚瓦基斯瓦兰作证的时候，他痛快地承认了他的助手欧文·戈尔登在验尸的时候犯下了一系列错误，

8 TT (May 22, 1995).

包括：未能够提取尼科尔胃中的食物；未能记录尼科尔·辛普森大脑受到的创伤；将戈德曼的胆汁样本错误地标记为尿样；未能记录戈德曼衬衣和牛仔裤上的几处破损；以及未能提取尼科尔·辛普森的左手掌印。以上这些没有一个是关键性的错误，也不会影响到塞斯亚瓦基斯瓦兰有关戈尔登作出了基本正确的验尸结论的意见。

但错误终归是错误。陪审团非常容易受到那些有意引起他们注意的错误的影响，这一点是众所周知的。这些错误在他们心中引起怀疑，然后这些怀疑就像癌细胞一样不断扩散，吞噬他们所能够找到的每一项证据，直到最后所有的证据都失去了可信度和价值。

这也正是发生在那副手套上的情况。

手套证据走火

这副手套本来被认为是公诉方皇冠上的宝石。它们都粘有血迹。而在罗金厄姆街发现的那只手套上则同时粘有辛普森和两名受害者的血迹。这副手套是阿里斯手套公司生产的。暗棕色的皮革、开司米羊毛的衬里、特大号，并且最重要的是，它们是专卖的。纽约市的布鲁明顿手套店是该手套的唯一一个专卖店。在1989年和1992年之间，该店一共仅仅售出了240双这样的手套。1990年12月20日，尼科尔·辛普森在这个店中购买了两副这样的手套。有关辛普森的新闻照片和录像都表明他在1993年和1994年之间曾经戴着这种皮手套主持过电视节目。

助理检察官克里斯托弗·达登传唤阿里斯手套公司的副主席和总经理理查德·鲁宾出庭作证。鲁宾说，他测量过辛普森的手并且估计他戴的是大号或者特大号手套。在较早的时候，公诉方让手的大小与辛普森大致相同的范耐特侦探试戴了与那副手套相同的另一副手套，结果他很轻松地将其戴上了。不等辩护方作出反应，达登先发制人地提出让辛普森试戴一下这副手套。

这时科克伦使出了他的一个绝招——他坚持在辛普森试戴那副棕色手套之前先戴上一副橡胶手套，以防止任何证据的转移。在采取了恰当的防护措施之后，辛普森开始试戴那副手套。

他努力地作着各种尝试，脸上表现出各种吃力的表情，但是无论如何也无法将自己的手塞进那副手套中。他嘟囔着说："它们太紧了。"[9]

此时达登肯定希望地上能够裂开一个口子，将他自己、那副手套、这场审判以及整个地区检察官办公室统统都吞下去。这真是一场灾难。

而科克伦则在努力控制住自己，以免在脸上露出笑容。审判还有3个月才能够结束，公诉方已经用尽了所有的弹药，结果还搬起石头砸了自己的脚。而在辩护方的武器库中还有一颗重型炸弹没有使用呢。

辩护方通过私人侦探获得了由北卡罗来纳州的一名致力于研究洛杉矶警方种族主义倾向的作家所录制的录音磁带。在这些10年前录制的磁带中，人们能够清楚地听到马克·富尔曼侦探使用"黑鬼"一词。由于富尔曼在先前宣誓作证的时候否认他曾经使用过这一侮辱性的字眼，所以这些录音带表明他是一个可憎的作假证者。更糟糕的是，他在这盘录音带中还多次得意洋洋地承认，他和他的同事经常对犯罪嫌疑人进行栽赃，以确保对他们得到有罪判决。

虽然这个主要由黑人组成的陪审团没有听到这些录音带的全部内容，但是他们所听到的已经足够了。虽然没有任何证据表明富尔曼在

---

9 TT (June 15, 1995).

本案中有任何不恰当的行为，但是他的可信度已经完全丧失了。

马克·富尔曼就像一条千疮百孔的破船一样沉没了，并且把整个公诉方也一起拖进了水中。

在这一案件中，另一个人的名声也受到了巨大的损害。这个人就是辩护方的证人亨利·李博士。李是康涅狄格州州立法医科学实验室的主任，也是美国最著名的法医学家之一。他是一个充满活力、小心谨慎的人，在法庭上以一种陪审团所喜欢的平和、浅显易懂的方式作证。这一点是值得赞赏的。但是这并不是说他总是正确的。而在这一案件中他似乎犯了一个十分荒谬的错误。

在谋杀发生的13天之后，李来到了邦迪街。他在犯罪现场附近的一张纸和一个信封上发现了看上去像是不明脚印的痕迹。在检查了现场的照片之后，李作证说，他也认为自己也在戈德曼浸满血液的牛仔裤和泥土上看到了所谓的"部分平行线状印迹模式"[10]。由于这种说法出自一个如此权威的来源，因此它听上去好像有力地印证了辩护方有关凶手不止一人的声称。

李的作证进行得很顺利。但就在这时公诉方将曾经在早些时候在该案中作证的联邦调查局脚印专家威廉·布德齐亚克重新请上了证人席。他将于6月13日所拍摄的那条小道的照片与李在一个星期之后所拍摄的照片放在一起。他指出，李所确认的那个鞋印以及与其平行的那个印迹在以前所拍摄的照片中却看不到。这些脚印看来是在警察对犯罪现场解除封锁之后有人在踩踏用于清洗血迹的水之后留下的。

布德齐亚克的反驳彻底击败了李。李在回到他所在的康涅狄格州之后召开了一个记者招待会，对联邦调查局的法医实验室大加赞扬了一番，然后垂头丧气地宣布他不打算回到法庭上去为自己以前的观点

---

10 TT (August 23, 1995).

辩护："我对整个过程感到失望……我的名誉会得到恢复的。"[11]

除了这一个小小的胜利之外，对于公诉方来说整个审判过程都是一次痛苦的经历。马西娅·克拉克在她的最后陈述中仍然保持着很高的道德水准。她请求陪审团不要受到富尔曼的种族主义倾向的影响，而是要相信自己的头脑，并且注意法医专家的证言。她说道："你们已经看到了大量的证据，并且所有这些证据都指向一个人——被告。"[12]

与此相反，科克伦则把目光死死地瞄准了陪审团成员的情感。他像街头魔术师一样狡猾地为O·J·辛普森涂脂抹粉，把他从人们的眼前隐藏起来，然后将所有人的注意力转移到那个邪恶的富尔曼身上。而富尔曼此时已经被他神奇地转化为阿道夫·希特勒在意识形态上的亲密伙伴。虽然科克伦在逻辑上是站不住脚的，但是他的激情却绝非如此。他像一个满腔热忱的布道者一样呼吁陪审团对这个"谎话连篇、带有种族主义甚至种族灭绝倾向的警察"[13]以及那个庇护他的警察部门说"不"。"你们有能力对他们说：这是错误的。阻止他们掩盖真相！阻止他们掩盖真相！"[14]

这是加利福尼亚历史上最漫长的一次审判，耗费资金超过2亿美元，产生了5万多页审判记录，有150名证人出庭。仅仅听取法医学证言就用了两个月的时间，在此过程中提到DNA的次数超过了1万次。而科克伦仅用伴随着他那臭名昭著的手套展示的一句咒语——"如果手套戴不上，那么你们就必须判定他无罪"——就将以上这一切全部推翻了。科克伦在他的最后的布道中一遍又一遍地重复着这句咒语，将其深深地印入陪审团的集体意识之中。它是陪审团在审议裁决的时候可以想到的一样具体的东西。

---

11 *San Francisco Chronicle* (September 16, 1995).

12 TT (September 29, 1995).

13 *San Francisco Chronicle* (September 28, 1995).

14 TT (September 27, 1995).

他们仅仅用了5个小时就作出了O·J·辛普森无罪的裁定。

我们想不起有任何其他审判像这一个那样引发了如此多的怨恨和敌视。在审判过程中人们所受到的中伤是无与伦比的。公诉方将所有的赌注押在了法医学之上，结果却得到了一个惨痛的教训，即法医学是一把双刃剑。他们引入越多的科学证据，他们的论点对于陪审团来说就越有说服力；但是同时这些科学证据也会给辩护方留下越多的空子。如果每个被告都像辛普森那样有钱并且——更重要的是——有他那么多的辩护时间的话，那么作出有罪判决的可能性就几乎为零了：法庭会被窒息，而陪审团则会被麻痹到只会作出无罪判决的地步。

一些看上去无懈可击的法医学证据被人类情感的原始力量给摧毁了。在获得无罪判决之后，辛普森律师团中的所有其他律师都尽量与无耻地利用陪审团种族构成以达到自己目的的科克伦划清界限。但是我们很难想象当时还有任何其他策略可供科克伦选择。他只对他的顾客负责，而不对美国的主流道德负责。再说他的这一策略也并不是什么新鲜的东西。

在过去的几十年中，这些“大好人”律师们在美国南部各州的法庭上一直在使用同样的伎俩。他们曾经从那些具有白人种族主义倾向的陪审团的手中为那些谋杀了非裔美国人的被告赢得了无数个不可思议的无罪判决。而科克伦只是变换了一个服务对象。突然这个陪审团获得了一个千载难逢的使天平倾向另一侧的机会，一个行使终极民权的机会——宣布一个如今在世界上绝大多数人的眼中仍然是一个蓄意和残忍的双重谋杀犯*的人无罪。

---

* 在随后举行的民事审判中，辛普森被判定应对尼科尔·辛普森和罗纳德·戈德曼的死负责，并被判定支付总额为3 350万美元的惩罚性和补偿性损害赔偿金。

新知
文库

01 《证据：历史上最具争议的法医学案例》[美]科林·埃文斯 著　毕小青 译

02 《香料传奇：一部由诱惑衍生的历史》[澳]杰克·特纳 著　周子平 译

03 《查理曼大帝的桌布：一部开胃的宴会史》[英]尼科拉·弗莱彻 著　李响 译

04 《改变西方世界的 26 个字母》[英]约翰·曼 著　江正文 译

05 《破解古埃及：一场激烈的智力竞争》[英]莱斯利·亚京斯 著　黄中宪 译

06 《狗智慧：它们在想什么》[加]斯坦利·科伦 著　江天帆、马云霏 译

07 《狗故事：人类历史上狗的爪印》[加]斯坦利·科伦 著　江天帆 译

08 《血液的故事》[美]比尔·海斯 著　郎可华 译

09 《君主制的历史》[美]布伦达·拉尔夫·刘易斯 著　荣予、方力维 译

10 《人类基因的历史地图》[美]史蒂夫·奥尔森 著　霍达文 译

11 《隐疾：名人与人格障碍》[德]博尔温·班德洛 著　麦湛雄 译

12 《逼近的瘟疫》[美]劳里·加勒特 著　杨岐鸣、杨宁 译

13 《颜色的故事》[英]维多利亚·芬利 著　姚芸竹 译

14 《我不是杀人犯》[法]弗雷德里克·肖索依 著　孟晖 译

15 《说谎：揭穿商业、政治与婚姻中的骗局》[美]保罗·埃克曼 著　邓伯宸 译　徐国强 校

16 《蛛丝马迹：犯罪现场专家讲述的故事》[美]康妮·弗莱彻 著　毕小青 译

17 《战争的果实：军事冲突如何加速科技创新》[美]迈克尔·怀特 著　卢欣渝 译

18 《口述：最早发现北美洲的中国移民》[加]保罗·夏亚松 著　暴永宁 译

19 《私密的神话：梦之解析》[英]安东尼·史蒂文斯 著　薛绚 译

20 《生物武器：从国家赞助的研制计划到当代生物恐怖活动》[美]珍妮·吉耶曼 著　周子平 译

21 《疯狂实验史》[瑞士]雷托·U·施奈德 著　许阳 译

22 《智商测试：一段闪光的历史，一个失色的点子》[美]斯蒂芬·默多克 著　卢欣渝 译

23 《第三帝国的艺术博物馆：希特勒与"林茨特别任务"》[德]哈恩斯—克里斯蒂安·罗尔 著
孙书柱、刘英兰 译

24 《茶：嗜好、开拓与帝国》[英]罗伊·莫克塞姆 著　毕小青 译

25 《路西法效应：好人是如何变成恶魔的》[美]菲利普·津巴多 著　孙佩妏、陈雅馨 译

26 《阿司匹林传奇》[英]迪尔米德·杰弗里斯 著　暴永宁 译

27 《美味欺诈：食品造假与打假的历史》[英]比·威尔逊 著　周继岚 译

28 《英国人的言行潜规则》[英]凯特·福克斯 著　姚芸竹 译

29 《战争的文化》[美]马丁·范克勒韦尔德 著　李阳 译

30 《大背叛：科学中的欺诈》[美]霍勒斯·弗里兰·贾德森 著　张铁梅、徐国强 译

31 《多重宇宙：一个世界太少了？》[德] 托比阿斯・胡阿特、马克斯・劳讷 著　车云 译
32 《现代医学的偶然发现》[美] 默顿・迈耶斯 著　周子平 译
33 《咖啡机中的间谍：个人隐私的终结》[英] 奥哈拉、沙德博尔特 著　毕小青 译
34 《洞穴奇案》[美] 彼得・萨伯 著　陈福勇、张世泰 译
35 《权力的餐桌：从古希腊宴会到爱丽舍宫》[法] 让—马克・阿尔贝 著　刘可有、刘惠杰 译
36 《致命元素：毒药的历史》[英] 约翰・埃姆斯利 著　毕小青 译
37 《神祇、陵墓与学者：考古学传奇》[德] C. W. 策拉姆 著　张芸、孟薇 译
38 《谋杀手段：用刑侦科学破解致命罪案》[德] 马克・贝内克 著　李响 译
39 《为什么不杀光？种族大屠杀的反思》[法] 丹尼尔・希罗、克拉克・麦考利 著　薛绚 译
40 《伊索尔德的魔汤：春药的文化史》[德] 克劳迪娅・米勒—埃贝林、克里斯蒂安・拉奇 著　王泰智、沈惠珠 译
41 《错引耶稣：〈圣经〉传抄、更改的内幕》[美] 巴特・埃尔曼 著　黄恩邻 译
42 《百变小红帽：一则童话中的性、道德及演变》[美] 凯瑟琳・奥兰丝汀 著　杨淑智 译
43 《穆斯林发现欧洲：天下大国的视野转换》[美] 伯纳德・刘易斯 著　李中文 译
44 《烟火撩人：香烟的历史》[法] 迪迪埃・努里松 著　陈睿、李欣 译
45 《菜单中的秘密：爱丽舍宫的飨宴》[日] 西川惠 著　尤可欣 译
46 《气候创造历史》[瑞士] 许靖华 著　甘锡安 译
47 《特权：哈佛与统治阶层的教育》[美] 罗斯・格雷戈里・多塞特 著　珍栎 译
48 《死亡晚餐派对：真实医学探案故事集》[美] 乔纳森・埃德罗 著　江孟蓉 译
49 《重返人类演化现场》[美] 奇普・沃尔特 著　蔡承志 译
50 《破窗效应：失序世界的关键影响力》[美] 乔治・凯林、凯瑟琳・科尔斯 著　陈智文 译
51 《违童之愿：冷战时期美国儿童医学实验秘史》[美] 艾伦・M・霍恩布鲁姆、朱迪斯・L・纽曼、格雷戈里・J・多贝尔 著　丁立松 译
52 《活着有多久：关于死亡的科学和哲学》[加] 理查德・贝利沃、丹尼斯・金格拉斯 著　白紫阳 译
53 《疯狂实验史Ⅱ》[瑞士] 雷托・U・施奈德 著　郭鑫、姚敏多 译
54 《猿形毕露：从猩猩看人类的权力、暴力、爱与性》[美] 弗朗斯・德瓦尔 著　陈信宏 译
55 《正常的另一面：美貌、信任与养育的生物学》[美] 乔丹・斯莫勒 著　郑嬿 译
56 《奇妙的尘埃》[美] 汉娜・霍姆斯 著　陈芝仪 译
57 《卡路里与束身衣：跨越两千年的节食史》[英] 路易丝・福克斯克罗夫特 著　王以勤 译
58 《哈希的故事：世界上最具暴利的毒品业内幕》[英] 温斯利・克拉克森 著　珍栎 译
59 《黑色盛宴：嗜血动物的奇异生活》[美] 比尔・舒特 著　帕特里曼・J・温 绘图　赵越 译
60 《城市的故事》[美] 约翰・里斯 著　郝笑丛 译